KB106421

실증 환국사 II

실증 환국사 Ⅱ

발행일초판 2015년 4월 30일
　　　2쇄 2017년 4월 30일
　　　3쇄 2022년 6월 10일

지은이　　전문규
펴낸이　　손형국
펴낸곳　　(주)북랩
편집인　　선일영　　　　　　　　　　　　편집　　정두철, 배진용, 김현아, 박준, 장하영
디자인　　이현수, 김민하, 김영주, 안유경　　제작　　박기성, 황동현, 구성우, 권태련
마케팅　　김회란, 박진관
출판등록　2004. 12. 1(제2012-000051호)
주소　　　서울특별시 금천구 가산디지털 1로 168, 우림라이온스밸리 B동 B113~114호, C동 B101호
홈페이지　www.book.co.kr
전화번호　(02)2026-5777　　　　　　　　　　팩스　　(02)2026-5747

ISBN　　979-11-5585-536-2 04910(종이책)　　979-11-5585-537-9 05910(전자책)
　　　　　979-11-5585-538-6 05910(세트)

잘못된 책은 구입한 곳에서 교환해드립니다.
이 책은 저작권법에 따라 보호받는 저작물이므로 무단 전재와 복제를 금합니다.

(주)북랩 성공출판의 파트너
북랩 홈페이지와 패밀리 사이트에서 다양한 출판 솔루션을 만나 보세요!
홈페이지 book.co.kr　　•　**블로그** blog.naver.com/essaybook　　•　**출판문의** book@book.co.kr

작가 연락처 문의 ▶ ask.book.co.kr
작가 연락처는 개인정보이므로 북랩에서 알려드릴 수 없습니다.

전문규 지음

잃어버린 역사를 찾는 책들 1

실증 환국사

II

한민족의 기원은 그 민족의 정체성과
밀접한 관계를 갖고 있기에 반드시 알아야 한다.
아쉽게도 우리는 우리 민족의 첫번째
나라인 환국이 처음 어디에 개국했는지조차
제대로 모르고 있다.

북랩 book Lab

서문(序文)

    필자는 역사연구가(歷史研究家)라고 자칭(自稱)한다. 왜냐하면 필자는 대학에서 과학을 전공한 사람으로, 역사를 전공하지 않아 역사학자는 아니기 때문이다.

    우리나라는 역사 전공 여부와는 상관없이 연구 성향에 따라 강단사학자(講壇史學者), 재야사학자(在野史學者)로 분류한다. 또한 단군(檀君) 역사를 어떻게 인식하느냐에 따라 식민사학자(植民史學者) 또는 민족사학자(民族史學者)라고 구별하기도 한다. 한편 우리 민족의 상고사 영역에 대한 연구 철학에 따라 반도사관(半島史觀), 만주사관(滿洲史觀), 대륙사관(大陸史觀)으로 분류한다. 이런 분류로 본다면 필자는 대륙사관을 가진 재야사학자이자 민족사학자로 구별할 것이다. 그러나 이러한 구별은 한민족의 역사 연구를 연구 성향에 따라서 편을 가르는 바람직하지 않은 파벌주의(派閥主義)라고 생각되어 역사연구가라고 자칭하였으며, 앞으로도 이렇게 불러주길 바랄 뿐이다. 역사를 전공하지 않아도 열정만 있으면 역사를 연구할 수는 있다. 역사는 한 시대의 기록이다. 그 역사 기록에 대한 평가는 평가하는 시대에 따라서 달라질 수도 있다. 그래서 다양한 시각으로 기록된 역사서들은 후대에 다양한 방향에서 평가할 수 있는 기초를 제공한다. 이런 관점에서 졸저를 평가해 주기를 바란다.

    이 책의 핵심 주제는 다섯 가지이다. 한민족 최초의 나라 환국(桓國)의 역사를 실증적으로 살펴보고자 가장 많이 알려져 있는 상고사(上古史)의 핵심 주제를 연구하였다.

첫째, 승(僧) 일연의 ≪삼국유사(三國遺事)[1]≫에 소개된 **환인(桓因)**이다. 한민족(韓民族) 상고사의 핵심 인물임에도 역사학계에서는 신화의 인물로만 생각하고 누구인지 설명하지 않았다. 수많은 한민족 사서에 등장하는 환인(桓因)은 누구인가? 스스로에게 물어 보라! ≪삼국유사(三國遺事)≫에 등장하는 환인(桓因)이 누구인지? 정확한 답변을 듣기가 어려울 것이다. 이것이 우리 역사교육의 현실이다. 현 역사학계에서는 환인(桓因)의 기록을 부정하지 못하고 있다. 부정할 수 없으면 연구를 해야 하는데, 연구조차하지 않고 무관심으로 일관한다. 환인(桓因)은 ≪조선왕조실록≫에도 많은 기록으로 남아 있다. 환인(桓因)은 상고역사를 풀어줄 열쇠이다. 또한 구환족(九桓族)에 대해서도 상세하게 알아보았다.

둘째, 환인(桓因)의 나라 **환국(桓國)**에 관한 이야기이다. 현재 역사학계에서는 '환국(桓國)은 없다.'라고 한다. 그러나 역사의 기록은 환국(桓國)을 기록하고 있다. 그것도 명확하게 기록하고 있다. 또한 ≪환단고기(桓檀古記)≫에 최초로 기록된 12환국(十二桓國)에 대해서도 역사자료들를 상세하게 살펴보았다. 많은 시간을 연구한 끝에 사서의 원본을 구하여 함께 기록하였다. 열두 나라의 이름을 사서를 통하여 찾을 수 있었다. 지금까지 고의적으로 위서(僞書)로 취급하여 찾지 않았기 때문에 발견되지도 않은 것이다. 따라서 본서의 역사 연구는 가능성을 찾아 나선 첫 결실이다. 그러나 아직도 정확한 위치를 추정하기에는 많은 연구가 이루어져야 한다. 환국의 국화인 환화(桓花)에 대해서도 연구하였다. 중요한 사실은 구환족의 역사만큼이나 유구한 세월 동안 한민족과 함께 해온 무궁화의 역사는 민족사의 진실을 대변하고 있다는 점이다. 따라서 무궁화의 역사성 또한 살펴보고자 한다.

---

[1] 고(故) 손본기교수 파른본 ≪삼국유사(三國遺事)≫는 환인(桓国)으로 기록하고 있다.

셋째, 환인(桓因)의 나라 환국(桓國)이 터전을 삼았던 곳을 연구하였다. 환국(桓國) 최초의 터전은 흑수백산(黑水白山)의 **백산(白山)**이었다. 후에 구환족(九桓族)의 후손인 흉노족(匈奴族)이 천산(天山)으로 고쳐 불렀다. 순수한 우리말로는 파내류산(波奈留山)이라고 불렀다. 또한 환국을 파내류산(波奈留山) 아래 있다고 해서 파내류국(波奈留國)이라고 하였다. 만약에 파내류산(波奈留山)의 비밀이 밝혀진다면 환국은 바로 파내류산(波奈留山) 아래 있었던 것이다. 실증(實證) 환국사(桓國史)에서 필자는 파내류산(波奈留山)의 비밀을 상세하게 밝혀 놓았다. 이 비밀이 밝혀지면 자연스럽게 구환족(九桓族)의 이동 경로를 추적하여 알 수 있게 되는 셈이다. 그곳이 비록 지금 우리의 영토가 아닐지라도 우리 민족의 시원지라는 사실은 알고 있어야 할 것이다.

넷째, 환국(桓國) 최초의 터전은 '흑수백산(黑水白山)이라.'라는 기록이 있다. 여기에서는 **흑수(黑水)**, 천하(天河), 천해(天海), 북해(北海)에 대해서 상세하게 연구해 보고자 한다. 우리나라 상고사 서적의 모든 연구가 흑수(黑水)는 흑룡강(黑龍江)이라 하고, 천하(天河), 천해(天海), 북해(北海)를 바이칼 호라고 추정한다. 또한 백산(白山)은 백두산(白頭山)이라 한다. 이 부분에 대해서 명확하게 잘못 추정하고 있음을 설명하고 다양한 연구 자료를 통하여 우리 민족의 터전을 밝히고자 한다.

다섯째, 환국(桓國) 최초의 도읍지를 살펴보고자 한다. **아이사타(阿耳斯陀)**와 **사타리아(斯陀麗阿)**라고 기록한 도읍지명이 후에 ≪삼국유사(三國遺事)≫에서는 **아사달(阿斯達)**로 기록되어 있다. 그러나 아사달(阿斯達)에 대한 연구는 각주에 몇 줄 정도로만 설명하고 있다. 환국(桓國)이 최초의 국가였다면 그 문화적 파장은 인류에게 큰 영향을 주었을 것이다. 특히 지명(地名)은 많은 지역에 영향을 주었다. 특히 중앙아시아 지역에는 그 이름이 지금까지 잘 보전되어 있다. 또한 태백산(太白山)에서 하늘에 제사를 지냈던 제천문화가 그대로 전수되어 전세계 곳곳에 태백(太白)이란 지명이 지금까지 남아 있다. 또한 ≪삼국유사(三國遺事)≫에도 삼위태백(三危太伯)으로 기록되어 있다. 전세계에 건축되어 있는 거석문화의 근원은 **태백(太白)문화**이다. 그 역사의 현장을 정리하여 보았다.

특히 태백(太白)이란 이름은 전세계 고대 문명(文明)을 건설하는 토대가 되었다. 이름하여 "**태백문명론(太白文明論)**"이다. 그 역사 유적을 정리하였다.

이 책은 논쟁의 소지가 많은 부분을 연구의 대상으로 다루었다. 연구의 결과가 항상 옳은 수는 없다. 오직 그 때까지 발견된 모든 문헌을 치열하게 찾고 끈질기게 연구하여 최선을 다할 뿐이다. 후학들이 더 많은 연구를 통하여 새로운 사실을 밝혀낸다면 잘못된 연구라고 비판을 받을 수도 있다고 본다. 필자 또한 그런 철학적 생각으로 기존의 역사 연구를 비판하고 역사의 진실을 찾으려고 노력하였다. 다소 비판의 정도가 심할지라도 이는 역사 연구의 정신을 비판한 것이지 개인의 인격을 비판하지 않았음을 밝혀두고자 한다. 이 연구서가 책으로 편찬될 수 있도록 도와준 많은 분들에게 감사의 마음을 전한다.

환국기원(桓國紀元) 9212년
배달국 신시개천(神市開天) 5912년
단군기원(檀君紀元) 4348년
서력기원(西曆紀元) 2015년 을미년(乙未年) 광복70년 봄
전문규

차 례

일러두기

1. 이 책은 인용한 고전 원본을 복사하여 [원문]을 옮겨 적고 직접 [해석]을 하여 독자로 하여금 원본에 대한 이해를 돕고자 하였다.

2. 구성은 '장'과 '절'로 하였다.

3. 부호의 의미는 다음과 같다.
   ≪ ≫책, 잡지, 신문 이름을 표기한다.
   〈 〉문헌속의 부(部), 편(編), 기(記), 지(誌) 등 편명을 표기한다.
   [ ] 인용문을 표기한다.
   " " 대화체를 묶는다.
   ' '시나 글의 제목을 표기하고 강조할 단어와 문구를 묶는다.
   ( ) 추가 설명을 기록한다.

4. 도표, 그림 부연 성명
   [도표01~]도표를 첨부하였다.
   [그림01~]그림, 사진, 자료를 첨부하였다.

제3장

천산(天山)

지금까지 상고사上古史[2]에 대한 기록을 살펴본 결과, 환국을 건국하신 시조始祖 환인천제桓因天帝, 최초의 국가인 환국桓國과 십이환국十二桓國, 환국의 통치기간인 3301년 동안 다스리신 7대 환인桓因에 대한 기록을 살펴보았다. 이번 장에서는 환국의 주산主山인 '옛 이름으로 백산白山', '천산天山', '파내류산波奈留山'을 살펴보고자 한다. 환국의 주산主山 관련 역사적 기록을 연구 분석하여 환국桓國이 터전을 삼아 왔던 주산을 파악해 보고자 한다. 여기에서 주산이라 명명命名한 것은 환국의 터전은 무려 한 세대世代를 30년으로 계산한다면 110대代 3301년 동안 구환족九桓族이 터전을 삼아 살아온 산이요, 환국 상고사의 터전을 밝혀줄 산이기 때문이다. 사료에 주산 이름이 세 가지 이름으로 나와 있기 때문에 먼저 상고사 자료를 도표로 정리하여 보고자 한다.

[도표 039] 상고사 환국桓國 산명山名 도표 정리

상고사 上古史	백산 白山	천산 天山	파내류산 波奈留山
부도지 符都誌		천산주 天山洲	
삼성기전상편 三聖記全上篇[3]	백산 白山		
삼성기전하편 三聖紀全下篇		천산 天山	파내류산 波奈留山
환국본기 桓國本紀		천산 天山	파내류산 波奈留山

환국의 터전을 연구해야 함에 세 가지를 고려해야 한다. 산山과 강江 그리고 그 터전에 사람들이 모여사는 도읍都邑이다. 이 부분에 대한 깊은 연구가

---

2 상고사上古史 서적은 주로 한민족 사서, 중국사서, 일본사서와 환국문명이 분포된 여러 나라 자료를 살펴보았다.

3 안함로安含老가 찬한 《삼성기三聖記》를 《삼성기전三聖記全》 상편, 원동중元董仲이 찬한 《삼성기三聖紀》를 《삼성기전三聖紀全》 하편이라고 하였다.

필요하다. 환국〈 신시배달국神市倍達國〈 단군조선檀君朝鮮〈 북부여北夫餘〈 고구려高句麗로 이어지는 우리나라 상고사의 첫 국가인 환국이 제대로 증명되지 못하다면 환국의 정통성正統性이 불분명하게 되어 역사의 근간을 밝히는 데 많은 오류를 낳게 된다. 그 환국이 최초로 터전으로 삼았던 그 주산을 찾아야 한다. 이 곳이 현재 어디인지를 밝혀야 한다. 사람이든 부족이든 민족이든 먼저 터를 정하게 되는데, 하물며 최초의 국가인 환국의 터전이 없었겠는가? 그 곳을 구체적으로 찾아야만 환국의 정통성이 부여될 것이다.

첫째, 상고사적上古史籍에서 주산에 대한 기록은 백산白山, 천산天山, 파내류산波奈留山이다. 반드시 밝혀야 할 환국의 터전이요, 구환족의 시원산始原山이다.

둘째, 사람이 생활하기 위해서는 반드시 주강主江이 있어야 한다. '흑수黑水, 천하天河, 천해天海, 북해北海'이다. 다양한 이름으로 불려도 그 장소는 한 곳이며, 환국의 주강主江은 그 곳에서 지금도 유유히 흐르고 있을 것이다. 삼천 년 동안 삶의 젖줄기였던 환국의 주강主江을 꼭 찾도록 해야 한다.

셋째, 사람들이 모여 살던 터전이며, 한 나라의 도읍지 아이사타(비)阿耳斯庀, 사타(비)리아斯庀麗阿이다. 환국의 수도首都 이름은 후대에 많은 영향을 주어 현재까지 그 이름으로 부르고 있다. 단지 연구가 부족하였기 때문에 그 소자출所自出을 모르고 있는 것이다. 환국의 구환족들이 삶을 살았던 터전이라 함은 선조들의 뼈가 묻혀 있고, 선조들이 살았던 산하山河에 나무 한 그루 풀한 포기도 선조들의 자취가 남아 있는 곳이기 때문에 엉뚱한 곳으로 추정하여 후손들로 하여금 오류가 확대 재생산되지 않도록 해야만 한다.

[도표 040] ≪환단고기≫ 주해 및 역주본 주산主山 도표

책명 출판년도, 저자	백산 白山	천산 天山	파내류산 波奈留山
한단고기 1986년, 임승국	백두산	기련산 祁連山	불암산 (완달산)
환단고기, 1998년, 전형배	백두산	시베리아 중앙공원	시베리아 중앙공원
실증한단고기, 1998년, 이일봉	천산 알타이산	천산산맥 天山山脈	밝나라
만화한단고기, 2003년, 한재규	언급 없음	천산산맥	파미르 고원
환단고기, 2005년, 문재현	백두산 곤륜산	언급 없음	언급 없음
환단고기 2005년, 고동영	백두산	천산산맥	불함산 不咸山
환단고기, 2009년, 양태진	백두산	천산산맥 기련산	시베리아 중앙공원

≪환단고기桓檀古記≫가 대중화되면서 뜻있는 많은 학자들이 일생을 다 받쳐 주해와 역주를 통하여 책으로 출간하고 있다. 특히 30여 년 전에 출간된 책을 중심으로 환국 성립의 세 가지 핵심 논제인 산山, 강江, 수도 중에서 이번 장에서는 주산에 대하여 연구하여 보고자 한다. 특히 초기 역주본의 지명 연구가 그 이후에 번역과 역주에 막대한 영향을 주게 되어 확고하게 자리를 잡았기 때문에 더욱 심도있게 연구해야 한다.

주요 서적을 비교하여 환국의 최초의 터전을 살펴보았다. 결론적으로 환국의 주산에 대해서 깊이 있는 학술 연구가 필요함을 느끼게 되었다. 초기 환단고기 번역의 영향으로 '**백산白山은 백두산白頭山이다.**' 라고 추정한 내용이 큰 변함없이 지금까지 정설로 통용되고 있다.

사람은 터地를 정하고 삶을 구사하고 있다. 특히 일정한 지역에는 그 지역에 자연스럽게 눈에 들어오는 산과 강이 있다. 특히 산은 삶의 터전이다. 산에서 식량을 구하고 성城을 쌓아 삶의 터전이 되고 전쟁을 대비할 수 있기 때문이다. 상고사의 역사에 산성山城이 많은 이유이다. 유목민에게 산은 목초지가 된다.

강은 문명 발생의 중요한 장소이다. 삶을 영위하는 데 의식주를 해결하기 위해서는 산과 물水이 필요하다. 환국의 기원에 대해 상고사에서 아래와 같이 터전을 밝힐 수 있는 중요한 자료가 전수되어 왔다. 그런데 상고사 자료에는 환국의 근원터를 사서별로 다르게 표현하고 있다. 그럼 천산天山, 백산白山, 파내류산波奈留山 이름이 다르다고 서로 다른 산일까? 환국은 서로 다른 산에 국가의 터전을 정하고 정착하게 되었는가? 질문에 대한 답은 분명히 아닐 것이다. 그럼 같은 산 이름을 역사 시간대별로 다르게 부를 수는 있지만, 환국의 건국과 관련된 주산은 분명히 한 곳에 있을 것이다.

[도표 041] 주산主山 역사 기록

주산 主山	출처 및 주요내용
파내류산 波奈留山	〈삼성기전 하편〉- 파내류산 〈태백일사〉〈환국본기〉- 파내류산
천산 天山	≪부도지符都誌≫- 천산주天山洲 〈삼성기전 하편〉- 천산 〈태백일사〉〈환국본기〉- 천산
백산 白山	〈삼성기전 상편〉- 흑수백산黑水白山

1980년대 이후 국내에서 ≪환단고기≫ 연구 서적이 출간되면서 많은 학설들이 주장主將되고 있다. 서적별로 분석한 자료를 살펴보면, 산명山名과 지명地名을 다르게 보고 있다. 천산天山, 백산白山, 파내류산波奈留山은 서로 다른 지역이라고 추정하고 역사를 연구하고 있을 뿐만 아니라, 추정推定하고 있는 지역도 거리상 현저하게 차이를 나타내고 있다.

지난 30년 간은 ≪환단고기≫ 일一 세대世代의 연구 기간(1980~2010년)이었다고 사료된다. 식민지 시대에 일인日人 사학자들로부터 배운 식민사학자들이 ≪환단고기≫ 등 상고사를 무시하고, 애를 써서 가능성 있는 역사 자료를 발굴해 놓으면 위서僞書라는 명분을 만들어 비판하였다. 역사학계에서 철저하게 감추려 한 역사를 일명 재야사학자들께서 ≪환단고기≫를 번역하고 대중화하는 데 큰 틀을 바로 세우는 시간대였다. 1985년, 1986년 환단고기를 번역한 김은수 선생4, 임승국 교수5도 이제는 고인이 되어 영면永眠하셨으니 역사 연구는 한 세대에 완성 할 수 없는 방대한 연구임을 절감하게 된다.

현 세대는 일 세대 ≪환단고기≫ 연구를 기반으로 하여 상세하고 세세하게 연구하여 역사적 사실에 근접할 수 있도록 학문적 연구가 필요한 시기라 사료된다. 역사적 정설로 자리잡기 위해서는 좀더 객관적인 연구자료와 객관적 비교연구 그리고 그 지역의 역사기록과의 비교 검토 등을 통하여 일 세대의 업적에 누가 되지 않도록 계승 발전 시켜야 되리라 생각한다. 또한 역사 연구에서도 식민사학자들과 비교해서 결코 뒤지지 않을 객관적인 성과물을 내어야 할 것이다. 결국 역사는 진실의 실체가 밝혀지는 쪽으로 흘러갈 수 밖에 없다는 것을 명심해야 할 것이다.

위에서 문제 제기한 천산天山, 백산白山, 파내류산波奈留山 등 주산의 터전를 추정한 자료를 보면 서로 다르게 보는 학설이 상고사 연구의 주류를 이루고 있다. 필자는 그 동안의 연구 결과를 기반으로 하여 동일同一 장소로 추정하고 상세하게 자료를 연구해 보고자 한다. 환국사桓國史에서 터전을 옮긴 기록은 신시배달국神市倍達國이 건국되는 때이기 때문이다. 환국이 터전을 정하고 3,301년 동안 국가를 경영했던 곳에 터전을 삼았기 때문에 여러 학설 중에서 가장 역사적이고 사실적이고 합리적으로 밝혀야 한다. 또한 주산에 대

---

4 김은수 선생은 1937년 전남 장성에서 출생하시고 중학교 국어교사로 1985년 ≪주해환단고기≫와 1986년 ≪부도지≫를 번역하시고 1987년에 작고하셨다.

5 임승국林承國 교수는 1928년생으로 문학박사로서 민족 정신에 입각한 사학 확립을 위해 노력하였으며 1986년 ≪한단고기≫를 번역하시고 2001년에 작고하셨다.

해 서로 다른 이름으로 불린 경우도 있기 때문에, 논리적이고 합리적이며, 과학적으로 생각해서 역사적인 사료를 근거로 해서 찾아야 할 것이다.

≪부도지符都誌≫에서는 천산주天山洲로 표기하고, 〈삼성기전三聖記全 상편〉에서는 터전이 되는 산 이름을 백산白山, 〈삼성기전三聖紀全 하편〉에서는 천산天山, 파내류산波奈留山으로 표기하고 있다. 〈태백일사太白逸史〉〈환국본기桓國本紀〉에서도 천산天山, 파내류산波奈留山으로 기록하고 있다.

첫째로 연구 순서를 파내류산波奈留山으로부터 연구하고자 한다. 안타깝게도 파내류산에 대한 연구를 거의 찾아볼 수가 없다. 그렇지만 찾고자 하는 사람에게는 반드시 역사의 진실은 보이게 될 것을 믿어 의심치 않는다.

둘째로 천산에 대한 기록을 세세하게 찾아보고자 한다. 고서의 기록과 고지도 그리고 고증을 통하여 찾아보고, 기회가 되면 현지 답사를 하여 주산을 확인 하고자 한다.

셋째로 백산白山의 기록을 찾아야 한다. 그러나 천산天山과 더불어 찾아야 한다. 왜냐하면 백산白山으로 불리다가 후에 천산天山으로 변경되었다는 것을 염두에 두어야 하기 때문이다.

파내류산波奈留山, 천산天山, 백산白山의 연구 결과를 검토하여 한민족 시원사始原史의 주산를 정확하게 밝혀내고 그 산을 근거로 하여 주강主江과 주도主都을 찾아내어 한민족의 시원사를 밝혀 보고자 한다. 특히 파내류산波奈留山의 비밀이 밝혀진다면, 위서僞書 논쟁에 종지부를 찍을 수 있을 것이다. 파내류波奈留에 대해서는 알려진 바가 없기 때문이다. 그런데 이 파내류를 기록한 사서가 나타난다면 최소한 파내류라는 말이 사용되던 시기에 기록되었거나, 그 이전에 기록된 것을 입증하기 때문이다.

제1절 파내류산(波奈留山) 고찰(考察)

역사적 진실은 스스로 보여주기보다는 진실을 찾아 나선 사람이 애를 써서 찾아봐야만 볼 수 있는 경우가 많다. 역사를 찾고자 하는 진심이 통하게 되면 역사의 수수께끼는 반드시 풀리게 될 것이다. 역사는 실제로 존재했던 사실이기에 진심을 갖고 찾아 나선다면 진실의 실체는 꼭 드러날 것이다.

파내류산波奈留山과 **파내류국波奈留國**에 대한 아래 기록은 환국의 실존 역사를 증명하는 데 매우 중요한 단어였지만 난해한 숙제이기도 했다. 정확한 뜻을 알 수 없었다. 뜻을 알 수 없었기에 위치를 선정함에 자신이 없어 '지칭하는 것 같다.'는 표현을 쓸 수밖에 없었다. ≪환단고기≫ 출간 이후 오랜 세월 동안 풀리지 않는 수수께끼였다.

[환국桓國이 파내류산波奈留山 아래 있었기 때문에 일명 파내류국波奈留國이라고도 하였다는 말인데, '파내류'의 정확한 뜻은 알 수 없으나 필자는 이를 '밝나라'의 뜻으로 풀어보았다.6]

[파나류波奈留山산은 불함산不咸山 즉 하르빈 남쪽의 완달산完達山을 지칭하는 것 같다.7]

---

6 ≪실증 환단고기≫ 이일봉, 1998년, 정신세계사, 책 33쪽 인용
7 ≪한단고기≫ 임승국, 1986년, 정신세계사 내용중 책 27쪽 인용

[파나류산波柰留山은 천산天山이라고도 한다. 지금의 시베리아 중앙고
원을 가리킴8]

산명山名이 어느 누구도 부정하지 못하게 증명이 된다면, 환국의 터전인
그 터에서 시작하였다는 증거가 될 것이다. 왜냐하면 산명山名 파내류산波柰
留山과 국명國名 파내류국波柰留國을 같이 사용하고 있기 때문이다. 제일 먼저
밝혀야 하는 매우 중요한 과제이다. 왜냐하면 '오환건국吾桓建國이 최고最古'
라는 선언처럼, 최초 국가의 주산이 밝혀진다면 이 곳에서 국가가 건국되었
으며, 신시배달국에서 단군조선檀君朝鮮으로 이동한 경로가 밝혀지게 되며
우리 민족의 시원사를 분명하게 설명할 수 있기 때문이다. 첫 국가인 환국의
산, 강, 수도를 애매하게 전혀 다른 장소로 추정한다면 상고사의 첫 단추가
잘못 끼워져서 신시배달국과 단군조선의 역사적 이동 경로과 강역疆域이 전
혀 다르게 연구될 수 있을 것이기 때문이다. 환국사桓國史의 역사적 사실에
근거한 역사 정립은 상고사 연구 중에서 **제일 중요한 연구**라고 할 수 있다.

[도표 042] 파내류波柰留를 기록한 사서

사서 목록	저자	중요 기록
삼성기전 하편 三聖紀全 下篇	원동중 元董仲	파내류산, 파내류국 波柰留山, 波柰留國
환국본기 桓國本紀	이맥 李陌	파내류산, 파내류국 波柰留山, 波柰留國
화한삼재도회 和漢三才圖會9	사도량안 寺島良安	천 파내류天 波乃留 뇌 파내류우모태 雷 波乃留宇牟太
해동역사 海東繹史10	한치윤 韓致奫	천 파내류天 波乃留 뇌 파내류우모태 雷 波乃留宇牟太

---

8 《환단고기》 전형배, 1998년, 코리언북스 내용중 1권 22쪽 인용
9 《화한삼재도회和漢三才圖會》는 일본 사람 데라지마 료안寺島良安이 지은 책으로 1713년 편

지난 30여 년 동안 많은 ≪환단고기≫의 번역본이 출간되어 상고사의 대의를 밝히고 있다. 여기에 좀더 세밀하게 연구하여 터전이 확고하게 정립된다면, ≪환단고기≫ 등 역사의 사실성이 더욱 부각될 것을 확실하게 믿고 힘써 사료를 연구하고자 한다.

① 파내류산波奈留山 원동중元董仲 〈삼성기전三聖紀全 하편〉

[원문原文]

古記에 云호대 **波奈留之山**[11]下에
고 기 　운 　　파 내 류 지 산 　하

有桓仁氏之國하니
유 환 인 씨 지 국

天海[12]以東之地를 亦稱**波奈留之國**이라
천 해 　이 동 지 지 　　역 칭 파 내 류 지 국

其地廣이 南北五萬里오
기 지 광 　남 북 오 만 리

東西二萬餘里니 摠言桓國이오
동 서 이 만 여 리 　총 언 환 국

찬된 백과사전이다. 일본 국립국회도서관國立國會圖書館 자료를 통하여 조선국어에 파내류波乃留 기록을 찾을 수 있었다. 상고사 역사 연구에서 최초로 정식 공개한다.

10 ≪해동역사≫는 한치윤韓致奫이 찬술한 기전체의 한국통사이다. 한치윤이 지은 본편本篇 70권과 조카 한진서韓鎭書가 보충한 속편續篇 15권을 합쳐 모두 85권이다. 내용 중에 ≪화한삼재도회≫를 인용한 파내류波乃留의 기록이 있다. 1823년 편찬했다.

11 파내류산波奈留山의 "파내류"는 하늘天이란 말을 표현하는 이두식 표기이다. 뜻은 의미가 없으며 소리만 취하면 된다. 바로 하늘산이다. 한자로 표현하면 천산天山이다. 즉 천산天山 아래 환국이 있었다는 선언이다. 역사연구에서 풀리지 않은 어려운 연구 대상이었다.

12 천해天海는 천산산맥의 근처에 있는 곳에서 찾아야 한다. 발하슈호, 이시크쿨호, 아랄해, 카스피해는 바다처럼 넓고 크며, 염호鹽湖이다. 특히 발하슈호, 이스크쿨호, 아랄해는 천산산맥에서 발원한다. 산 정산의 빙하가 녹아내려 강물을 되고 물이 모여 큰 호수를 이룬다.

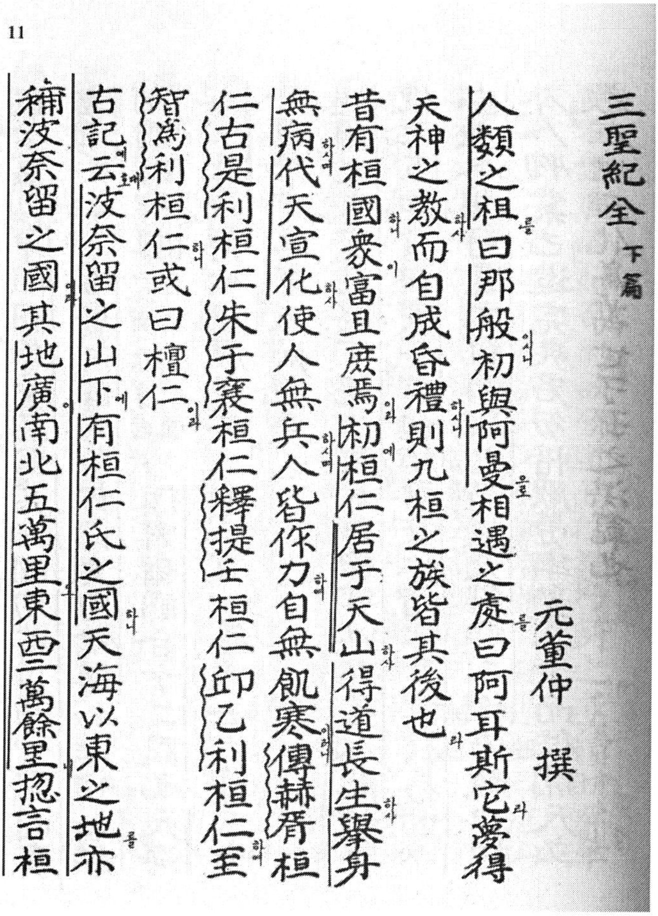

11

三聖紀全 下篇

元董仲 撰

人類之祖曰那般初與阿曼相遇之處曰阿耳斯它夢得
天神之敎而自成昏禮則九桓之族皆其後也
昔有桓國衆富且庶焉初桓仁居于天山得道長生擧身
無病代天宣化使人無兵人皆作力自無飢寒傳赫胥桓
仁古是利桓仁朱于襄桓仁釋提全桓仁阤乙利桓仁至
智爲利桓仁或曰檀仁
古記云波奈留之山下有桓仁氏之國天海以東之地亦
補波奈留之國其地廣南北五萬里東西二萬餘里恕言桓

[그림 134] 《환단고기》 광오이해사본(1979년) 〈삼성기전三聖紀全 하편〉의 파내류산波奈留山과 파내류국波奈留國 자료

[해석解釋]

옛 기록에 이르기를 **파내류산波奈留山** 아래에 환인씨의 나라가 있으니, 천해의 동쪽 땅이라. 또한 칭하기를 **파내류국波奈留國**이라. 그 땅의 넓이는 남북으로 5만 리요, 동서로 2만여 리이니 통틀어 환국이라 했다.

원문을 구체적으로 살펴보면, 환인씨의 나라는 바로 환국이다. 최초의 나라 환국이 파내류산 아래 있었다는 것이다. **파내류산**을 알면 나라의 위치는 바로 밝혀지게 된다. **환국**을 다른 말로는 **파내류국**이라 했다는 것은 그 만큼 산이 나라이름에 영향을 줄 정도였다는 것이다. 그 산 근처에 바다 같은 큰 호수가 있는데 그 호수를 천해天海라 하였으며, 천해의 동쪽지역의 땅이 환국이었다는 것이다.

결론적으로 말하면 파내류산의 '파내류'는 '하늘'이다. 순 우리말을 한자를 이용하여 그 소리를 적은 이두吏讀 식으로 표현한 것이다. 즉 하늘 산은 천산天山이다. 그럼 천산天山 아래 환국이 있었다는 선언이다. 그리고 천산산맥天山山脈 근처에 천해天海가 있다는 것이다. 그 동쪽의 땅이 바로 천국天國, 즉 환국의 땅이다.

천해天海에 대해서는 다음 장에서 구체적으로 논論하여 볼 것이다. 지금까지는 상고사를 연구하는 모든 분들이 바이칼호를 비정하고 있지만 파내류산이 천산이고 천산 아래 환국이 있었으며 천산 근처에서 천해를 찾아야 한다는 점을 원동중의 삼성기에서는 분명하게 밝혀주고 있다.

 파내류산波奈留山 〈태백일사太白逸史〉〈환국본기桓國本紀〉

[원문原文]

三聖密記에 云호대 **波奈留之山**下에
삼 성 밀 기   운   파 내 류 지 산 하

有桓仁氏之國하니
유 환 인 씨 지 국

天海以東之地를 亦 **稱波奈留之國也**라
천 해 이 동 지 지   역 칭 파 내 류 지 국 야

其地廣이 南北五萬里오
기 지 광   남 북 오 만 리

東西二萬餘里니 摠言桓國이오
동 서 이 만 여 리　　총 언 환 국

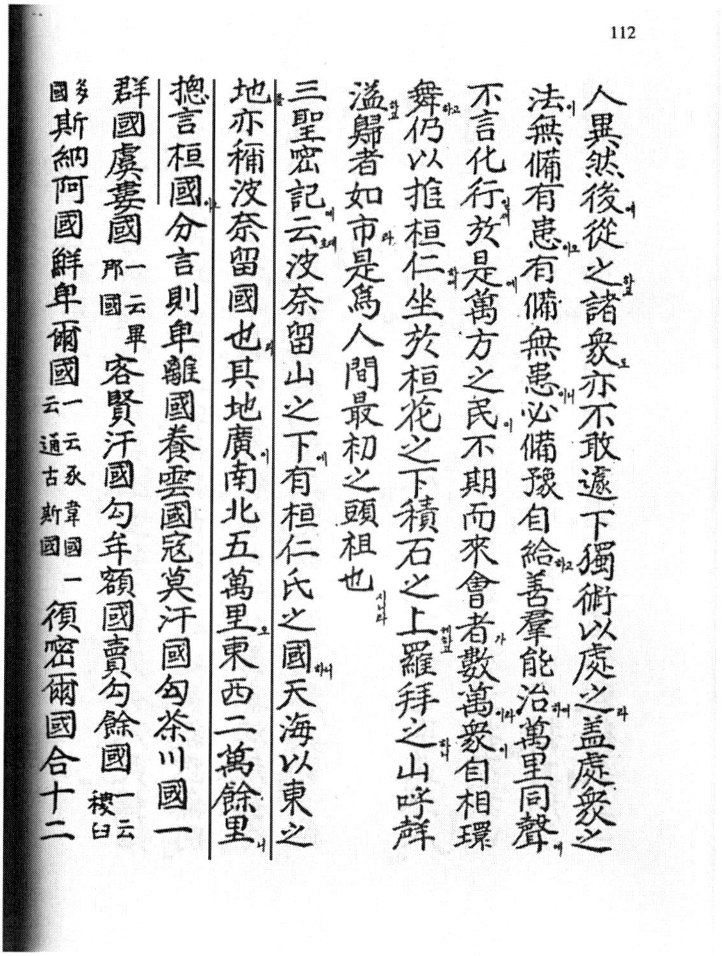

112

人異然後從之諸衆亦不敢邁下獨術以處之盖處衆之
法無備有患有備無患必備豫自給善羣能治萬里同聲
不言化行玆是萬方之民不期而來會者數萬衆自相環
舞仍以推桓仁坐於桓花之下積石之上羅拜之山呼聲
溢歸者如市爲人間最初之頭祖也
三聖密記云沒奈留山之下有桓仁氏之國天海以東之
地亦稱沒奈留國也其地廣南北五萬里東西二萬餘里
摠言桓國分言則卑離國養雲國寇莫汗國勾茶川國一
羣國虞婁國一云畢那國客賢汗國勾牟額國賣勾餘國
國斯納阿國鮮卑爾國云一通古斯國一須密爾國合十二

[그림 135] 《환단고기》 광오이해사본(1979년) 〈환국본기〉의 파내류산波奈留山과 파내류국波奈留國
　　　　　 자료

[해석解釋]

　　삼성밀기에 이르기를 **파내류산**(하늘산, 天山) 아래에 환인씨의 나라가 있으
니, 천해의 동쪽 땅이라. 또한 칭하기를 **파내류국**(하늘나라, 天國, 桓國)이라. 그

땅의 넓이는 남북으로 5만 리요. 동서로 2만여 리이니 통틀어 환국이라 했다.

원동중元董仲 〈삼성기전三聖記全 상편〉과 〈태백일사〉 〈환국본기〉의 내용은 동일하다. 단, 고기古記가 ≪삼성밀기三聖密記≫[13]라는 것을 구체적으로 설명하고 있는 점만 다르다.

③ ≪화한삼재도회和漢三才圖會≫

일본 사람 데라시마 료안寺島良安은 원래 오사카의 의사로 스승 와키 나카야스和氣仲安으로부터 "의사醫師라면 삼라만상森羅萬象의 모든 것에 밝아야 한다."는 말을 듣고 1607년에 중국에서 간행된 왕기王圻, 왕사의王思義 부자의 저서 ≪삼재도회三才圖會≫의 구성을 본따 여기에 일본과 관련된 내용을 대폭 보충하여 ≪왜한삼재도회倭漢三才圖會≫를 지었다.

[그림 136] 일본 사람 데라시마 료안 寺島良安이 찬한 화한삼재도회和漢三才圖會의 표지들

---

13 ≪삼성밀기三聖密記≫는 〈표훈삼성밀기表訓三聖密記〉, 〈표훈천사삼성밀기表訓天詞三聖密記〉 기록이 조선왕조실록에 보인다.

1713년 편찬한 책으로 에도시대의 백과사전이다. 전체 105권 81책에 이르는 분량으로 각 항목마다 일본과 중국의 사상을 배열하고 고증하여 거기에 삽화를 더했다. 본문은 한문漢文으로 해설되어 있다. 실제로는 존재하지 않는 공상의 영역이나 황당무계한 내용도 많지만, 저자가 의사였던 만큼 동양의학에 관한 기사는 매우 정확하며, 침이나 뜸을 다루는 치료사들 중에는 이 ≪화한삼재도회≫를 신뢰할 수 있는 고전으로 평가하기도 한다. 처음에는 ≪왜한삼재도회倭漢三才圖會≫로 출판하였다가 나중에 일본에서 왜倭를 화和로 변경하여 ≪화한삼재도회≫로 책명을 변경하여 출판하게 되었다.

≪화한삼재도회≫는 일본에 갔던 조선의 통신사 등을 통하여 소개되었던 것으로 보인다. 현재 국내에 있는 ≪화한삼재도회≫는 일본에서 간행된 목판본으로 1713년 간행된 것과 1772년에 간행된 두 판본이 있는데, 조선에 소개된 제목은 ≪왜한삼재도회倭漢三才圖會≫이며 기록상 영조24년 1748년에 통신사로 일본을 다녀온 조명채曹命采14가 작성한 ≪봉사일본시견문록奉使日本時見聞錄≫에서 책의 이름이 처음 등장한다. 조선의 실학자 이덕무李德懋15가 일본에 관한 정보를 종합 정리해 편찬한 ≪청령국지蜻蛉國志≫에는 일본과 무역을 하던 국가 가운데 하나로서 아란타阿蘭陀, 즉 네덜란드가 포함되어 있는데, 여기서 아란타에 대한 설명은 대부분 ≪화한삼재도회≫를 통해 얻은 자료에서 나왔다.

그런데 파내류산波奈留山의 비밀을 연구하는 자료에 ≪화한삼재도회≫가 왜 언급되는가? 그것은 바로 ≪화한삼재도회≫의 권 십삼 〈이국인물〉〈조선국어〉에서 파내류波奈留를 해석하는 데 필요한 결정적인 증거를 제공하고 있기 때문이다.

---

14 조명채曹命采는 조선시대 문신으로 1700년~1764년 때의 인물이다. 예조참판을 역임하였으며 1762년 사도세자思悼世子 사건 때 옥사와 관련하여 국문을 받고 풀려났으나, 2년 후 죽었다. 영조는 그의 죽음을 애석하게 여겨 그의 아들에게 아버지의 국록을 계속 받도록 배려하였다.

15 이덕무李德懋는 조선 후기의 실학자로 1741년~1793년 때의 인물이다. 정조正祖가 규장각奎章閣을 설치하여 검서관檢書官으로 등용하였다.

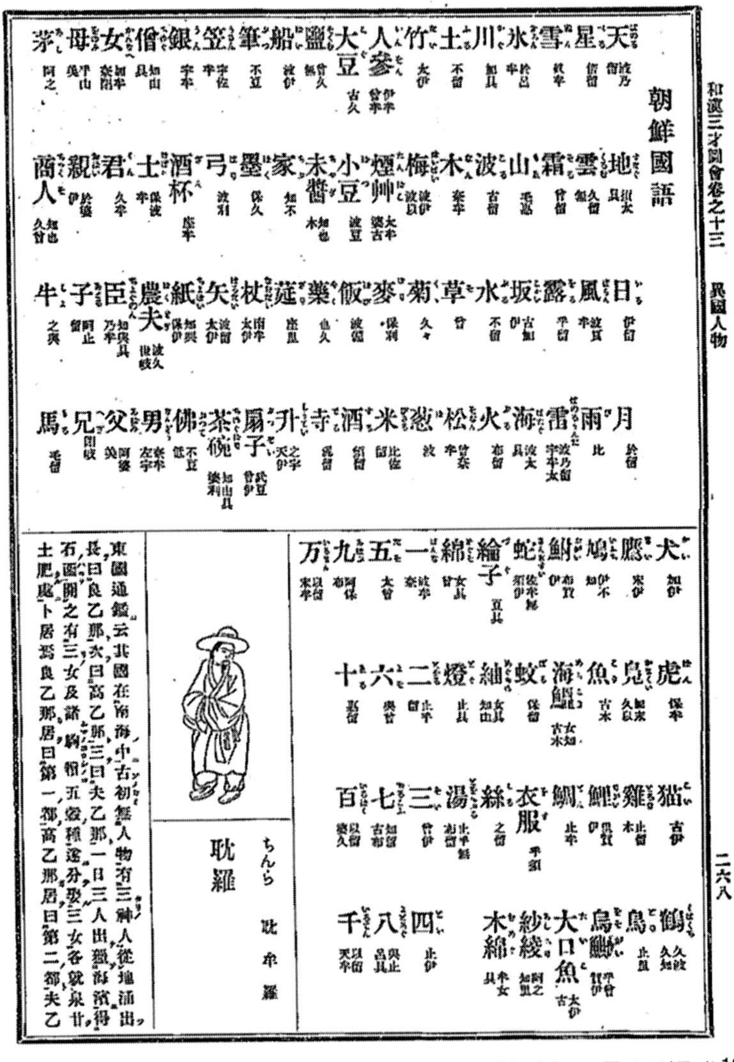

[그림 137] ≪화한삼재도회≫ 권지십삼卷之十三 이국인물 이백육십팔二六八쪽 〈조선국어〉[16]

〈조선국어朝鮮國語〉는 조선의 말이 글과 달라서 말은 조선말로 하고 글은 표의문자表意文字인 한자漢字로 기록하게 되어 불편함이 있었다. 이에 말을

---

16 일본 중외출판사 등中外出版社等 1901년, 일본 국립국회도서관國立國會圖書館 자료 복사본

이두吏讀 식으로 기록하게 되었는데 이 기록을 일본어와 함께 〈조선국어〉라
고 기록하였다. 기록된 일본어도 뜻을 기록한 것이 아니라 말소리를 기록하
였다. 즉 이두吏讀식 표기와 같은 발음이다.

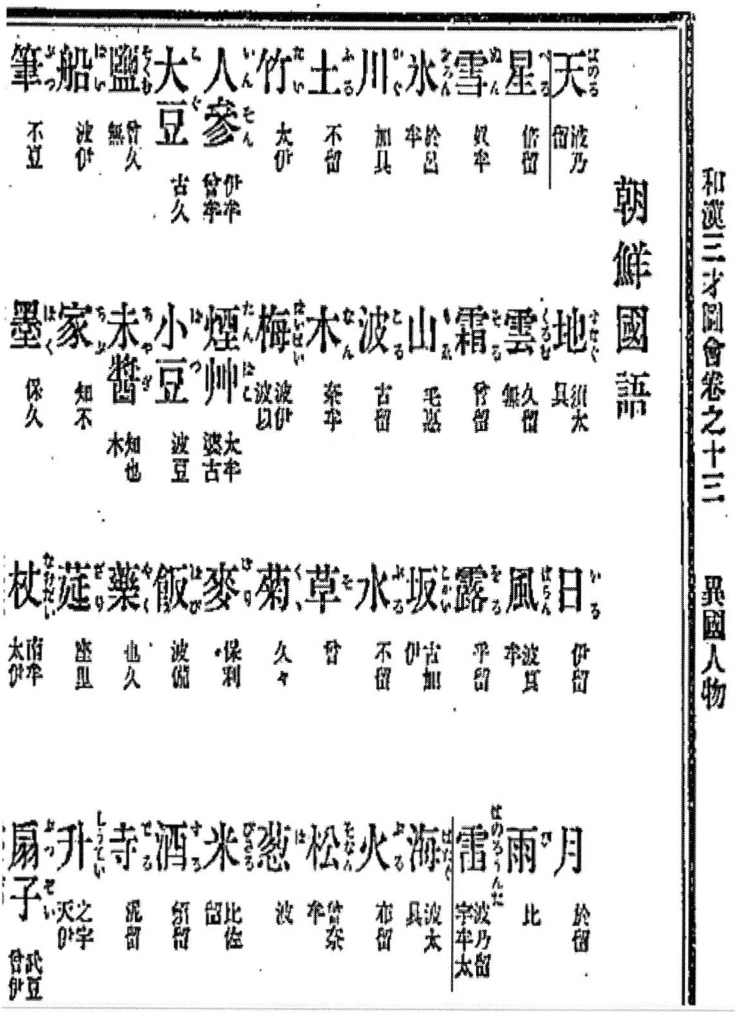

[그림 138] 《화한삼재도회》 천天 파내류 확대사진이다. はのろ(하노로) 와 함께 기록되어 있다. 뇌
雷는 파내류우모태波乃留宇牟太라 쓰고, 일본어로 はのろうんた(하노로우응다) 즉 '하노로
운다' 즉 '하늘 운다'로 읽는다는 조선말 소리를 전해주고 있는 기록을 볼 수 있다.

≪화한삼재도회≫ 〈권십삼〉, 〈이국인물異國人物〉, 〈조선국어〉 편에는 총 112자가 기록되어 있다. 조선국어 즉 조선말 소리를 한자를 음차音借하여 이두吏讀[17] 식 표기를 하였다. 또한 조선말 소리와 일치하는 일본어 표기를 음차音借하여 같이 기록하고 있다. 그 한자에는 뜻이 없다. 오직 말소리를 전하고자 하는 것이다.

[도표 043] ≪화한삼재도회≫ 〈권지십삼卷之十三〉, 〈이국인물 〉, 〈이백육십팔二六八〉, 〈조선국어〉 도표 정리

한자	조선국어	일본어	일본어 발음	국어 발음 변화
天 (천)	波乃留 (파내류)	はのろ	하노로	하날/하늘
地 (지)	須大具 (수다구)	すにぐ	스니구	스당/따지/땅
日 (일)	伊留 (이류)	いろ	이로	이로/일(해)
月 (월)	於留 (어류)	기록 없음		어루/얼/ 월(달)
星 (성)	倍留 (배류)	べろ	베로	배루/벨/별
雲 (운)	久留無 (구류무)	くろむ	구로모	구룸/구름
風 (풍)	波良牟 (파량모)	ばらん	바라응	바라모/바람
雨 (우)	比 (비)	び	비	비
雪 (설)	奴牟 (노모)	ぬん	누응	누모 / 눈

---

17 이두吏讀는 한자의 음음과 훈訓을 빌려서 순수한 한국어를 적던 표기법이다. 고려 때 이승휴 李承休가 지은 ≪제왕운기帝王韻紀≫에 처음 언급된다. 이두는 신라 초기부터 발달한 것으로 추측된다

한자	조선국어	일본어	일본어 발음	국어 발음 변화
霜 (상)	曾留 (증류)	そろ	소로	소오로/서리
露 (노)	乎留 (호류)	おろ	오로	오로/일/이슬
雷 (뇌)	波乃留宇牟太 (파내류우모태)	はのろ うんた	하노로 우웅다	하나로운다/ 하늘운다

이는 비록 일본백과사전인 ≪화한삼재도회≫에 나와 있는 기록이지만, 고대사 연구에 매우 중요한 사료이다. 총 112자 중에서 12자를 먼저 분석하여 보았다. 우리 민족은 저 푸른 공간을 말로는 '하늘'이라 불렀다. 그러나 글로는 쓸 수가 없어서 천天이라 쓰고 하늘이라는 말을 전하기 위하여 파내류波乃留라 쓰고 읽기를 '하늘'이라 읽었다. 또한 일본어로 쓰여진 'はのろ(하노로)'는 천天을 '하늘波乃留'로 읽는다는 것을 전하고 있다. 즉 파내류波乃留는 '하나루' 〈 '하노루' 〈 '하날' 〈 '하늘'의 말소리를 한자 소리를 빌려 표기한 것이다. 12번째 뇌雷는 파내류우모태波乃留宇牟太라 쓰고, 일본어로 はのろうんた(하노로우웅다), 즉 '하나루 운다' 〈 '하늘 운다'로 읽는다는 조선말 소리를 전해 주고 있다.

그렇다면 **파내류산波奈留山**은 '하늘 산'이란 말이며, 쓰기는 천산天山 또는 파내류산波奈留山이라고 써서 '하늘 산'이란 말을 전한 것이다. 또한 파내류국波奈留國은 환국桓國이라 쓰고 파내류국波奈留之國이라 써서 '하늘 나라' **'하늘처럼 환한 나라'** 즉 **'천국天國, 환국桓國'**의 깊은 의미를 전해 주고 있는 것이다. 즉 파내류산은 한문으로 표시한다면 '천산天山'이다. 그렇다면 **우리 한민족사의 시원문화를 천산天山에서 찾아야 한다.**

≪환단고기≫에 대한 역사학적 중요가치를 연구조차 하지 않고 위서僞書라 비판하는 식민사학자들은 이러한 이두吏讀 식 기록이 일본고서를 통하여 증명된 사실에 대해서 어떤 말을 할 수 있을까?

《환단고기》에서 파내류산波奈留山을 알게 된 이후에, 중국에서 발간된 많은 지명사전을 찾아 보았으나 중국 지명사전에는 파내류산波奈留山을 찾을 수가 없었다. 그 이유는 천산天山, 즉 하늘산에 대한 조선국어 식, 즉 이두吏讀 식 차자표기법借字表記法으로 한자의 음을 빌려 우리말 소리를 표기하였기 때문이다. 오직 《환단고기》, 《화한삼재도회》, 《해동역사海東繹史》에서만 공통적으로 나타나는 표기이다.

다시 한번 구체적으로 살펴 보면, "천天은 파내류波乃留다." 파波라는 한자를 읽을 때는 '파'이지만 '하'로 발음한다. 내乃라는 한자는 '내' '나' 'ㄴ' 'ㅡ'로 발음한다. 류留라는 글자는 발음이 "류"이지만, 끝 발음으로는 "ㄹ"만 취한다. 즉 받침만 사용하는 것이다.

결론적으로 파내류波乃留는 '하날'을 이두식으로 표기한 것이다. 즉 천天은 **'파내류 〈 하나루 〈 하날 〈 하늘**'로 변화한 것이다. 파내류波乃留는 '하날' 지금의 '하늘'이다. 파내류산波乃留山은 바로 '하늘 산' 천산天山인 것이다. 일본어 표기에서도 "はのろ(하노로)"라고 기록하였다. 즉 파내류를 읽을 때 '하노루 〈 하날 〈 하늘'이라는 것을 다시 한번 증명하는 것이다.

뇌雷 파내류우모태波乃留宇牟太는 '파내류우모태 〈 하나루 운다 〈 하날 운다 〈 하늘 운다.' 즉 벼락은 천둥과 함께 큰 소리가 나는데 '두둥~~' 하고 소리가 들리니 그 소리를 '하늘이 운다.'고 표현한 것이다. 여기에서도 하늘을 파내류波乃留로 기록하고 있다.

그런데 《환단고기》에서는 파내류波奈留에서 내奈를 '어찌 내', 나奈를 '어찌 나'로 읽으며 두 가지 표현이 있지만 'ㄴ'을 의미한다. 그래서 《화한삼재도회》에서 표현한 '이에 내乃' 또한 같은 의미로 'ㄴ'을 의미하는 것이다. 순 우리말을 표현하기 위해 한자를 빌려 쓴 것이기 때문에 '乃내 = 奈(내, 나)'를 같은 의미로 해석해야 한다고 생각된다. 그래서 '파내류波奈留'와 '파내류波乃留'는 같은 의미이다. 여기에서 '奈(내, 나)'는 '내'와 '나'로 읽을 수 있지만 '乃(내)'로 기록한 것을 비교해 보면 奈를 '내'로 읽는 것이 타당하리라 생각된다.

≪화한삼재도회≫〈권십삼卷十三〉〈이국인물〉, 〈조선국어〉에 기록한 조선말을 ≪해동역사海東繹史≫를 찬한 한치윤韓致奫은 그의 서적에 파내류波乃留의 기록을 옮겨 적어 조선에 소개하였다. 그 내용을 이어서 살펴보고자 한다.

④ ≪해동역사海東繹史≫

[그림 139] ≪해동역사海東繹史≫ 조선광문회발간본 표지와 속지

한치윤(韓致奫, 1765년~1814년)은 조선 후기 학자이다. 1789년(정조 13년) 진사시에 합격한 뒤 학문에만 전념하여 약관에 문명을 날렸다.

≪해동역사≫는 조선 후기의 실학자 한치윤이 찬술한 기전체紀傳體의 한국통사이다. 한치윤이 지은 본편本篇 70권과 조카 한진서韓鎭書가 보충한 속편續篇 15권을 합쳐 모두 85권이다. 한치윤은 작고하기 10년 전부터 착수해 완성하지 못하고 본편本篇 70권만을 완성하고 나머지 15권을 조카 한진서에게 부탁하여 총 85권을 찬술한 것이다. 조카 한진서가 뒤이어 1823년(순조 23년) 편찬을 마쳤다. 청나라 마숙馬驌이 찬술한 역사繹史를 모범으로 하여 ≪해동역사海東繹史≫라 하였다.

책을 쓰게 된 동기는 한국사가 엉성하고 조잡하게 편찬되어 이를 바로 잡고 객관적인 한국사의 참모습을 찾고자 하였다. 기전체紀傳體 형태를 따랐으며, 객관적인 찬술을 위해 550여 종의 인용서를 동원하였다. 중국의 사서 523종과 일본의 사서 22종과 한국의 기본서를 참고하여 역사 기록을 정리하였다.

한치윤은 청나라 연경燕京에 머무르면서 직접 목도한 청나라의 다양한 문물과 폭넓은 연구 경향에 자극 받은 것이다. 그러나 안타깝게도 상고사의 서적이 외세침략과 조선초기의 수거령에 의하여 거의 찾아볼 수 없는 상황에서 중국에 의하여 왜곡된 사서와 일본 중심적인 일본사서의 내용을 비판없이 기록한 사실은 아쉬운 점이다. 그러나 다양한 기록 중에서 옥석을 가릴 줄 안다면 상고사의 역사를 밝히는 데 도움되는 부분이 있을리라 생각된다. 그러나 또 하나의 장점은 다양한 인용 서적에 나와 있는 객관적인 자료인데, 이를 잘 비교 연구한다면 한민족의 역사를 밝히는 데 일조하리라 생각된다.

1713년 간행된 ≪화한삼재도회≫를 인용하여 조선국어를 해동역사에 옮겨 적게 되면서 한글이 보편화되기 전에 우리말을 소리나는 대로 기록했던 자료를 전하게 되는 계기가 되었다.

[원문原文]

〈朝鮮國語 조선국어〉

天曰波乃留　地曰須大具　日曰伊留
천 왈 파 내 류　지 왈 수 대 구　일 왈 이 류

月曰於留　星曰倍留　雲曰久留無
월 왈 어 류　성 왈 배 류　운 왈 구 류 무

風曰波良牟　雨曰比 雪曰奴牟
풍 왈 파 량 모　우 왈 비　설 왈 노 모

霜曰曾留　露曰乎留　雷曰**波乃留宇牟太**
상 왈 증 류　노 왈 호 류　뇌 왈 파 내 류 우 모 태

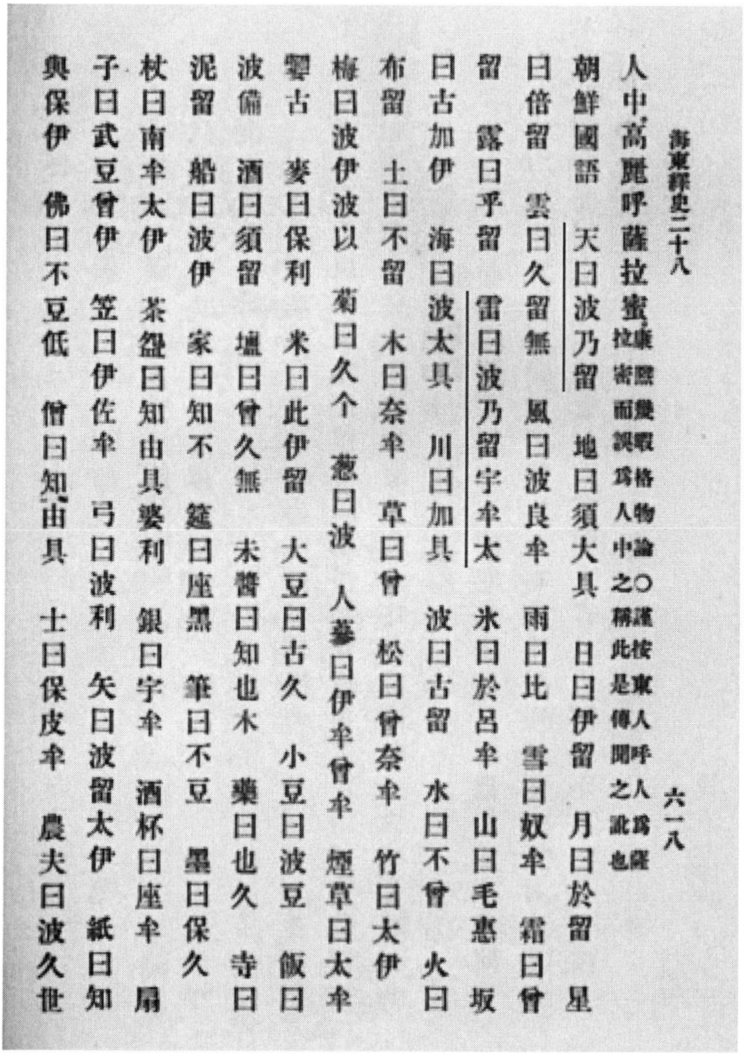

人中高麗呼薩拉蜜 襄拉嚢密際面驫誤取爲格人物中論之○稱灌接此是東傳人聞呼之人虵爲虵也

朝鮮國語

天日波乃留　雷日波乃留宇牟太

地日須大具

日日於留　月日於留星

風日波良牟　雨日比　雪日奴牟　霜日曾

氷日於呂牟　山日毛惠坂

水日不曾　火日

海日波太具　川日加具

草日曾　松日曾奈牟　竹日太伊

木日奈牟

布留　土日不留

梅日波伊波以　菊日久个

葱日波　人蔘日伊牟曾牟　煙草日太伊

蟇古　麥日保利　米日此伊留

大豆日古久　小豆日波豆　飯日太牟

波備　酒日須留　壜日曾久無　未醬日知也木　藥日也久　寺日

泥留　船日波伊　家日知不　筵日座黑　筆日不豆　墨日保久

杖日南牟太伊　茶盌日由具　銀日宇牟　酒杯日座牟屛

子日武豆曾伊　笠日伊佐牟　弓日波利　矢日波留太伊　紙日知

與保伊　佛日不豆低　僧日知由具　士日保皮牟　農夫日波久世

六一八

[그림 140] ≪해동역사海東繹史[18]≫ 〈권券28〉 〈풍속지風俗志 방언〉에 ≪화한삼재도회≫ 기록을 옮겨 적었다.

---

[18] 국립중앙도서관 자료 ≪해동역사≫ 조선고서간행회 편朝鮮古書刊行會 編, 1911년, 618쪽과 619쪽 복사 자료

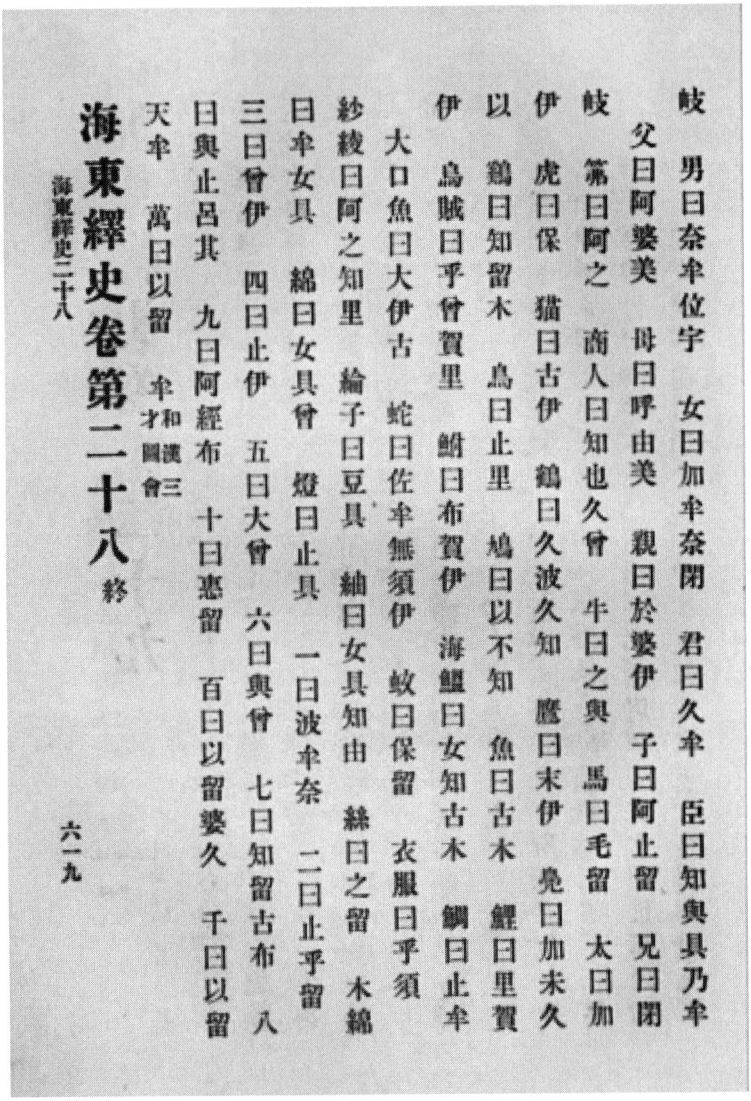

岐 男曰奈牟位宇 女曰加牟奈閇 君曰久牟 臣曰知與具乃牟
父曰阿婆美 母曰呼由美 親曰於婆伊 子曰阿止留 兄曰閇
岐 第曰阿之 商人曰知也久曾 牛曰之與 馬曰毛留 太曰加
伊 虎曰保 猫曰古伊 鶏曰久波久知 鷹曰末伊 兔曰加未久
以 鷄曰知留木 鳥曰止里 鳩曰以不知 魚曰古木 鯉曰里賀
伊 烏賊曰乎曾賀里 鯽曰布賀伊 海鰻曰女知古木 鯛曰止牟
大口魚曰大伊古 蛇曰佐牟無須伊 蚊曰保留 衣服曰乎須
紗綾曰阿之知里 綸子曰豆具 紬曰女具知由 絲曰之留 木綿
曰牟女具 綿曰女具曾 燈曰止具 一曰波牟奈 二曰止乎留
三曰曾伊 四曰止伊 五曰大曾 六曰與曾 七曰知留古布 八
曰與止呂其 九曰阿經布 十曰惠留 百曰以留婆久 千曰以留
天牟 萬曰以留 牟才和漢三會圖

海東繹史卷第二十八 終
海東繹史二十八
六一九

[그림 141] 《해동역사》〈권券28〉〈풍속지風俗志 방언〉의 《화한삼재도회》 기록을 옮겨 적었다.

[해석解釋]

조선朝鮮의 국어國語는 다음과 같다. 천天은 하늘 지地은 땅, 일日는 일, 월月은 월, 성星는 별, 운雲은 구름, 풍風은 바람, 우雨는 비, 설雪은 눈, 상霜은 서리,

로露은 이슬, 뇌雷은 하늘 운다.

≪화한삼재도회≫의 〈조선국어〉를 원문 그대로≪해동역사≫에 기록한 것이다.

≪해동역사≫를 읽어 보다가 〈28권〉에 있는 〈풍속지 방언편〉을 보면서 기록의 정신이 얼마나 중요한지를 알게 되었다. 이런 기록이 선대의 상고사를 밝히는 단서가 되어 민족정신을 바로 세우게 되는 초석이 된 자료라고 생각된다.

[도표 044]≪해동역사≫ 〈권券28〉 〈풍속지風俗志 방언〉

원문	조선국어	원문변화	한글
천(天) 波乃留	파내류	하날/하늘	하늘
지(地) 須大具	수다구	스당/따지/땅	땅
일(日) 伊留	이류	이루/일(해)	일
월(月) 於留	어류	어루/얼/월(달)	월
성(星) 倍留	배류	배루/벨/별	별
운(雲) 久留無	구룸무	구룸/구름	구름
풍(風) 波良车	파량모	바라모/바람	바람
우(雨) 比	비	비	비
설(雪) 奴车	노모	누모 / 눈	눈
상(霜) 曾留	증류	소오루/서리	서리
노(露) 乎留	호류	오루/일/이슬	이슬
뇌(雷) 波乃留 宇车太	파내류 우모태	하나루운다/ 하늘 운다	하늘 운다

≪해동역사≫에는 일본어 표기가 없어, 일본어 표기가 있는 자료를 찾고자 하여, 일본 중외출판사中外出版社가 1901년에 출간한 ≪화한삼재도회≫를 일본 국립국회도서관國立國會圖書館에서 확인하여 일본어 부분까지도 확인하

게 되었다.

아래 ≪천자문千字文≫은 1583년 목판본인 ≪한석봉 천자문韓石峯 千字文≫
이다. 여기에서 천天을 '하날 텬'이라고 한글로 기록하였다. 1712년 ≪화한삼
재도회≫와 1823년 이 기록을 인용한 ≪해동역사≫에서 천天을 '波乃留(파내
류)'라고 하였는데, 마침내 조선에서도 한글과 한문을 병행하여 기록하기 시
작한 것이다. 결국 천天을 '파내류波乃留'라 하였고 천자문에서도 '하날 텬'이
라고 하였으니 '천天 = 파내류波乃留 = 하날 = 하늘'을 의미하는 것이다. 결국
파내류산波柰留山은 천산天山이다.

[그림 142] ≪한석봉 천자문**19**≫ 1583년 목판본, 천天을 '하날텬' 으로 기록하고 있다.

여기에서 '하날 텬'이라고 기록하였는데, 그 당시에는 '텬'으로 발음하였다.
지금도 중국 지도에는 천산산맥天山山脈을 '톈산산맥天山山脈'이라고 한다.

---

19 선조 16년, 1583년 간행된 ≪한석봉천자문韓石峯千字文≫은 '天, 하날 텬'과 같이 한글로 음을
달았다. 목판본 초간본으로 보물 제 1659호로 지정(2010.08.25일)되었다. 개인 소장본, 문화재
청 자료 인용

[그림 143] 텐산산맥天山山脈으로 표기된 지도, 곤륜산맥, 파미르 고원, 타클라마칸 사막, 투루판, 중가리아 분지, 발하슈호, 아랄해, 카스피해, 이시크쿨호, 이리하, 사마르칸트가 보인다.

우리말도 '하늘 텬'으로 발음하다가 점차 '하늘 천'으로 변화되었다. 일본어는 천天을 '덴(てん)'이라고 한다.

지도를 살펴보면 천산산맥天山山脈은 중국 서부 국경산맥이며, 타지키스탄의 전 국토가 천산산맥 안에 있으며, 키르기스스탄의 대부분도 천산산맥의 기슭에 있다. 또한 카자흐스탄은 천산산맥의 빙하가 녹은 빙하수가 모이는 이지크쿨호, 아랄해, 발하슈호가 있다. 특히 발하슈호는 천산산맥에서 발원하는 이리하伊犁河가 합류한다.

더불어 천산산맥 기슭에는 많은 고대의 도시들이 있으며 천산산맥은 실크로드의 중요한 요충지가 되어 1만 년 전부터 사람들의 왕래와 교역이 활발하였으며 천산산맥 실크로드 주변에 고대사 관련 유물이 많이 발견되고 있어 환국사桓國史 관련 연구가 필요하다.

원문	조선국어	원문변화	한글
빙(氷) 於呂牟	어려모	오로모 / 오론	얼음
산(山) 毛惠	모혜	모에 / 메	뫼
판(坂) 古加伊	고가이	고가이	고개
해(海) 波太具	파태구	바다구 / 바당	바다
천(川) 加具	가구	가구	강
파(波) 古留	고류	고루	골
수(水) 不曾	부증	부소오/믓/믌	물
화(火) 布留	포류	보루 / 볼	불
토(土) 不留	부류	부루 / 벌	벌
목(木) 奈牟	내모	나모	나무
초(草) 曾	증	소오	새
송(松) 曾奈牟	소내모	소나모	소나무
죽(竹) 太伊	태이	다이	대
매(梅) 波伊波以	파이파이	매	매(매화)
국(菊) 久个	구개	구가이 / 구캐	국화
총(葱) 波	파	하 / 파	파
인삼(人蔘) 伊牟曾牟	이무소무	인손	인삼
연초(煙草) 太牟婆古	태모파고	타모바고 / 담바고	담배
맥(麥) 保利	보리	보리	보리
미(米) 此伊留	차이류	차이루/사루/살	쌀
대두(大豆) 古久	고구	공	콩
소두(小豆) 波豆	파두	파두	팥
반(飯) 波備	파비	바비	밥
주(酒) 須留	수류	수루	술
염(鹽) 曾久無未	증구무미	소구무미/소구무	소금
장(醬) 知也木	지야목	지야모구 / 쟝	장

원문	조선국어	원문변화	한글
약(藥) 也久	야구	야구	약
사(寺) 泥留	니류	니루 / 닐	절
선(船) 波伊	파이	바이	배
가(家) 知不	지부	지부	집
연(筵) 座黑	좌리	자리	자리
승(升) 之宇天伊	지우천이	도우이/도이/되	되
필(筆) 不豆	부두	부두 / 붇	붓
흑(黑) 保久	보구	호구	흑
장(杖) 南牟太伊	남무태이	나무타이	나무때기
선자(扇子) 武豆曾伊	무두증이	부두소이	부채
입(笠) 伊佐牟	이좌모	이사모/사모	삿갓
궁(弓) 波利	파리	파리/하리/할	활
시(矢) 留太伊	파류태이	하루다이/할다이	활대
다완(茶盌) 知由具婆利	디유구파리	지유구바리 /중바리	중발
은(銀) 宇牟	우모	운	은
주배(酒盃) 座牟	좌모	자모/잔	잔
지(紙) 與保伊	지여보이	징보이/증이	종이
불(佛) 不豆低	부두저	부두저/붇져	부처
승(僧) 知由具	지유구	징구/중구	중
사(士) 保皮牟	보피모	호비모/손비	선비
농부(農夫) 波久世岐	파구세기	하구세기/여름세기	여름지기(농부)
남(男) 奈牟佐宇	나모좌우	남좌우	남자
여(女) 加牟奈閇	가모나폐	감나혜/간나히	가시나
군(君) 久牟	구모	구무/군	군
신(臣) 知與具乃牟	지여구내모	지여구남모/ 집남모/집남자	집남자 (가신)
부(父) 阿婆美	아파미	아밤/아범	아범

원문	조선국어	원문변화	한글
모(母) 呼由美	호유미	아유미/어멈	어멈
친(親) 於婆伊	어파이	어바이/아바이	아버지
자(子) 阿止留	아지류	아디류/아딜	아들
형(兄) 閇歧	폐기	페이/헤이/헹임	형
불(弟) 阿之	아지	아지/아재	아저씨
상인(商人) 知也久曾	지야구증	장사중/장사승	장사꾼
우(牛) 之與	지여	지요/쇼	소
마(馬) 毛留	모류	마류/말	말
견(犬) 加伊	가이	가히/개	개
호(虎) 保	보	보오/범	범
묘(猫) 古伊	고이	고이	고양이
학(鶴) 久波久知	구파구지	구파구지	두루미
응(鷹) 末伊	말이	마이	매
부(鳧) 加未久以	가미구이	가마구지/가마우지	가마우지
계(鷄) 知留木	지류목	디류목/달기	닭
조(鳥) 止里	지리	시리/새	새
구(鳩) 以不知	이불지	비달지/비들기	비둘기
어(魚) 古木	고목	고목/고기	고기
이(鯉) 里賀伊	리하이	리가이/링어	잉어
오적(烏賊) 乎曾賀里	호증하리	오소가리	오징어
부(鮒) 布賀伊	포하이	보가이/붕이	붕어
해온(海鰮) 女知古木	녀지고목	조지고기	정어리
조(鯛) 止牟	지모	지모/도미	도미
대구어(大口魚) 大伊古	대이고	대고	대구
사(蛇) 佐牟無須伊	좌모무수이	사모무수이/삼무사	살무사
문(蚊) 保留	보류	보리/모리	모기
의복(衣服) 乎須	호수	오수/옷	옷

원문	조선국어	원문변화	한글
사릉(紗綾) 阿之知里	아지지리	아시지리	깁
윤자(綸子) 豆具	두구	두구/두건	두건
주(紬) 女具知由	녀구지유	뉴구지유/늉주	명주
사(絲) 之留	지류	시루	실
목면(木綿) 牟女具	모녀구	모녕	무명
면(綿) 女具曾	녀구증	녀구소오	솜
등(燈) 止具	지구	딩구/등	등
탕(湯) 止乎無布留	지호무포유	디호무포유/등목	등목
일(一) 波牟奈	파모나	하모나/한나	하나
이(二) 止乎留	지호류	지오루/두울	둘
삼(三) 曾伊	증이	소오이/서이	셋
사(四) 止伊	지이	지이/너이	넷
오(五) 大曾	대승	다소오/다섯	다섯
육(六) 與曾	여증	요소오/엿	여섯
칠(七) 知留古布	지류고포	지루고보/닐곱	일곱
팔(八) 與止呂其	여지려기	여디려기	여덟
구(九) 阿經布	아경포	아곱/아홉	아홉
십(十) 惠留	혜류	예루/열루	열
백(百) 以留婆久	이류파구	이루바구/일백	일백
천(千) 以留天牟	이류천모	이루텐모/일턴	일천
만(萬)以留ロ牟	이류구모	이루구모/일만	일만

≪해동역사≫ 방언편 110자 중에서12자는 먼저 [도표06]에서 정리하였고, 나머지 98자와 누락분 2자를 포함하여 100자는 [도표 07]에 정리하였다. ≪화한삼재도회≫에는 112자가 원본이나, ≪해동역사≫는 110자만 옮겨 적었다. 승升자와 탕湯자가 누락되어 있어 포함하여 정리하였다. 또한 일부 순서가 원본과 달라서 원본 순서에 의하여 정리하였다. 우리말을 음차하여 기

록한 한자의 원음을 찾고자 할 때 참조할 수 있도록 하였다.

류留는 'ㄹ', 증曾은 'ㅅ', 구具은 'ㅇ', 지之는 'ㅅ', 파波는 'ㅎ'으로 번역하면 어느 정도 우리말에 접근할 수 있다.

실증實證 환국사桓國史을 연구하기 위해서는 ≪환단고기≫에 나와 있는 '파내류波柰留'의 비밀을 풀어야만 했다. 이 말을 풀어내지 못하면 ≪환단고기≫에서 알려주는 환국의 터전을 전혀 다른 곳으로 추정하게 된다. 즉 말이 비슷하다고 '파내류波柰留'를 '파미르'로 잘못 추정하거나 전혀 엉뚱한 곳으로 생각하고 추정하여 역사를 추적하고 있다. 그럼 실제 역사와는 전혀 다른 상황으로 전개된다. 그러나 천만 다행히도 '파내류波柰留'의 비밀을 밝혀내게 되었다. 알고 보면 간단하지만 모르는 상황에서는 온갖 상상을 동원해도 풀리지 않는 큰 숙제였다. **≪환단고기≫가 출판된 이후 오랜 세월 동안 풀리지 않았던 수수께끼 같은 비밀코드였다.**

이제는 ≪환단고기≫에 대해서 실존역사로서의 자신감을 갖고 환국사桓國史를 정립해 나가야 할 것이다. 또한 파내류波柰留 기록을 1713년 출간된 ≪화한삼재도회≫에서 확인함에 따라, ≪환단고기≫에 대한 연구를 다방면으로 확대해야 할 것이다. 특히 애를 써서 상고사를 부정하는 사학자들도 생각을 재고해야 한다.

제2절 천산(天山) 고찰(考察)

지금까지 '파내류산波奈留山'이 '하늘 산'이며 '천산天山'임을 증명하였다. 환국桓國의 터전은 상고사에서 파내류산과 천산天山 그리고 백산白山으로 기록하고 있다. 이번에는 천산天山에 대한 역사 기록을 살펴보고자 한다.

[도표 046] 환국桓國의 터전 산명山名 도표

상고사적 上古史籍	천산 天山	백산 白山	파내류산 波奈留山
부도지 符都誌20	천산주 天山洲		
삼성기전 상편 三聖記全上篇		백산 白山	
삼성기전 하편 三聖紀全下篇	천산 天山		파내류산 波奈留山
환국본기 桓國本紀	천산 天山		파내류산 波奈留山

---

20 《부도지》는 신라의 충신인 충렬공忠烈公 박제상朴堤上 선생이 지은 책이다. 한민족의 기원, 분화, 이동 경로, 한국 고대문화와 철학 사상의 원형을 담고 있다. 원본은 전하지 않고 있으며, 후손인 박금 씨가 1953년에 기억을 되살려 원문에 가깝게 기록한 것을 1986년 김은수 선생이 번역한 책을 참고하였다.

① ≪부도지符都誌≫ 천산天山

[그림 144] 요정징심록연의要正澄心錄演義. 징심록의 부도지 부분을 기억하여 적은 책. 전 동아일보사 기자 박금(본명 박재익) 선생 역주, 영해박씨대종회 홈페이지 유물전시관 자료,

[그림 145] 요정징심록연의要正澄心錄演義. 이 기록의 원본은 박금 선생에 의하면 〈부도지〉를 해방 후 월남할 때 문천의 금호에 있는 금호종합이학원(錦湖綜合理學院/양산댁)에 남겨두고 내려왔다고 한다. 통일 후에 원본이 발견되기를 바라고 있다.

≪부도지符都誌 8장≫

黃穹氏 率眷出北間之門 去天山洲
황 궁 씨 율 권 출 북 간 지 문 거 천 산 주

天山洲 大寒大險之地
천 산 주 대 한 대 험 지 지

此 黃穹氏 自進就難 忍苦復本之 盟誓
차 황 궁 씨 자 진 취 난 인 고 복 본 지 맹 서

≪부도지符都誌 8장≫

황궁씨黃穹氏[21]는 권속을 이끌고 북쪽 사이의 문을 나가 천산주天山洲로 가니, 천산주는 매우 춥고(大寒), 매우 위험(大險)한 땅이었다. 이는 황궁씨가 자진(自進)하여 어려움을 취해(就難) 복본復本의 고통을 이겨내고자 하는 맹세盟誓였다.

≪부도지≫는 충렬공忠烈公 박제상朴堤上 선생이 찬한 상고사 서적으로, 우리 민족이 왜 천산주天山洲로 이주하게 되었는가에 대한 사연을 소개해 주고 있다.

마고성麻姑城에서 부족을 이루어 공동 생활을 하고 있었으나, 백소白巢 씨족의 지소支巢 씨가 일으킨 오미五味의 변으로 성에서 더 이상 살 수가 없어 황궁黃穹 씨는 천산주天山洲로, 청궁靑穹 씨는 운해주雲海洲로, 백소白巢 씨는 월식주月息洲로, 흑소黑巢 씨는 성생주星生洲로 분거分居하였다. 남쪽에서 북쪽

---

21 ≪부도지≫에서 전傳하기를 지상에서 가장 높은 성인 마고성에 마고麻姑와 두 명의 딸 궁희穹姬와 소희巢姬가 있었다. 궁희穹姬 씨는 황궁黃穹 씨와 청궁靑穹 씨를 낳았으며, 소희巢姬씨는 백소白巢 씨와 흑소黑巢 씨를 낳았다. 오미의 변으로 황궁黃穹 씨는 천산주天山洲로, 청궁靑穹 씨 운해주雲海洲로, 백소白巢씨는 월식주月息洲로, 흑소黑巢씨는 성생주星生洲로 분거分居하였다. 천산주天山洲로 분거分居한 황궁黃穹 씨는 유인有因 씨를 낳고 유인有因 씨는 환인 씨를 낳았다.

으로 이주하게 되니 매우 춥고 매우 위험한 땅으로 이동하게 된 것이다. 역사의 기록에서 우리는 기후의 정보를 얻을 수 있다. 천산산맥天山山脈은 한반도韓半島와 같은 위도상인 북위 35°(한반도 부산)에서 43°(한반도 나진)에 위치하고 있다. 겨울에는 혹독한 추위 때문에 삶에 어려움이 있다는 것을 알려주고 있다.

환국의 주요 활동무대인 아시아 전역에 대한 기후에 따른 자연 환경을 참고해서 주요 근거지를 살펴봐야 한다. 왜냐하면 기후는 민족 이동에 중요한 원인이 되기 때문이다. ≪부도지≫의 기록처럼 마고성에서 매우 춥고 매우 위험한 땅인 천산산맥天山山脈으로 이동하였기 때문이다. 그렇다면 지금 대부분의 상고사 서적에서 천해天海라고 추정하고 있는 바이칼 호수지역은 천산산맥지역보다 더욱 더 추운 겨울이 있고 더욱 더 위험한 땅이 될 수 있기

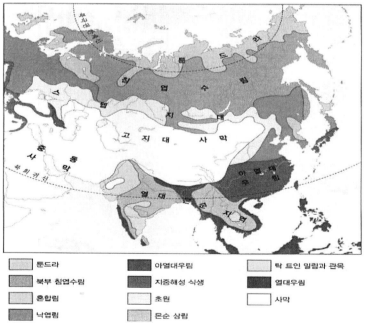

[그림 146] 툰드라 · 침엽수림대 이끼(蘚)의 길과 스텝 양초羊草의 길[피터C. 퍼듀 〈중국의 서전〉, 길, 2012, 475쪽]

때문이다. 위의 지도는 아시아지역의 기후 지도이다. 천산지역은 고지대 사막지역이면서 초원지대이다.

황궁黃穹 씨의 천산주天山洲는 지금의 천산산맥天山山脈 지역이며, 청궁靑穹 씨의 운해주雲海洲는 중국 내륙지역이며, 백소白巢 씨의 월식주月息洲는 중앙아시아지역이며, 흑소黑巢씨의 성생주星生洲는 서아시아지역으로 추정하고 있다. 황궁黃穹 씨는 유인有因[22] 씨를 낳고 유인有因 씨는 환인桓因 씨를 낳았는데, 천부삼인天符三印을 전하여 계승하게 하였다. 천부삼인天符三印를 전수받은 환인 씨는 나라를 건국하게 되는데, 나라의 이름이 바로 환인씨지국桓因氏之國이다. 줄여서 환국이다.

여기에서 중요한 사실은 바로 황궁黃穹 씨, 유인有因 씨, 환인 씨의 터전이 바로 천산天山이다. 순수한 우리말로는 파내류산波奈留山이다. 즉 하늘 산, 천산天山인 것이다.

② 원동중元董仲〈삼성기전三聖紀全 하편〉 천산天山

[원문原文]

昔有桓國하니 衆이 富且庶焉이라.
석 유 환 국　　　중　　　부 차 서 언

初에 桓仁 居于**天山**하사 得道長生하사
초　　환 인 거 우 **천 산**　　　　득 도 장 생

擧身無病하시며
거 신 무 병

代天宣化하사 使人無兵하시며
대 천 선 화　　　사 인 무 병

---

22 유인 씨有因氏는 불을 사용하는 방법을 전수하고, 음식물을 익혀서 먹는 법을 가르쳤다. 수인 씨燧人氏로도 불리고 있다.

人皆作力하여 自無飢寒이러니
인개작력　　 자무기한

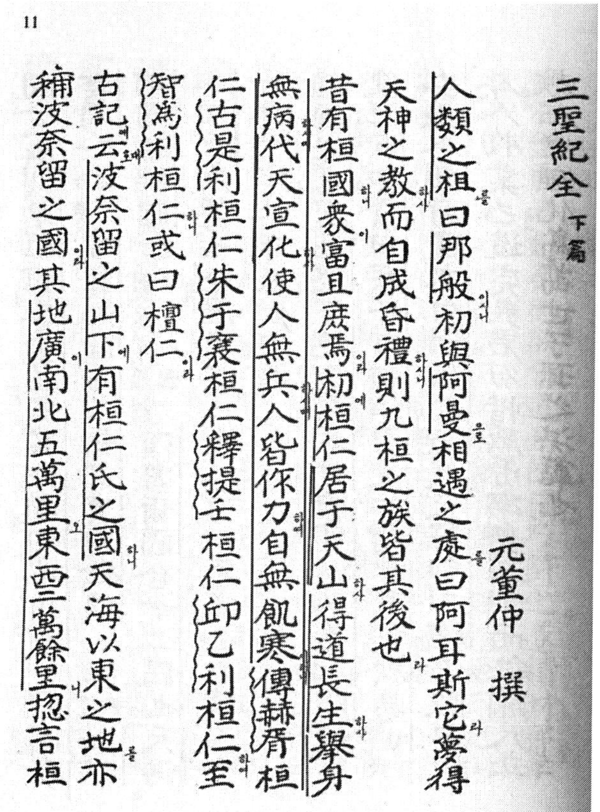

11

三聖紀全 下篇

元董仲 撰

人類之祖曰那般初與阿曼相遇之處曰阿耳斯它夢得
天神之教而自成昏禮則九桓之族皆其後也
昔有桓國衆富且庶焉初桓仁居于天山得道長生擧身
無病代天宣化使人無兵人皆作力自無飢寒傳赫胥桓
仁古是利桓仁朱于襄桓仁釋提壬桓仁邱乙利桓仁至
智爲利桓仁或曰檀仁
古記云波奈留之山下有桓仁氏之國天海以東之地亦
稱波奈留之國其地廣南北五萬里東西二萬餘里摠言桓

[그림 147] ≪환단고기≫ 광오이해사본(1979년) 〈삼성기전 하편〉의 천산天山 기록 자료, '거우천산居于天山' 이라 하였지만, 백산白山을 백두산白頭山이라 하고, 천해天海를 바이칼호라고 추정하는 현실이다. 파내류산, 백산, 천산이 같은 산이며, 환국의 주산은 말 그대로 바로 천산산맥이다. 구환족이 천산 지역에 분산하여 터전을 잡아 삶을 영유하였다.

[해석解釋]

옛적에 환국이 있었으니, 백성들은 풍요로웠으며 인구도 많았느니라. 처음에 환인께서 **천산**(天山 = 파내류 산 = 하늘 산 = 백산 = 설산)에 터를 잡으시고 도를 얻으시고 장생하시니 몸에는 병이 없으셨도다. 하늘을 대행하여 널리 교화를 베풀어 사람들로 하여금 싸움이 없게 하셨으며, 모두 힘을 합해 열심히 일하여 스스로 굶주림과 추위를 사라지게 하였느니라.

《부도지》에서는 우리 민족이 왜 천산天山으로 이주하게 되었는가에 대한 역사적 상황을 설명하고 있다. 원동중元董仲의 〈삼성기전23 하편〉에서는 환인께서 천산天山에 거주하셨다는 것과 인구도 많고 풍요로웠다는 사실, 도를 닦으사 무병장수의 시대였다는 것을 확인할 수 있다.

〈삼성기전 상, 하편〉 어디에서도 환인 이전 상황에 대해서는 언급이 없다. 그러나 다행히도 《부도지》를 통하여 왜 천산에 터를 정하게 되었는가를 알게 되었다.

기한飢寒은 배고픔과 추위이다. 예나 지금이나 춥고 배고픔은 사람의 본성이라 참기 힘들고 어려운 고통이다. 특히 가족들이 배고픔과 추위로 고통받는다면 더 심한 고통을 받을 수밖에 없다. 한반도와 같은 위도에 있는 곳은 겨울에 날씨의 변화에 따라 혹독한 추위가 오는 지역이다. 알타이 산맥 북쪽 지역으로부터 혹독한 시베리아 추위가 몰려온다. 문명의 발생은 기후와 많은 영향이 있다는 것을 염두에 두고 역사를 이해해야 할 것이다. 환국시대에도 기한飢寒으로, 즉 배고픔과 추위로 힘들었다는 것을 간접적으로 알 수 있는 역사 기록이다. 이 점은 환국문명의 발상지인 주산, 주강主江과 더불어 주도主都를 추정하여 연구할 때 반드시 염두에 두어야 할 사항이다.

---

23 원동중元董仲의 〈삼성기전三聖紀全 하편〉은 광오이해사본(1979년) 《환단고기》을 인용하였다.

천산天山

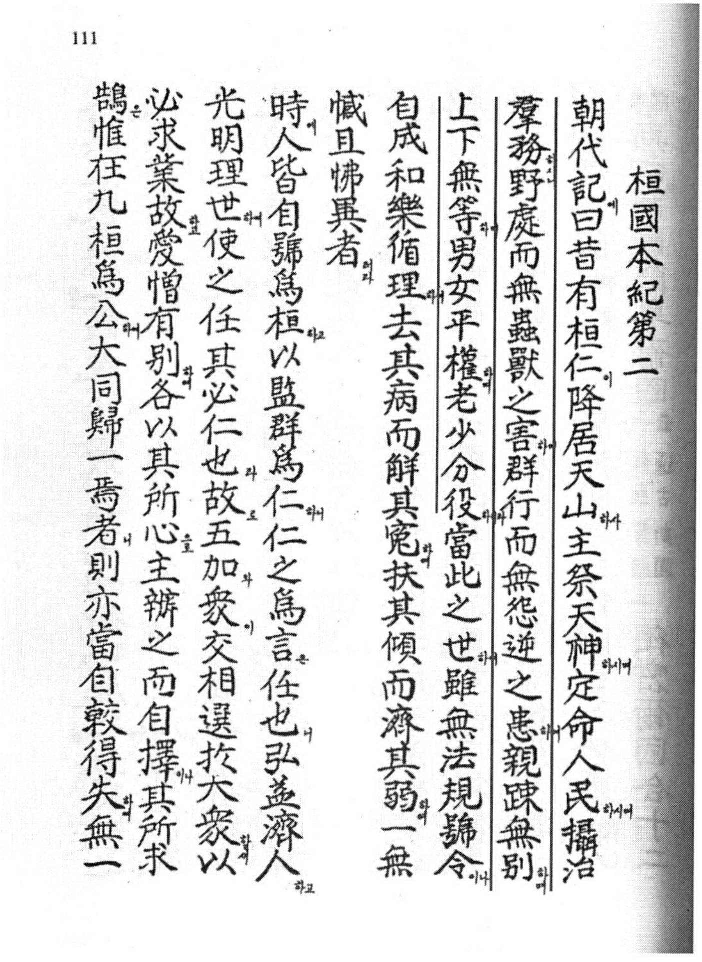

111

桓國本紀第二

朝代記曰昔有桓仁降居天山主祭天神定命人民攝治

羣務野處而無蟲獸之害群行而無怨逆之患親踈無別

上下無等男女平權老少分役當此之世雖無法規令

自咸和樂循理去其病而鮮其寃扶其傾而濟其弱一無

懨且怫異者

時人皆自歸爲桓以監群爲仁之爲言任也弘益濟人

光明理世使之任其必仁也故五加衆交相選於大衆以

必求業故愛憎有別各以其所心主辨之而自擇其所求

鵠惟在九桓爲公大同歸一焉者則亦當自較得失無一

[그림 148] ≪환단고기≫ 광오이해사본(1979년) 〈태백일사〉〈환국본기〉의 천산天山에 대한 기록. 거천산居天山, 즉 천산에 거주하였다는 기록이다.

朝代記에 曰
조 대 기   왈

昔有桓仁이 降居**天山**하사 主祭天神하시며
석 유 환 인   강 거 천 산   주 제 천 신

定命人民하시며 攝治羣務하시니
정 명 인 민   섭 치 군 무

野處而無蟲獸之害하며 群行而無怨逆之患하여
야 처 이 무 충 수 지 해   군 행 이 무 원 역 지 환

親疎無別하며 上下無等하며
친 소 무 별   상 하 무 등

男女平權하며 老少分役하니라.
남 녀 평 권   노 소 분 역

[해석解釋]

　　조대기朝代記[24]에 이르기를, 옛날에 환인이 계셨으니, 천산天山에 내려와 거처하시며 천신께 올리는 제사를 주관하시고 백성의 목숨을 안정되게 보살 피시고, 세상의 뭇 일을 겸하여 다스리셨다. 사람들이 비록 들에 거처하나, 벌레와 짐승의 해가 없었고, 무리지어 행동에도 원망하거나 반역하는 근심이 없었다. 사람들이 사귐에 친하고 멀리하는 구별이 없고, 높고 낮음의 차별이 없고, 남자와 여자의 권리가 평등하고, 노인과 젊은이가 소임을 나누었다.

　　위 기록을 살펴보면 천산天山이 환국의 터전이었음을 알 수 있다. 사람들이 들에 거처하였다는 기록을 보아 천산天山을 거점으로 모여 살았다는 것을 알 수 있다. 그럼 구체적인 연구를 통하여 천산이 현재 어디에 있는 것인지 살펴보고 상고사의 터전을 찾아보도록 하겠다.

24 　조대기朝代記는 고려 태조 천수天授 8~9년(925년~926년) 시대에 대진국의 황태자 대광현大光顯이 고려에 망명할 때 가지고 온 고조선 역대 왕조의 실기인데, 일제에게 압수되어 사라졌다.

④ 천산天山 관련 사료史料

천산天山에 대한 상고사의 기록을 살펴보았다. 파내류산波奈留山은 천산이며, 또한 〈삼성기전 상, 하편〉과 〈태백일사〉〈환국본기〉 그리고 ≪부도지≫에서는 직접 천산天山을 언급하고 있다. 물론 백산白山의 문제도 풀어야 한다. 다음 장에서 충분히 설득력 있는 자료를 제시할 것이다. 그럼 중국 자료와 한국 자료 그리고 일본 자료를 연구하여 역사적으로 천산天山에 대한 기록을 찾아보고자 한다.

천산산맥天山山脈은 나라 간의 국경을 가르는 국경 산맥이 될 정도로 높고 험한데, 산맥 정상부에는 항상 눈이 있어 눈이 녹아 내려 주변국에는 많은 강이 있으며, 강물이 모여 바다처럼 큰 내륙해를 구성하고 있다.

[도표 047] 천산天山 인용 자료 정리 목록

자료 목록	출처	중요 기록
바이두포털 (Baidu.com)	백과사전	고명백산 古名白山 흉노위지천산 匈奴谓之天山
흠정서역동문지 欽定西域同文志	천산남북로산명 天山南北路山名	천산일명백산 天山一名白山
한서역제국도 漢西域諸國圖	남송경정년간 南宋景定年間	천산흉노우지 天山匈奴右地
해동지도 海東地圖	중국도 中國圖	천산 天山
중국도 中國圖	십삼성 十三省	천산 天山
대청광여도 大淸廣輿圖	채방병 蔡方炳	천산, 흑수, 이주 天山, 黑水, 伊州
최신중화형세 最新中華形勢	일람도 一覽圖	천산, 이리하 天山, 伊犁河

자료 목록	출처	중요 기록
대명구변만국 인적노정전도 大明九邊萬國 人跡路程全圖	청 강희제 清 康熙帝	천산우명설산 天山又名雪山
청고지도 清古地圖	청 清	천산 天山
가욕관외진적 이리합도 嘉峪關外鎭迪 伊犁合圖	중화인민공화국 中華人民共和國	천산산맥 天山山脈
증보청국 여지전도 增補清國 輿地全圖	소증근 小曾根	천산 天山
광여도廣輿圖	중국도 中國圖	천산 天山
청국지지 清國地誌	안전음향 岸田吟香	천산북로 天山北路
산해경山海經	서산경 西山經	천산 天山
사기史記	흉노열전 匈奴列傳	천산 天山

1) 중국 신장 위구르 자치구 – 천산天山

≪부도지≫에서 언급한 천산주天山洲, 〈삼성기전 하편〉에서 기록한 천산天山, 〈환국본기〉에서 기록한 천산은 쉽게 찾을 수 있다. 천산이란 산 이름은 한 곳밖에 없기 때문이다. 천산산맥天山山脈은 유명한 산맥이다.

먼저 중국 대표적인 포털인 Baidu.com에서 소개하는 백과사전에서 먼저 찾아보았다.

[그림 149] 천산天山-백과사전 2013.11.02 Baidu 화면 Capture[25]

[원문原文]

天山是中亚东部地区(主要在中國新疆)
천 산 시 중 아 동 부 지 구 주 요 재 중 국 신 강

的一条大山脉，橫貫中國新疆的中部，
적 일 조 대 산 맥　횡 관 중 국 신 강 적 중 부

西端伸入哈萨克斯坦。
서 단 신 입 합 살 극 사 탄

古名白山[26]，又名雪山，冬夏有雪。
고 명 백 산　우 명 설 산　동 하 유 설

25　중국의 대표적인 포털사이트 바이두(Baidu)의 화면을 2013년 11월 02일에 복사한 것. 천산天山
　　에 대한 장문의 설명이 잘 되어 있으며, 역사적인 사항과 관광적인 요소를 잘 설명하여 참고할
　　가치가 있다.
26　고명백산古名白山 즉 옛 이름은 백산白山이다. 안함로安含老 〈삼성기전三聖紀全 상편〉에 나오
　　는 '흑수백산지지黑水白山之地'의 백산이 바로 천산天山의 옛날 이름인 백산白山인 것이다. 현
　　재 환단고기 역주본의 대부분이 백산白山을 백두산白頭山으로 추정하고 있다. 이번 문제 제기는
　　환국桓國의 주산主山 관련 연구가 활발하게 이루어지기를 바라는 마음에서 제기하는 것이다.

故名，匈奴谓之天山[27]，
고 명　흉 노 위 지 천 산

唐时又名折罗漫山，高达二万一千九百尺,长约
당 시 우 명 절 라 만 산　고 체 이 만 일 천 구 백 척 장 약

2500km，宽约250~300km，平均海拔约5km。
　　　　　관 약　　　　　　평 균 해 발 약

最高峰是托木尔峰，海拔为7435.3m,
최 고 봉 시 탁 목 이 봉　해 발 위

汗腾格里峰海拔6995m，博格达峰的海拔5445m
한 등 격 리 봉 해 발　　　　박 격 달 봉 적 해 발

这些高峰都在中国境内，峰顶白雪皑皑。
저 사 고 봉 도 재 중 국 경 내　봉 정 백 설 애 애

新疆的三条大河——锡尔河，
신 강 적 삼 조 대 하　　　　석 이 하

楚河和伊犁河都发源于此山.
초 하 화 이 리 하 도 발 원 우 차 산

天山山脉把新疆分成两部分
천 산 산 맥 파 신 강 분 성 량 부 분

南边是塔里木盆地；北边是准噶尔盆地。
남 변 시 탑 리 목 분 지　북 변 시 준 갈 이 분 지

[해석解釋]

　천산天山은 중국신강中国新疆에 위치한 주요한 대산맥大山脉이다. 횡으로는 중국신강의 중부를 관통하고 있고 서쪽 끝은 합살극사탄(哈萨克斯坦, Hasakesitan), 즉 카자흐스탄(Kazakhstan)이 있다. 옛 이름은 백산白山이다. 또 다른 이름은 설산雪山이다. 겨울과 여름에도 정상에 눈이 있기 때문이다. 흉노匈奴[28]족이 천산天山이라 이름하였다. 당唐나라 시절에는 절라만산折罗漫山이

27　천산天山이라고 명명命名한 부족이 바로 환국의 부족인 흉노匈奴족이라는 사실이다. 이는 철학이 있는 이름을 명명한 것이다.

라 하였다. 높이는 21,900척 길이는 약 2,500km(한반도 1,000km의 2.5배 길이), 넓이는 250~300Km2이다. 평균해발은 약 5km, 즉 5,000m 높이다. 최고봉인 탁목이봉托木尔峰은 해발 7,435.3m이다. 한등격리봉汗腾格里峰은 해발 6,995m이다. 박격달봉博格达峰은 해발 5,445m이다. 고봉은 중국 국경 내에 있고, 봉 정상은 눈으로 덮혀 있다. 신강의 3대 대하大河인 석이하錫尔河, 초하楚河, 이리하伊犁河가 모두 천산天山에서 발원한다. 천산의 남쪽으로는 타림(tarim)분지가 있고, 북쪽으로는 준갈이(准噶尔, 중가리아 dzungaria) 분지가 있다.

천산天山에 대한 중국 백과사전에서 중요한 역사적 사실 세 가지를 확인할 수 있다.

첫째 '고명백산古名白山' 즉 '옛 이름은 백산白山이라 하였다.'는 내용이다. 천산天山의 옛 이름이 백산白山이었다가, 후에 천산天山으로 불리게 되었다는 내용이다. 위 기록은 상고사를 밝히는 데 매우 중요한 단서이다.

즉 **'천산天山 = 백산白山'**이라는 말이다. 〈삼성기전三聖記全 상권〉의 백산白山과 〈삼성기전 하편〉의 천산天山이 같은 장소라는 것을 증명하는 것이다.

백산白山 또는 설산雪山이라고 부르게 된 사연은 동하유설冬夏有雪, 즉 겨울과 여름에도 산 정상에는 눈이 있어, 산 정상이 백색白色인 것을 이름하여 백산白山, 설산雪山으로 불리게 되었다는 명명命名의 사연까지 소개하고 있다. 아래 천산산맥의 사진을 보면 백산白山의 사연을 이해 할 수 있다.

둘째, 故名고명, '匈奴谓之天山흉노위지천산' 즉 '옛 이름은 흉노족이 부르는 산 이름으로 천산天山'이라고 안내하고 있다는 점이다. 옛 이름인 백산白山과 천산天山은 같은 산을 부르는 이름이다. 즉 중국 신장 위구르 자치구에 위치한 천산산맥은 백산白山 또는 천산天山으로, 한민족 시원사에 중요한 위치를

---

28 흉노족匈奴族은 동서양을 이어 준 실크로드(Silk Road)와 초원길를 통일한 첫 유목민족이었다. 흉노대제국을 건국하였을 뿐만 아니라. 서쪽으로 진출하여 훈(Hun)제국을 건국하여 유럽을 석권하면서 문명사의 흐름을 바꾸어 놓았다. 구환족의 후손이다.

차지하고 있다. 특히 천산天山이라고 명명命名한 부족이 흉노匈奴족인 것은 철학적 고찰이 필요한 부분이다. 천신天神께 천제天祭를 지내던 민족으로 천산이라 명명한 것은 천사상天思想이 반영되었다고 볼 수 있기 때문이다. 별도로 구환족九桓族의 후손인 흉노족에 대해서 상세하게 정리고자 한다.

셋째, 한등격리봉汗騰格里峰에 대한 명명命名[29]과 관련된 내용이다. 우리말로 하면 한텐그리봉이다. '한텐그리봉'을 음차하여 기록한 것이 '한등격리봉汗騰格里峰'이다. 우리글로 적으면 한단산桓檀山이다. 한텐그리산은 '한'+'텐그리'+'산'으로 구성되어 있다. 단군은 하늘, 왕, 제사장을 의미한다. 우리말로 '단군', 몽고어로 '등거리' 돌궐어로 '텡그리' 여진어로 '당걸', '당굴', 수메르어로 '딩기르 dingir'라고 부른다. 모두 다 '단군'을 부르는 말이다. 한桓은 '큰', '하나'라는 뜻이 있다. 즉 큰大 + 단군檀君 +산山 = '한단군산桓檀君山' = '한단산桓檀山'으로 해석할 수 있다. 위 주장이 사실성이 높다면, 주요 봉우리 이름이 구환족九桓族이 명명했다는 증거가 될 것이다.

[그림 150] 천산산맥天山山脈은 길이 2,500km 폭 300km의 대산맥이다. '고명백산古名白山'인 천산天山은 산 정상이 백색白色이다.

---

29 정현진, ≪천년왕국 수시아나에서 온 환웅≫, 2006년, 도서출판 일빛. 268쪽을 인용하였다.

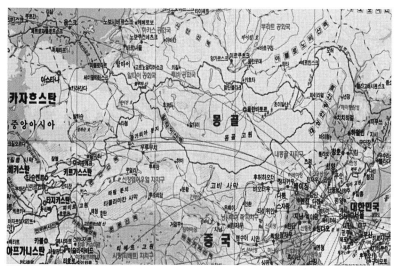

[그림 151] 천산산맥은 한반도와 같은 위도 지역에 펼쳐져 있다. 더불어 그 길이가 한반도의 2.5배, 폭은 한반도와 같은 300Km 정도의 대산맥이다. 발하슈호는 한반도의 절반 정도의 길이이다.

[그림 152] 카자흐스탄(Kazakhstan) 발하슈(Balkhash)호에서 바라본 천산산맥의 전경이다. 천산의 눈 녹은 물이 이리하(伊犁河, 일리강)에 모여 유유히 흘러 들어가 발하슈(Balkhash)호를 이룬다. 그 길이가 한반도의 절반 정도이다. 바다와 같은 규모이다.

[그림 153] 천산산맥에는 백두산 천지처럼 천지天池가 있다. 해발 1980m 높이에 있다. 天山天池(천산천지)는 신강新疆 부강현경내阜康县境內 박격달봉博格达峰 아래 산 중간 정도에 있다.

2) 흠정서역동문지欽定西域同文志

　　현재 신장 위구르 자치구(新疆維吾爾自治區와 카자흐스탄(Kazakhstan) 국경의 경계가 되고 있는 천산산맥은 옛날에는 백산白山이라고 불렀으며, 후에 천산天山이라 불렀다. 우리 민족은 파내류산(하늘산 = 천산)이라 불러왔다.

　　≪흠정서역동문지欽定西域同文志≫는 중국 청淸나라 건륭 28년(1763년)에 편찬된 지리서이며 ≪사고전서四庫全書[30]≫에 포함된 지리서이다. ≪흠정서역동문지≫ 〈권지4卷之四〉, 〈천산남북로산명天山南北路山名〉에 삼위산三危山의 위치와 삼위산에서 서쪽으로 350리(138km)에 천산天山이 위치하고 있으며, 이를 백산白山이라고도 한다는 사실을 ≪산해경≫과 ≪대명일통지≫ 등의 고서를 인용해 기록하고 있다.

---

[30] 중국 청대 건륭乾隆 연간에 칙명에 의해 만들어진 총서叢書. 사고전서四庫全書라는 명칭은 경·사·자·집(經·史·子·集)의 4부로 이루어져 있으며, 중국 고대로부터 당대當代까지의 모든 서적을 망라했다는 의미에서 붙여진 이름이다.

钦定西域同文志 흠정서역동문지

目录

卷首

[그림 154] ≪흠정서역동문지≫ 표지와 주요 목차. 길림출판집단吉林出版集团; 제1판第1版 (2005年5月 1日)

≪흠정서역동문지欽定西域同文志≫에는 비단길, 즉 실크로드(Silk Road)의 통로인 천산북로天山北路와 천산남로天山南路로, 지명地名, 산명山名, 수명水名을 기록하고 있으며, 천산북로天山北路, 준갈이부准噶尔部, 인명人名을 기록하고 있으며, 천산남로天山南路의 회부回部의 인명人名을 기록한 자료가 잘 정리되어 있다. 천산남로天山南路는 다시 서역북로西域北路와 서역남로西域南路로 갈라진다.

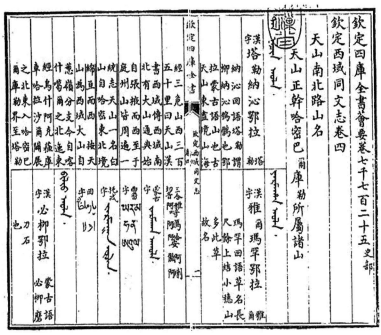

[그림 155] ≪흠정서역동문지欽定西域同文志≫ 〈권지4卷之四〉 〈천산남북로산명天山南北路山名〉이 나와 있는 천산과 백산

[원문原文]

古**天山** 東盡境(山海經) 三危山
고 천 산 동 진 경 산 해 경 삼 위 산

西三百五十里 曰 **天山**
서 삼 백 오 십 리 왈 천 산

漢書 西域傳 西域 南北有**大山**
한 서 서 역 전 서 역 남 북 유 대 산

通典 始自張掖 而西至于 庭州 山皆周遍
통 전 시 자 장 액 이 서 지 우 정 주 산 개 주 편

一統志**天山** 一名**白山** 自哈密東北境綿亘而西
일 통 지 **천 산** 일 명 **백 산** 자 합 밀 동 북 경 면 긍 이 서

[해석解釋]

　옛날에 천산天山은 동진경(산해경, 山海經[31])에 이르기를 삼위산三危山 서쪽 삼백오십 리에 천산天山이 있고, 한서漢書 서역전西域傳에 이르기를 서역의 남북으로 걸쳐 있는 큰산이며, 또한 통전通典에서 말하기를 현 감숙성 장액張掖[32]에서 시작하여 서쪽으로 정주庭州[33] 모든 산은 천산天山의 위용이 골고루 미친다. 일통지一統志에 이르기를 천산天山은 일명 백산白山이라 하고 합밀(투루판 동북 끝)에서 서쪽으로 길게 뻗쳐 있다.

　≪흠정서역동문지欽定西域同文志≫에서도 천산天山을 백산白山이라고도 하였다. ≪환단고기≫의 두 가지 지명을 쉽게 같은 산(천산 = 백산)이라고 한 것

---

31 ≪산해경山海經≫. 중국 최고最古의 지리서地理書이다. BC 4세기 전국시대 후의 저작으로 원래는 23권이 있었으나, 전한前漢 말기에 유흠劉歆이 교정校訂한 18편만 오늘에 전하고 있다.

32 張掖(장액), 장예(Zhangye)는 중국 감숙성甘肅省 하서주랑河西走廊 중부에 위치한다. 난주蘭州와의 거리는 510km이다. 한약 감초甘草의 특산지였으므로 감주甘州라고도 불렸다. 예로부터 실크로드와 서역을 드나드는 요충지로서 발전하였다. 마르코 폴로가 유럽에 소개한 '칸피추'는 이 지방을 가리킨다. 진晉 때에는 영평현永平縣이라고 불렀다. 한漢 때에는 장예현, 수隋 때에는 장예현張掖縣이 설치되었고, 당唐 후기에는 토번의 땅이었다. 원元 때에는 간저우로 개칭되었으나, 청淸 후기에 다시 장예현으로 바뀌어 감숙제독甘肅提督의 소재지였다.

33 우루무치(Urumqi)는 천산산맥의 북쪽 기슭에 자리하고 있으며, 한자로는 오노목제烏魯木齊로 기록한다. 해발고도 915m의 고지에 있으며 우루무치강변에 위치한 데서 연유한 지명이다. 신장 위구르 자치주의 수도이다. 일찍이 중가르부와 회족回族이 격렬한 싸움을 벌였던 곳이라고 전해지고 있다. 7세기 무렵 당나라 때 북정도호부北庭都護府를 설치하여 천산북로天山北路를 관할하면서 정주庭州라고 하였다. 그 후 오랫동안 몽골·투르크계통 등 여러 유목민족의 쟁탈지가 되었으나, 18세기 중엽 무렵 청나라의 건륭제乾隆帝가 중가르부를 평정하고 북쪽에 새로이 한성漢城을 축조하여 적화迪化라고 하였다.

을 이해할 수 있다. 또한 여기에서 천산남북로天山南北路는 실크로드(Silk Road)를 따라 중앙아시아로 가는 길을 말한다. 문명은 길을 통하여 발달한다. 문물이 교류되고 문명이 교차하여 서로 발전하게 되는 계기가 되며, 교역으로 부를 쌓을 수 있었기에 실크로드를 따라 고대 문명이 발달하였다. 천산북로天山北路와 천산남로天山南路로 갈라지고 천산남로天山南路는 다시 서역북로西域北路와 서역남로西域南路로 갈라지게 된다.

3) 천산天山 고지도古地圖-한서역제국도漢西域諸國圖 남송경정년간南宋 景定年間 (1260년~1264년)

≪한서역제국도漢西域諸國圖≫는 한漢나라시대의 서역에 있는 여러 나라들의 지도라는 제목으로 그려진 지도로, 남송南宋시대 경정景定[34] 제위 기간 중이던 1260년~1264년에 제작되었다.

지도를 유심히 살펴보면 천산天山이란 산명山名이 소개되고 있다. 환국桓國시대부터 백산白山, 천산天山, 파내류산(波奈留山 = 하늘 산 = 천산)으로 불렸는데, 남송시대 지도를 제작하던 때에도 천산天山으로 부르고 있었다.

더불어 흉노우지匈奴右地라 되어 있는 것은 천산지역이 흉노의 땅(地)이며, 흉노가 통치하고 있었음을 보여 주고 있다.

중국 중심에서는 서역西域이라고 할 정도로 중앙에서 멀리 떨어져 있지만, 황궁黃穹 씨께서 위험을 무릅쓰고 무리를 이끌고 춥고 험한 천산주天山洲로 이동하게 되어 천산산맥이 환국의 터전이 된 것이다. 환웅 씨께서 무리를 이끌고 남하하시고 남은 부족이 흉노이다.

---

34 경정景定 연호는 송이종宋理宗 조윤赵昀의 여덟 번째 연호로, 1260년~1264년의 5년 간 사용되었다.

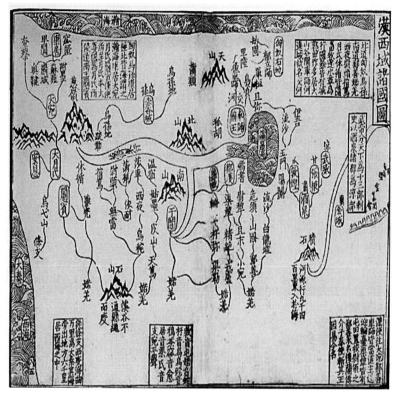

[그림 156] 중국 남경사범대학南京師範大學 지도학국가정품과정신보책참地圖學國家精品科程申報册站에서 지도 복사 자료. 여기에서 천산天山은 천산 중심에서 북쪽을, 남쪽은 남산南山이라고 명명命名하였다. 남경사범대학(http://kc.njnu.edu.cn) 사이트 참조

4) 천산天山 고지도古地圖 – 해동지도海東地圖 중국도中國圖

규장각奎章閣[35] ≪해동지도≫는 1750년대 초에 제작되었고 8책으로 구성되었다. 회화식지도로 조선전도朝鮮全圖, 도별도, 군현지도, 천하도天下圖, 중국도中國圖, 황성도, 북경궁궐도, 왜국지도, 유구지도, 요계관방도 등이 망라

---

[35] 서울대 규장작 도서관은 1923년 경성제국대학이 설립되면서 규장각 도서가 이관되었다. 1946년 서울대학교로 개교하면서 규장각 도서가 이관되었다. 고서 175,000여책, 고문서 50,000점, 책판 18,000여점을 소장하고 있다.

되어 있다. 해동지도는 당시까지 제작된 모든 회화식 지도를 망라하고 있다는 점에서 중요한 의의가 있다.

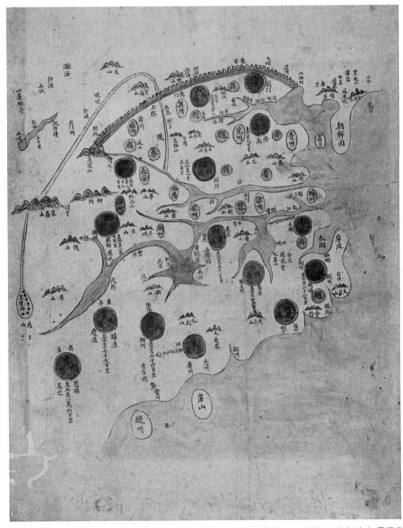

[그림 157] 해동지도海東地圖 중 중국도中國圖. 만리장성의 끝 산해관山海關이 잘 그려져 있다. 중국은 동북공정을 통하여 만리장성을 한반도 쪽으로 연장하고 있다. 또한 음산陰山 옆에 북해北海가 기록되어 있으며, 흉노匈奴와 천산天山이 그려져 있다.

중국도中國圖를 살펴보고자 한다. 환국의 터전인 **천산**天山이 보인다. 또한 백두산白頭山도 보인다. 천산天山이 만리장성 밖에 있다는 것도 명확하게 보이며, 산해관山海關, 곤륜산崑崙山, 흉노匈奴가 있다.

5) 천산天山 고지도古地圖 - 중국도中國圖 십삼성十三省

≪중국도中國圖≫ 십삼성十三省 지도는 현재 영국 대영박물관에서 소장하고 있으며, 명나라 시대에 제작된 것으로 추정하고 있다. 해동지도海東地圖,

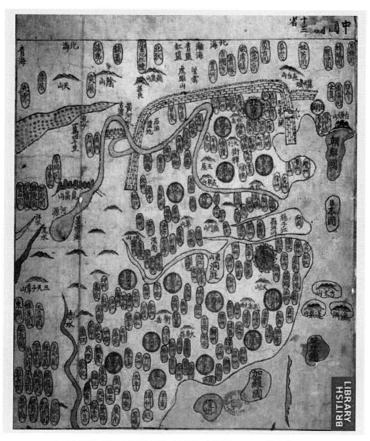

[그림 158] 영국 대영박물관 소장 중인 중국도中國圖 십삼성十三省

중국도中國圖와 비슷하게 되어 있어 해동지도를 작성할 때 저본底本으로 참고하지 않았나 추측하고 있다.

여기에서도 천산天山이 나타나고, 또 하나 중요한 사실은 북해北海라는 표시가 두 곳 나온다. 북해는 북쪽지역에 있는 바다처럼 큰 호수를 지칭할 수 있다. 그런데 두 곳으로 표시되어 있다면, 바다처럼 큰 호수 두 곳을 북해北海라고 부르는 셈이다. 다음 장에서 천해天海를 연구할 때 상세하게 설명하고자 한다.

천산天山에서 북쪽 방향으로 위쪽에 북해北海라고 표시되어 있다. 천산에서 발원하는 바다처럼 큰 호수를 지칭하는 것 같다. 이곳을 북쪽에 있는 바다라고 명명하였던 것이다. 자세한 내용은 다시 거론하기로 한다.

6) 대청광여도大淸廣輿圖

청淸나라 강희제康熙帝때 사람 채방병蔡方炳이 각刻한 원도原圖에 일본 천명 5년인 1785년에 일본 지도 작성의 선구자인 나가쿠보 세키스이(長久保赤水, 1717~1801)가 교정을 한 중국전도이다.

지도의 우하단에는 범례와 서문이 있는데, 범례는 나가쿠보 세키스이가 쓰고, 서문은 구보 도루久保亨, 정도 아카기程赤城가 서술, 숭문당崇文堂 발행, 목판, 수채색, 190cm x 186cm, 대영도서관大英圖書館 소장所藏본이다.

대청광여도에서 서역 부분을 확대한 지도이다. 여기에서 쉽게 발견할 수 있는 산은 바로 **천산天山**이다. 천산의 명칭은 **백산白山**에서 **천산天山**으로 바뀐 이후 현재까지 변함없이 **천산天山**이라고 한다. 그런데 천산에서 발원發源하여 지금의 발하슈(Balkhas)호로 입수入水되는 강을 흑수黑水라고 강명江名을 쓰고 있다. 신장新疆의 3대 대하大河는 석이하錫尔河, 초하楚河, 이리하伊犂河인데 모두 천산天山에서 발원한다. 여기에서 **흑수黑水**는 현재의 **이리하伊犂河**이다. 이리하伊犂河는 일리(Ili)강으로 발하슈호로 유입되는 강이다. 중국 신장 위구르 자치구 쪽에 3갈래 강에서 합류된 강물이 이닝시를 거쳐 발하슈호로 합류된다. 안함로가 찬한 〈삼성기전三聖記全 상편〉에는 다음과 같이 기록되어 있다.

[그림 159] 대청광여도大淸廣輿圖. 1785년에 제작된 지도

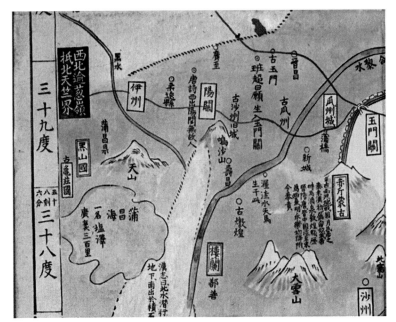

[그림 160] 대청광여도大淸廣輿圖의 서역지도 부분 확대. 천산天山, 이주伊州, 흑수黑水가 잘 그려져 있다.

[원문原文]

日에 降童女童男八百於黑水白山之地하시니
일　강 동 녀 동 남 팔 백 어 흑 수 백 산 지 지

[해석解釋]

　어느 날 동녀동남 800명을 **흑수黑水**와 **백산白山**의 땅에 내려 보내시니

　천산天山의 옛 이름이 백산白山이었으니 흑수黑水와 같이 있다면 환국의 터전이 될 가능성이 매우 높게 된다. 물론 뒤쪽에서 백산에 대해서 상세하게 논論하게 될 것이다.

　즉 '파내류산波奈留山 = 천산天山 = 옛 이름 백산白山 = 흑수黑水가 흐르는 곳'이어야 한다. 위 지도에서는 바로 흑수黑水와 천산(天山, 옛 이름 백산)이 같이 그려져 있다. 지금까지의 지도에서는 천산天山만 소개되어 있었는데, 여기에서

는 흑수黑水까지 소개되고 있어 명확한 사료적 가치가 있다고 판단된다.

흑수黑水라는 강 옆에 이주伊州[36]라고 지도에 표시되어 있다. 이 지역에는 1만 년의 세월이 흘러간 지금도 유유히 강은 흐르고 있다. 강 이름은 이리하(伊犁河. 일리강), 즉 흑수黑水이다. 이리하伊犁河는 천산산맥에서 발원하여 이닝시(ﻏﻨﻴﻨﻎ, 伊宁市, YiningShi)를 관통한 뒤 카자흐스탄(kazakhstan) 발하슈(Balkhash) 호湖로 들어간다. 전장全長 약 1,236km로 한반도보다 더 긴 거리이다. 중국 국경 내는 442km를 경유한다.

중간에 있는 도시 이름이 이닝시伊宁市, 즉 옛 이름은 이주伊州이다. 이 지역의 기후는 강수량이 200~300mm이며 연평균 기온은 8°c로 주거에 적합하다. 이 지역은 푸른 백양나무와 사과나무가 많아 봄이면 사과 꽃이 만발하고 가을이면 사과가 풍년이 들며 주변에서는 보기 드물게 야생과일 숲이 보존되어 있다. 세계에서 가장 일찍 사과를 재배한 곳으로 인정되고 있다. 2011년 인구는 52만 명 정도이다. 환국 문명文明의 발상지인 실크로드(Silk Road)의 교역로에 있었던 도시답게 위구르족 등 34개 민족이 살고 있다.

이리하伊犁河가 합수合水되는 발하슈(Balkhash)호는 카자흐스탄 남동부에 있는 호수로서, 면적은 1만 8,000~1만 9,000km2, 동서 길이는 605km로 한반도 절반 정도이다. 최대너비가 74km인 길쭉한 호수이며, 최심부는 26.5m, 평균수심은 6m이다. 우지나랄 호협湖峽에 의하여 담수로 이루어진 서부와 동부의 염호鹽湖로 나뉜다. 호수에는 일리강(이리하伊犁河), 카라탈강, 레프사강, 아야구즈강이 흘러들지만, 호수에서 흘러나가는 강은 없다.

서식하는 동물은 적으며, 어류와 물새가 있을 뿐이다. 특히 남쪽 연안은 건조도가 심하여 사막·관목灌木 지대이지만, 관개로 목화·포도 등이 재배되고 있다. 결빙 기간은 11월부터 4월 중순까지이다. 호수는 항행할 수 있으며, 부루바이탈·부륜류토베 및 북쪽 연안의 발하슈에는 부두가 있다. 이 지역의 중심도시는 발하슈이며, 부근에 구리·텅스텐 광산이 있다.

---

36 이닝시伊宁市를 말한다.

[그림 161] 카자흐스탄 발하슈(Balkhash)호로 들어가는 이리하伊犁河전경으로 천산天山의 빙하가 녹아 모여진 강물이다.

[그림 162] 천산산맥 서쪽의 나라 카자흐스탄의 발하슈호 지도 모습. 오아시스 도시 알마아타가 있으며, 그 아래쪽으로 이지크쿨호가 보인다. 여기도 주목해야 할 바다 같은 호수이다.

카자흐스탄(Kazakhstan)의 옛 수도 알마티(Almaty, 옛 이름 알마아타 Alma Ata)는 천산산백 북쪽 기슭의 오아시스 도시이며, 천산북로天山北路의 요충지이다. 북위 43도에 위치하는 도시이다. 옛 이름은 '사과의 도시' 또는 '사과의 아버지'라는 의미를 담고 있다고 하지만 그 어원은 예로부터 그 지역에서 살고 있는 '두라트'라는 씨족이 살고 있던 취락의 이름에서 유래되었다.

서안西安에서 출발한 실크로드는 우루무치(Urumqi)를 지나서 천산북로天山北路와 천산남로天山南路로 나뉜다. 천산북로天山北路는 우루무치(Urumqi)를 지나 일리강(이리하, 伊犁河)을 따라 카자흐스탄의 알마티(Almaty), 즉 알마아타(Alma Ata) 도시를 경유하게 된다. 자세한 사항은 '환국桓國의 수도首都' 편에서 상세하게 알아보도록 하겠다.

7) 천산天山 고지도古地圖 – 최신중화형세일람도最新中華形勢一覽圖

1935년에 편찬된 중국 지도이다. 1935년은 중국이 공산화되기 이전으로, 중화민족 부흥을 위한 동북공정 프로젝트 이전 자료이다.

최신중화형세일람도最新中華形勢一覽圖의 천산산맥 부분을 발췌하였다. 이전 지도는 천산天山 = 백산白山이란 산명山名을 증명해 주었지만, 이 지도에서는 형세도形勢圖와 강명江名과 호수명湖水名을 상세하게 기록하고 있어, 환국의 터전 연구에 도움이 될까 하여 정리하여 보았다.

먼저 천산산맥의 형세이다. 남쪽에서 북쪽으로 알타이산맥까지 길게 형성되어 있고, 동쪽에서 서쪽으로 작은 산맥들이 형성되어 갈지자之字 형태로 뻗어 나가는 형세이다. 먼저 천산산맥의 '天' 자 아래에 있는 '박격달산博格达山'은 해발 5,445m의 박격달봉博格达峰을 말한다.

박격달봉(博格达峰, 보거다펑Bogedafeng)은 중국 신장위구르(웨이우얼) 자치구(新疆維吾爾自治區, 신강유오이자치구) 우루무치(乌鲁木齐, 오로목제)에 위치한 산봉우리이며, 산의 북쪽에는 준가얼(准噶尔 중가리아 Dzungaria)분지가, 남쪽에는 토로번(吐鲁番, 투루판, Turfan)분지가 자리하고 있다.

[그림 163] 최신중화형세일람도最新中華形勢一覧圖 천산산맥 지도 일부

　박격달봉博格达峰의 사방 15㎞ 안에는 해발 5,000m가 넘는 일곱 개의 산봉우리가 동서 방향으로 늘어서 있다. 이 산봉우리들은 대부분 얼음과 눈으로 뒤덮여 10여 개의 빙하 줄기를 형성하고 있다. 해발 1,600~2,800m 사이의 산등성이 지대에는 삼림과 초습지 식물이 분포하며, 운삼림云杉林지대 안에는 천지天池가 있다.

　현재 중국은 여러 민족의 터전을 강제 병합하여 다스리고 있다. 각자의 터전에서 살던 사람들은 강과 산을 그 곳에 사는 사람들이 이름을 명명命名하여 부르고 있다. 예를 들면 '위구르 자치구'를 중국의 표음문자인 한자漢字로 그 지명을 기록하려면 신강유오이자치구新疆維吾爾自治區라 적고 발음은 'Xinjiang weiwuer zizhiqu(신장웨이우월즈쯔치)'라고 읽는다. 그런데 이렇게 지역에서 부르는 지명地名과 실제 발음이 틀린 곳은 중국이 오래 전부터 통치하던 곳이 아니었다. 청나라 시대에 영토를 확장하여 언어가 다른 민족이 살던 터전까지 흡수하여 통치하면서 발생한 현상이다. 이러한 문제로 인하여 상고사 연구가 더욱 어려움에 봉착하는 경우가 많다.

[그림 164] 천산산맥의 박격달봉博格达峰. 천산은 정상부가 항상 만년설로 덮혀 있어 백산白山이라고도 부르다가 천산天山이라는 이름으로 정착되었다.

한등격리봉汗騰格里峰이 중간에 표시되어 있다. 높이는 해발海拔 6995m이다. 이리하(伊犁河, 일리강)가 합수合水되는 발하슈(Balkhash)호로 흘러들어가는 것도 지도에 잘 표시되어 있다.

8) 천산天山 고지도古地圖 대명구변만국인적노정전도大明九邊萬國人跡路程全圖

≪대명구변만국인적노정전도≫는 청淸대 초기인 강희제康熙帝 2년인

1663년에 제작된 지도이다. 특히 제목처럼 변방, 특정 지명, 지역, 북경에서의 거리 등이 상세히 표기되어 있다. 명나라 1593년에 초판이 간행되었다가 1663년 청조에 다시 간행되었다.

천산우명설산天山又名雪山과 금산金山, 즉 알타이산도 같이 소개되어 있다. 여기에서 지도 왼쪽으로 북고해北高海 및 태해太海, 지중해地中海 등은 내륙의 호수이지만 그 당시 사람들은 바다 개념으로 기록하였다.

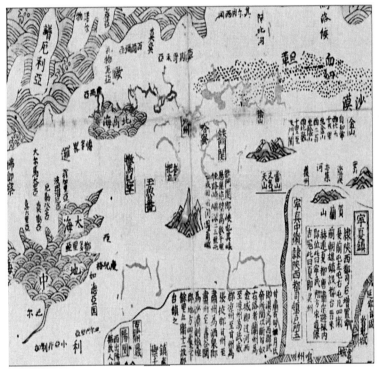

[그림 165] 《대명구변만국인적노정전도》 지도 중에서 천산天山 지도 부분만 확대함. 일본 쓰쿠바 대학筑波大學 부속도서관 소장품이다. (출처 : UBC Library Collections)

다음 장에서 상세하게 설명하겠지만, 천해天海도 천산天山 터전에서 찾아야 한다. 여기에서 천산天山은 산 정상에 여름이나 겨울에도 눈으로 덮혀 있어 백산白山 또는 설산雪山이라고도 하였는데, 위 지도를 통하여 설산雪山이라는 지명도 확인되었다.

9) 천산天山 청나라 고지도古地圖

아래 지도는 청淸나라 시대에 제작된 것으로 되는 고지도 이다. 일본 쓰쿠바대학(축파대학, 筑波大學) 도서관에 보관되어 있는 지도이다. 병풍처럼 여러 폭으로 제작한 것은 명나라의 ≪구변도九邊圖≫와 유사한 형식이다.

[그림 166] 일본 쓰쿠바대학(축파대학, 筑波大學) 도서관에 보관되어 있는 지도이다. 청淸나라 시대에 제작된 것으로 추정되는 고지도의 천산 부분만 발췌하였다.

천산天山 기록이 보인다. 그런데 옥문관玉門關 서쪽이 아닌 동남쪽에 위치하도록 그렸다. 천산에 대해서는 '흉노호천산위기련고명기련산匈奴呼天山爲祁連古名祁連山'이라는 설명이 딸려 있다. 흉노족匈奴族이 천산天山이라고 불러왔고, 기련산祁連山은 옛 이름이라는 내용이다. 여기에서 여러 번 반복적으로 소개되고 있는 중요한 사실은 흉노匈奴가 천산天山이라 불러 왔다는 것이다.

또한 기련산祁連山이라 다른 이름도 소개해 주고 있다. 이로써 지금까지 나와 있는 이름이 옛 이름 백산白山, 파내류산波奈留山, 천산天山, 기련산祁連山, 절라만산折罗漫山 등 여러 가지 이름들이 밝혀지고 있는 셈이다.

10) 가욕관외진적이리합도嘉峪關外鎭迪伊犁合圖

아래 지도는 가욕관외진적이리합도嘉峪關外鎭迪伊犁合圖이다. 중화인민공화국 출판사에서 목판으로 신해혁명이전에 출판된 것으로 추정된다. 일본 쓰쿠바대학(축파대학, 筑波大學) 도서관에 보관되어 있는 지도이다.

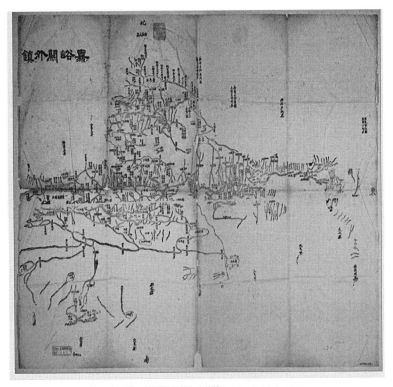

[그림 167] 가욕관외진적이리합도嘉峪關外鎭迪伊犁合圖

우선 지도 이름에도 나오는 이리伊犁는 이리하伊犁河로 천산산맥의 3대 하천 중 하나이다. 천산산맥 동쪽 기슭에서 발원한 이리하(伊犁河, 일리강)는 이닝시(伊宁市 YiningShi)를 관통한 뒤, 카자흐스탄(kazakhstan) 발하슈(Balkhash)호로 들어간다. 전장全長 약 1,236km으로 한반도보다 더 긴 거리이다. 중국 국경 내는 442km를 경유한다.

전체적인 천산산맥을 구체적으로 세세하게 작성하였다. 이런 역사적인 기록들이 지속적으로 작성되면서 천산天山의 명칭은 1만 년의 세월 동안 장구하게 변함없이 전해져 오게 되어 상고사의 진실을 밝히는 계기가 되고 있다.

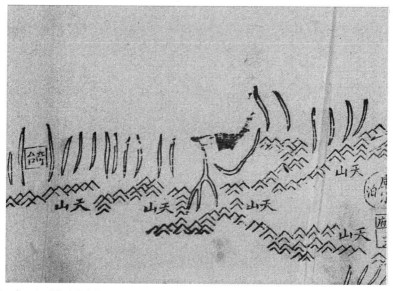

[그림 168] 가욕관외진적이리합도의 천산 부분 확대 지도. 천산산맥을 전체적으로 작성한 지도임. 여기에서 천산은 천산산맥 전체를 천산이라 부르고 있다는 점이다.

11) 증보청국여지전도增補淸國輿地全圖

≪증보청국여지전도≫는 일본 사람 고조네 겐도小曾根乾堂 1828년~1885년)가 1874년에 제작한 지도이다.

고조네 겐도는 1871년 청일수호조규 체결을 위해 청국에 파견된 전권대사 다테 무네나리伊達宗城를 수행하게 되는데, 청국 측 대사인 이홍장李鴻章에게서 얻은 역대지리지운편歷代地理志韻編과 영국과 미국 등에서 발간한 항해도 등을 참고로 하여 제작하였다.

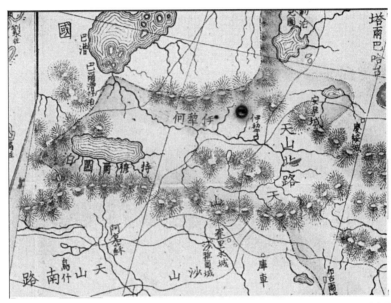

[그림 169] 증보청국여지전도增補淸國輿地全圖. 천산북로天山北路, 천산天山, 천산남로天山南路, 이리하伊犁河, 발하슈호까지 자세하게 기록되어 있다.

증보청국여지전도는 천산북로, 천산, 천산남로, 이리하伊犁河, 발하슈호까지 자세하게 기록되어 있다.

12) 광여도廣輿圖 중국도中國圖 천산天山

아래 지도는 19세기 초에 간행된 전국군현지도집인 ≪광여도廣輿圖≫ 집에 함께 수록된 중국도中國圖이다. 서울대학교 규장각 한국학연구원에 소장되어 있다.

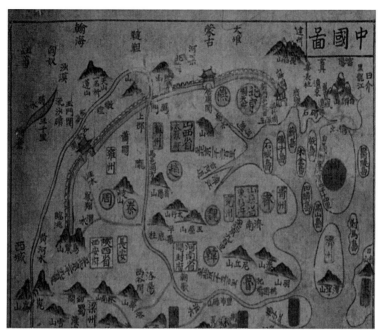

[그림 170] 광여도집에 함께 수록된 중국도

중국도에는 천산일명기련산天山一名祈蓮山이라고 소개되고 있으며, 곤륜산崑崙山도 보인다. 장백산長白山과 백두산白頭山이 서로 다르게 표시되어 있다.

13) 청국지지淸國地誌 천산天山

청국지지淸國地誌는 일본인 기시다 긴코岸田吟香가 펴낸 지도이며, 1882년 상해 낙선당樂善堂에서 출판되었다.

지나전도支那全圖에는 천산북로天山北路와 이리하와 발하슈호가 그려져 있다. 천산산맥 동쪽에서 발원하여 흐르는 이리하는 중요한 하천이며 교통로이다. 또한 천산남로天山南路와 천산산맥의 큰 그림이 그려져 있다.

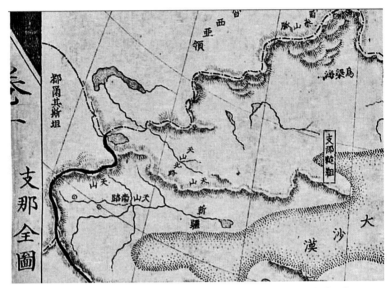

[그림 171] 청국지지. 일본 와세다대학(조도전대학, 稲田大學) 도서관 자료임

14) 산해경山海經의 천산天山

환국 상고사에서 천산天山에 대한 호칭이 비교적 잘 전해져 오고 있다. 백산白山, 파내류산波奈留山 등 다른 호칭으로 불리고 있다는 사실을 ≪환단고기≫에서 소개해 주고 있었으나, 방대한 자료에 대한 역주 작업에 중점을 두는 상황으로 구체적인 연구가 부족했으며, 이제는 상세 지명 연구를 통하여 환국사桓國史를 바르게 정립해야만 한다. 바른 정립이 안 된 상태에서는 상고사에 대한 너무 많은 오류를 재생산하게 된다.

다음에 살펴볼 천산天山에 대한 기록은 중국에서 가장 오래된 백과사전류인 ≪산해경山海經≫이다. ≪산해경山海經≫은 BC 4세기 전국시대 후의 저작으로, 한대漢代, BC 202~AD 220) 초에는 이미 이 책이 있었던 듯하다. 원래는 23권이 있었으나 전한前漢 말기에 유흠劉歆이 교정校定한 18편만 오늘에 전하고 있다. 그 가운데 〈남산경南山經〉 이하의 〈오장산경五藏山經〉 5편이 가장 오래된 것이며, 한漢나라 초인 BC 2세기 이전에 되어 있었다고 생각된다.

그 다음으로 〈해외사경海外四經〉 네 편, 〈해내사경海內四經〉 네 편이 이어졌고, 한대漢代의 지명을 포함하였으며, 〈대황사경大荒四經〉 네 편, 〈해내경海內經〉 한 편은 가장 새롭다.

[원문原文]

又西三百五十里, 曰天山, 多金玉, 有青雄黄。
우 서 삼 백 오 십 리　 왈 천 산　 다 금 옥　 유 청 웅 황

英水出焉, 而西南流注於湯谷。
영 수 출 언　 이 서 남 류 주 어 탕 곡

有神鳥, 其狀如黄囊, 赤如丹火, 六足四翼,
유 신 조　 기 상 여 황 낭　 적 여 단 화　 륙 족 사 익

渾敦無面目, 是識歌舞, 實爲帝江也。
혼 돈 무 면 목　 시 식 가 무　 실 위 제 강 야

[해석解釋]

≪산해경山海經≫ 〈서산경西山經〉에 이르기를 돈황敦煌[37] 삼위산三危山에서 서쪽으로 190리에 귀산騩山이 있다. 다시 서쪽으로 삼백오십리(350리)에 이름하여 천산天山이 있다. 천산天山에는 금金과 옥玉이 많이 생산되며, 천산天山에 푸른색의 큰雄 황黄[38]이 난다. 영수英水가 천산天山에서 발원하여 서남쪽으로 흘러내려 탕곡湯谷에 이른다. 탕곡湯谷은 끓는 물이 있는 계곡으로 온천처럼 뜨거운 물이 있는 계곡을 말한다.

---

[37] 돈황敦煌은 중국 감숙성甘肅省 주천지구酒泉地區 하서주랑河西走廊 서쪽 끝에 있는 오아시스 도시이다. 당하黨河 유역에 위치하고 있다. 돈황석굴敦煌石窟이 유명하다. 타림분지 동쪽 변두리를 북쪽으로 흐르는 당하黨河 하류 사막지대에 발달한 도시이며, 중국과 중앙아시아를 연결하는 실크로드(silk Road)의 관문으로, 고대의 동서교역 · 문화교류의 중심지였다.

[38] 황黄은 대표적으로 유황硫黄으로 알려져 있으며 한약재의 중요한 원료이다. 천산의 특산품으로 청웅황青雄黄을 소개하고 있다.

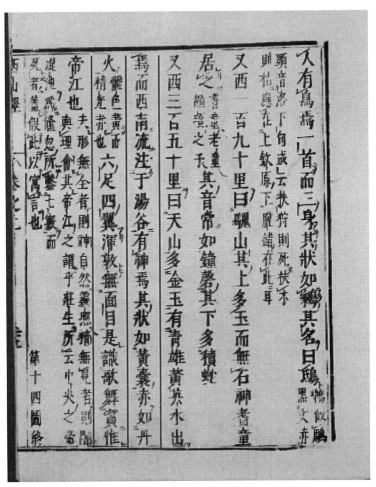

[그림 172] 산해경山海經 서산경西山經에 소개된 천산天山. 미약서사尾陽書肆 문광당장文光堂藏에서 출판한 사료로 일본 와세다대학조도전대학, 早稻田大學 도서관 자료 복사본

또한 천산天山에는 신령스러운 새神鳥가 있다. 그 상태 즉 모양이 누런 자루와 같고, 붉기는 빨간 불丹火과 같고, 여섯 개의 다리와 네 개의 날개를 지니고 있다. 혼돈渾敦은 얼굴과 눈이 없다. 노래와 춤을 알고 사실은 제강帝江이다.

[그림 173] 청웅황靑雄黃

[그림 174] 혼돈渾敦

≪산해경山海經≫에는 각 부족의 성씨姓氏, 생활 형태, 부족의 특징 등이 그림으로 표현되어 있는데, 이것이 산해경의 짐승들이다. 문자 이전의 시대로부터 부족의 특징을 그림으로 그려 전해 오던 것을 ≪산해경山海經≫에서 그림과 글로 표현하였으니, 각 부족이 생활하던 지역에 내려오는 설화와 전설, 문물을 이해해야만 산해경에 접근할 수 있을 것이다. 특히 산해경이 편찬되던 시대까지는 이족夷族들이 중원에서 패권 경쟁을 하고 있던 시기였으니. 대부분의 부족이 이족夷族의 역사이다.

[그림 175] 산해경에서 짐승의 모양으로 상징되는 것처럼 메소포타미아 문명 유물인 벽에 조각된 독수리도 상징물로 조각되어 있다.

제강帝江은 강江 임금이다. 즉 탕곡湯谷 부근의 강물에 근거지를 삼아 살아가고 있는 부족의 특징을 설명하고 있는 것이다. 또한 '천산天山에는 신령스러운 새神鳥가 있다.'로 표현한 것으로 보아 새鳥는 태양을 섬기는 부족, 즉 이족夷族을 말하는 것이다.

천산에는 남쪽 방향으로 타림(Tarim)분지가 있다. 타림분지에서 바라보면 서쪽은 파미르고원, 북쪽은 천산산맥, 남쪽은 곤륜산맥崑崙山脈, 즉 남천산산맥南天山山脈에 둘러쌓여 있다. 주변 산맥이 만년설에 덮여 있어 녹은 물이 타림분지 쪽으로 모이면서 하천에 퇴적물이 많이 쌓이게 된다. 또한 곳곳에 오아시스가 형성되어 부족의 생활 터전이 생길 수 있는 지형이다.

탕곡湯谷에 살던 제홍씨帝鴻氏의 자손을 제강帝江이라고 하였다. 요임금 시절 네 개의 종족이 살고 있었다. ≪춘추좌씨전春秋左氏傳≫에 따르면 이들 네 종족의 이름은 각각 혼돈渾沌, 도올檮杌, 궁기窮奇, 도철饕餮이라고 한다.

[그림 176] 타클라마칸 사막 지도. 타림분지, 투루판분지, 중가리아분지가 보이고, 서쪽에는 파미르고원, 북쪽에는 천산산맥, 남쪽에는 곤륜산맥(남천산산맥)이 둘러 쌓고 있는 분지이며 사막이다.

이 종족은 모두 고대 성스러운 제왕들의 자손들로, 보통 사람들보다 높은 지능과 전투 능력을 갖고 있었을 뿐 아니라 그 포악함이 극에 달했다. 고대의 화족華族 사람들은 이들을 매우 두려워하여 네 개의 흉악한 괴물이라는 의미로 '사흉'이라고 불렀다. 이들 종족은 그들이 범한 죄 때문에 순에 의해 내쫓기고 말았다. 순은 이 괴물들을 변경으로 유배시켜 서방으로부터 쳐들어오는 이매魑魅의 침공을 막도록 했다. 이른바 독毒으로써 독을 다스린 것이다. 적어도 제순 시대에는 그것이 성공했다. 그러나 평범한 군주가 통치자가 되었을 때는 이들 괴물이 다시 예전과 같이 변경에서 포악을 떨쳤다. 이 사흉을 ≪신이경神異經≫39의 내용을 중심으로 소개한다.

머나먼 서쪽, 곤륜보다 더 서쪽으로 떨어진 곳 천산天山에 혼돈이 살고 있었다. 혼돈은 개와 흡사한 모습으로 온몸에 긴 털이 나 있고, 다리는 큰 곰을 닮았으나 발톱은 없다. 눈이 있어도 보지 못하고, 귀가 있어도 듣지 못했다. 또한 뱃속에는 오장이 없고, 장은 있으나 직선으로 생겼다. 평소에는 멍하니 앉아서 아무 일도 하지 않는다. 가끔 자신의 꼬리를 물고 빙빙 돌면서 하늘을 쳐다보며 빙긋 웃기도 한다. 성격은 음험하고, 몰래 흉악한 짓을 행하곤 했다. 덕이 있는 사람에게는 공격을 일삼고, 흉악한 사람을 잘 따랐다. 이 짐승은 고대의 제왕인 제홍씨帝鴻氏의 자손이다.

제홍씨는 ≪산해경≫의 〈서산경西山經〉에 나오는 제강帝江을 말한다. 제강은 탕곡湯谷에 사는 신이다. 도올檮杌 일족은 전욱 고양씨의 자손에 해당된다 궁기窮奇는 고대의 제왕 소호씨少昊氏의 자손이다. 변경의 서쪽에 사는 도철은 고대의 성스러운 제왕인 진운씨縉雲氏 의 자손이다. 40

---

39 ≪신이경神異經≫, 김지선역, 지만지, 2008년 출판서적 89쪽 참고
40 ≪중국환상세계≫, 이송은, 초판 1쇄 2000, 7쇄 2007, 도서출판 들녘 자료 참고

[그림 177] 천지天池에서 바라본 천산天山 사진1, 산 정상에는 백산白山이라 불릴 만큼 눈으로 덮혀 있다.

[그림 178] 천지天池에서 바라본 천산天山 사진2

15) 사기史記 흉노열전匈奴列傳 천산天山

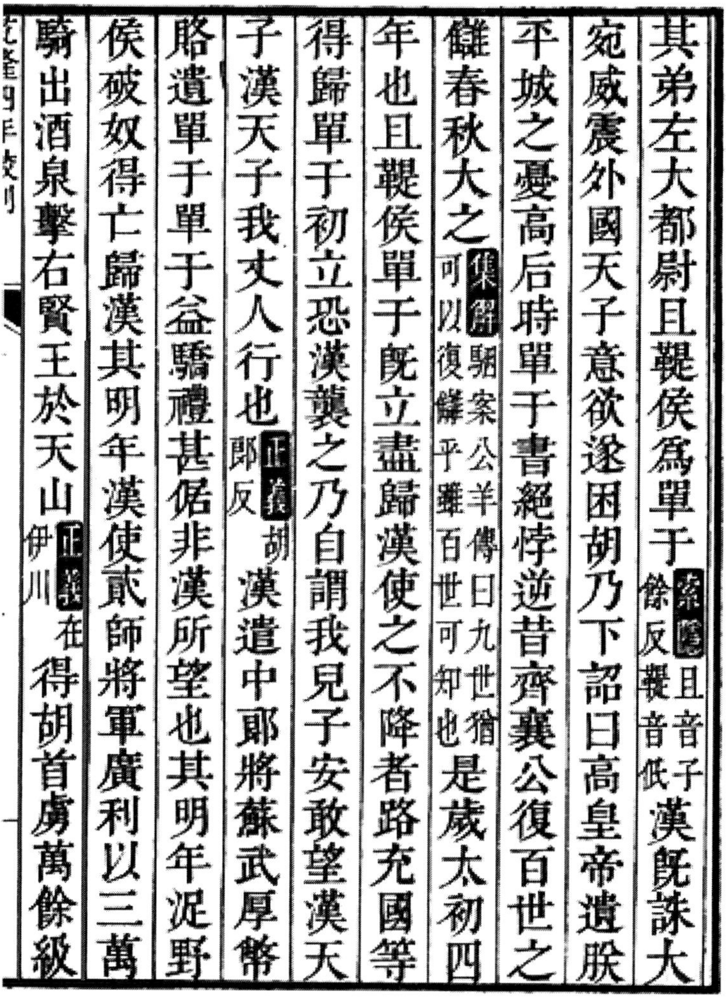

其弟左大都尉且鞮侯爲單于(索隱: 且音子餘反鞮音低)漢旣誅大
宛威震外國天子意欲遂困胡乃下詔曰高皇帝遺朕
平城之憂高后時單于書絕悖逆昔齊襄公復百世之
讎春秋大之(集解: 駰案公羊傳曰九世猶可以復讎乎雖百世可知也)是歲太初四
年也且鞮侯單于旣立盡歸漢使之不降者路充國等
得歸單于初立恐漢襲之乃自謂我兒子安敢望漢天
子漢天子我丈人行也(正義: 胡郎反)漢遣中郎將蘇武厚幣
賂遺單于單于益驕禮甚倨非漢所望也其明年浞野
侯破奴得亡歸漢其明年漢使貳師將軍廣利以三萬
騎出酒泉擊右賢王於天山(正義: 在伊川)得胡首虜萬餘級

[그림 179] ≪사기≫ 〈흉노열전〉. 청나라 판본, 중국 북경사범대학 소장, 왼쪽에서 첫번째 줄 중간에 천산이 보인다.

[원문原文]

其明年, 漢使貳師將軍 廣利以三萬騎出酒泉,
기 명 년 한 사 이 사 장 군 광 리 이 삼 만 기 출 주 천

擊右賢王於天山, [正義]在伊州.
격 우 현 왕 어 천 산, 정 의 재 이 주

得胡首虜萬餘級而還. 匈奴大圍弐師將軍, 幾不脫.
득 호 수 로 만 여 급 이 환   흉 노 대 위 이 사 장 군   기 부 탈

　　그 이듬해, 한나라는 이사장군 이광리에게 명해 기병 3만 명을 거느리고 주천군을 나가 우현왕을 **천산天山**에서 치게 했다. [정의正義]천산은 이주伊州에 있다. 이사장군은 흉노의 수급과 포로 만여 명을 얻어 돌아오던 도중, 흉노에게 포위를 당해 거의 벗어날 수 없는 지경에 빠졌다.

　　≪사기史記≫ 〈흉노열전〉은 흉노匈奴와의 전쟁에 대한 기록이 대부분이다. 그 중에서 우현왕右賢王과의 전투를 한 장소가 바로 천산天山이다. 또한 부연설명을 통하여 이주伊州에 천산天山이 있다고 설명하고 있다. '[그림 160] 대청광여도大淸廣輿圖의 서역지도 부분 확대'에 천산天山, 이주伊州, 흑수黑水가 상세하게 설명되어 있다. 그 당시의 천산天山은 지금의 이름 그대로 천산天山이며, 이주伊州는 현재 신장 위구르 자치주에 있는 이닝시伊寧市 지역을 말한다. 또한 여기에서 흑수黑水는 현재의 이리하伊犁河이다. 이리하伊犁河는 일리강으로, 발하슈호로 유입되는 강이다.

其夏, 驃騎將軍複與合騎侯數萬騎出隴西,
기 하 , 표 기 장 군 복 여 합 기 후 수 만 기 출 롱 서

北地二千里, 擊匈奴. 過居延, 攻祁連山.
북 지 이 천 리 격 흉 노   과 거 연   공 기 련 산

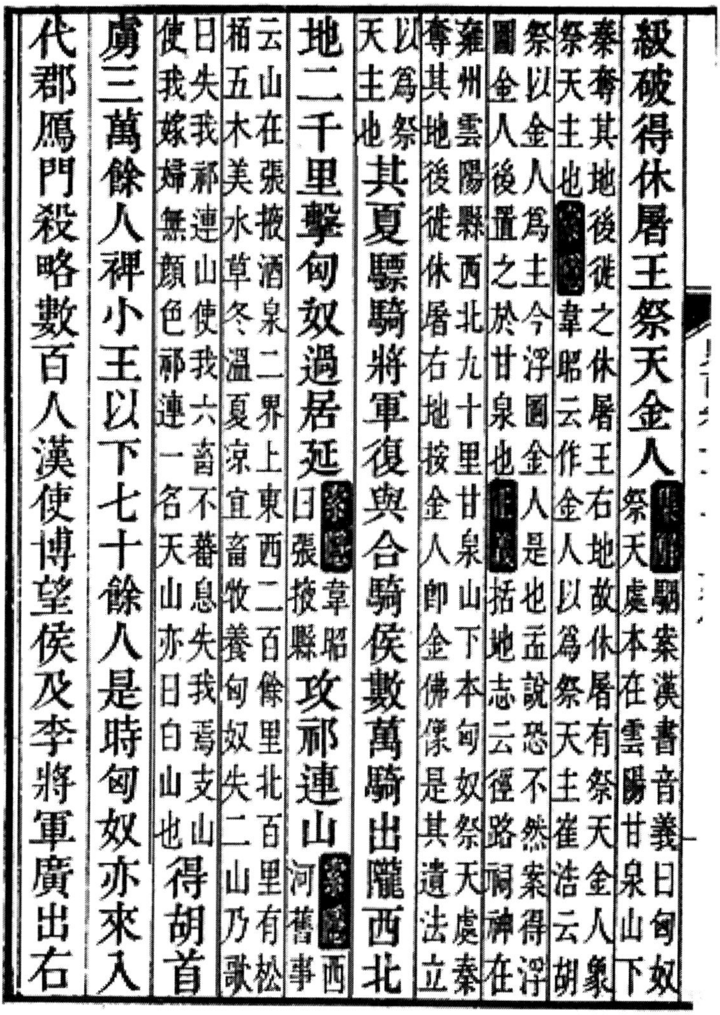
殺破得休屠王祭天金人[集解]駰案漢書音義曰匈奴祭天處本在雲陽甘泉山下秦奪其地後徙之休屠王右地故休屠有祭天金人象祭天主也[索隱]韋昭云作金人以爲祭天主崔浩云胡祭以金人爲主今浮圖金人是也孟說恐不然案得浮圖金人後置之於甘泉也[正義]括地志云徑路祠神在雍州雲陽縣西北九十里甘泉山下本匈奴祭天處秦奪其地後徙休屠右地按金人即金佛像是其遺法立以爲祭天主也其夏驃騎將軍復與合騎侯數萬騎出隴西北地二千里擊匈奴過居延[索隱]韋昭曰張掖縣攻祁連山[索隱]西河舊事云山在張掖酒泉二界上東西二百餘里北百里有松栢五木美水草冬溫夏涼宜畜牧養匈奴失二山乃歌日失我祁連山使我六畜不蕃息失我焉支山使我嫁婦無顏色祁連一名天山亦曰白山也得胡首虜三萬餘人裨小王以下七十餘人是時匈奴亦來入代郡鴈門殺略數百人漢使博望侯及李將軍廣出右

[그림 180] ≪사기≫ 〈흉노열전〉. 청나라 판본, 중국 북경사범대학 소장, 중간에 천산天山과 백산白山이 보인다.

[색은索隱]

西河舊事云「山在張掖. 酒泉二界上, 東西二
서하구사운 산재장액 주천이계상 동서이

百餘里, 南北百里, 有松柏五木, 美水草, 冬溫
백 여 리   남 북 백 리   유 송 백 오 목   미 수 초   동 온

夏涼, 宜畜牧. 匈奴失二山, 乃歌云 : 『亡我祁
하 량   의 축 목. 흉 노 실 이 산   내 가 운   망 아 기

連山, 使我六畜不蕃息 ; 失我燕支山, 使我嫁婦
련 산   사 아 륙 축 부 번 식   실 아 연 지 산   사 아 가 부

無顔色』. 祁連一名天山, 亦曰白山也.
무 안 색   기 련 일 명 천 산   역 왈 백 산 야

[해석解釋]

  그해 여름, 표기장군은 또 합기후合騎侯와 함께 수만 명의 기병을 거느리고
농서, 북지에서 2천여 리나 진출해서 흉노를 공격하고 거연居延을 지나 기련
산祁連山을 공격하였다.

  기련산祁連山에 대한 색은索隱이 있다. 흉노 민요인 〈서하구사西河舊事〉에
이르기를 기련산(祁連山=天山)은 장액張掖과 주천의 두 경계 상에 있고 동서로
이백여 리요, 남북으로 백 리에 달하고, 소나무와 잣나무 오목(五木, 다섯 종의
나무)과 아름다운 물과 풀이 있고 겨울에는 따뜻하고 여름에는 서늘해 가축
을 기르기에 적합했다. 기원전 121년 한에 격파되어 흉노가 기련산祁連山과
연지산(燕支山, 지금의 감숙성 하서주랑)을 잃은 슬픔을 노래하기를, "우리 기련산
祁連山 잃으니 육축六畜이 번식蕃息할 수 없게 되고(失我祁連山 使我六畜不蕃息),
연지산燕支山을 잃었으니 부녀들 얼굴 기색 없게 되었네(失我燕支山 使我嫁婦無
顔色)." 여기에서 "기련산은 일명 천산이요, 또한 일명 **백산**이다.(祁連一名天山,
亦曰白山也.)"라고 소개하고 있다.

  흉노의 노래에 기련산祁連山이 천산天山이며 백산白山임을 부연설명하고
있다. 노래에 소개된 것처럼 목축업을 하기에는 천혜의 터전이었음을 노래하
고 있다. 환국 문명의 터전이었음을 충분히 추정할 수 있는 역사 기록이다.

  최근 천산天山 지역 암각화에 관한 연구가 있어 소개한다. 천산 지역에 대
한 다양한 연구가 진척되면 상고사에 대한 진실이 밝혀질 것으로 기대된다.

[그림 181] 천지天池에서 바라본 천산天山 사진3

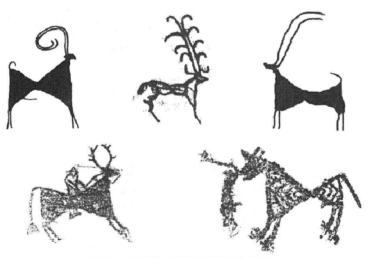

图1 新疆天山博格达峰早期岩画
（左下岩画鹿上面所骑的戴帽人物为晚期加刻）

[그림 182] 중국사회과학원아라사동구중아연구소中国社会科学院俄罗斯东欧中亚研究所, 2011년. ≪서
역연구西域研究≫ 중 천산天山 박격달봉博格达峰에서 발견된 암각화 사본으로, 그 지역이 주
거지역이었다는 것을 암각화는 보여 주고 있다.

파내류산波奈留山과 천산天山에 대한 고찰考察에서 이미 백산白山은 천산天山의 옛 이름古名이라는 것이 역사자료에 의하여 증명되었다. 특히 동하유설冬夏有雪, 즉 겨울이나 여름에도 항상 흰 눈이 정상에 있어 백산이라 불리게 되었다는 설명까지 소개되어 있다. 천산天山의 옛 이름이 백산白山임을 증명하는 기록을 도표로 정리하였다.

[도표 048] 천산天山 옛이름 백산白山 도표

자료목록	출처	중요기록
바이두포털 Baidu.com	백과사전 百科辭典	고명백산 古名白山 흉노위지천산 匈奴谓之天山
흠정서역동문지 欽定西域同文志	천산남북로산명 天山南北路山名	천산일명백산 天山一名白山
사기 史記	흉노열전 匈奴列傳	기련일명천산 祁連一名天山 역왈백산야 亦曰白山也

① 백두산白頭山

  현 상고사연구의 대중화는 ≪환단고기≫가 대중화된 1980년대부터 시작되었다. 그로부터 30년 세월 동안 백산白山은 백두산白頭山으로 공식화되었다. 그런 의미에서 백두산에 대해서 먼저 살펴보고자 한다.

  백두산에 관한 중국 측 자료를 소개해 보고자 한다. 바이두 백과사전에서 중국 자료를 살펴보면, 백두산을 장백산이라 부르고 있다. '백(두)산', '(장)백산'이라 하여 백산白山으로 쉽게 추정하여 생각하기 쉽다. 그러나 역사연구는 사실에 근거해야 하기 때문에 백두산을 백산(천산, 파내류산)과 같은 산명으로는 결코 생각할 수 없다. 왜냐하면 장소가 너무 틀리기 때문이다. 또한 고명古名은 불함산不咸山이지 백산白山이 아니기 때문이다.

[원문原文]

即吉林長白山, ≪金史世纪≫"女真地有混同江,
즉 길 림 장 백 산　　금 사 세 기　　여 진 지 유 혼 동 강

長白山"混同江亦曰黑龍, 所谓白山黑水是也
장 백 산　 혼 동 강 역 왈 흑 룡　 소 위 백 산 흑 수 시 야

山海經 称不咸山, 北魏称徒太山, 唐称太白山
산 해 경 칭 불 함 산　 북 위 칭 도 태 산　 당 칭 태 백 산

[해석解釋]

  즉即 중국 길림성吉林省에 위치한 장백산長白山이다. 금金나라의 역사를 기록한 금사세기金史世纪에 기록하기를 여진땅女真地의 혼동강混同江이 있는 곳에 장백산長白山이 있다. 혼동강混同江을 또亦 말하기를曰 흑룡강黑龍江이라. 소위所谓 백산흑수白山黑水를 말함이라! 산해경에서는 불함산不咸山 북위北魏 시대에는 도태산徒太山 당唐나라 시대에는 태백산太白山이라고 하였다.

  지명地名을 고찰함에 신중해야 함은 학문 연구의 기본이다. 특히 역사 연

구에서는 기본 중의 기본이다. 그것도 처음 번역할 때 고찰이 잘못되면 오류의 확대 재생산이 반복되어 연구는 혼란에 빠지게 된다.

1986년 고故 임승국 교수가 주해한 ≪한단고기≫16쪽의 백산 각주에는 다음과 같이 적혀 있다.

> "또 최근 일부에선 이 백산白山을 중국 감숙성甘肅省의 태백산太白山이라고 하는 학설을 퍼뜨리는 이도 있으나, 우리 겨레의 마음속에 자리잡고 있고 백두산을 빼고 중국의 태백산이 백산이라고 함에는 보다 확실하고 확고한 근거가 필요한 것이다. 중국 〈이십오사二十五史〉에 보이는 〈백산〉이나 〈태백〉이 의심없이 지금의 백두산임을 밝혀둔다."

우리는 역사의 잘못된 선언을 바로잡는 데 오랜 세월이 걸리며 몇 백 년이 흘러도 바로잡히지 않게 되는 경우가 허다하다. 한사군의 문제와 기자조선 위만조선 등 수백 년 간 오류가 진실처럼 전해져 오고 있는 예를 볼 수 있다.

임승국교수의 ≪한단고기≫책을 대학생 시절에 읽고 밤잠을 설치던 때를 기억해 본다. 백산에 대한 고찰은 역사를 밝히고자 평생을 바치신 선배들에 대한 비판을 위함이 아니라, 작은 오류라도 반드시 바로잡아야 한다는 생각으로 새로운 학설을 제시하고자 하는 것이다.

첫째, 여기에서 언급하고 있는 백산白山은 환인桓因께서 동녀동남팔백童女童男八白 명과 함께 흑수백산黑水白山으로 내려오시어 환국을 건국하는 이야기이다. 즉 여기에서의 백산白山은 건국의 주산이다. 그 주산이 현재의 백두산白頭山이라면 수많은 역사의 오류를 양산하게 된다. 결론적으로 여기에선 언급하고 있는 환국 건국의 주산인 백산白山은 감숙성甘肅省의 태백산太白山도 아니고, 현재의 백두산白頭山도 결코 아니며 **현재의 천산天山이며, 천산天山의 옛 이름이 바로 백산白山인 것이다.** 참고로 감숙성甘肅省의 태백산太白山은 배달국사倍達國史에서 자세하게 논論하겠지만, 배달국 주산이 바로 감숙성甘肅省의 태백산太白山이다. 추후 상세하게 논하겠다. 또한 가장 오해를 많이 하는 부분이 흑수백산黑水白山에서 기인한다. 흑수와 백산이 동시에 나타나는 지명은 많다. 이 부분은 배달국사倍達國史에서 상세하게 논論하고자 한다. 그러나 흑수黑水와 백산白山 그리고 천산天山, 파내류산波奈留山이 일치하는 곳은 오직 한 곳뿐이다. 지금의 천산산맥이다.

둘째, 《환단고기》에서 기록하고 있는 환인씨桓因氏의 나라를 환국桓國이라고 하였다. 즉 '환인씨가 건국한 나라'라는 의미이다. 다행히도 건국의 주산 이름을 세 가지로 전하였다. 바로 천산天山 = 파내류산波奈留山 = 백산白山이다. 여기에서 반드시 확인해야 할 사항은 이 세 가지 지명의 산은 같은 장소라는 것이다. 답은 간단하다. 바로 천산天山이다. 옛 이름이 백산白山이며, 옆에 흑수黑水의 지명이 있고, 가장 결정적인 사항은 바로 "파내류산波奈留山이 바로 '하늘 산' 즉 천산天山임을 《화한삼재도회》를 인용하여 밝힌 것이다. 그러나 지금까지 대부분의 《환단고기》 번역에서 임승국 교수의 주장에 따라 백산白山을 백두산白頭山으로 비정하고, 파내류산을 시베리아 중앙공원[41]으로 추정하는 등 실존했던 역사의 진실과는 다른 방향으로 연구되었던 것이다. 상고사를 연구하신 저자 중에 일부는 천산으로 추정하여 설명하였으나 구체적인 증거를 제시하지 못하였다. 그러나 이번 연구를 통하여 확고하게 백산白山이 천산天山임을 증명하는 것이다.

셋째, 《산해경》에도 천산에 대한 소개가 있고, 《사기》〈흉노열전〉에도 천산天山 지역의 주도권을 놓고 흉노와 한족이 벌인 전쟁이 소개되어 있다. 환국 건국 이래 7천 년 세월 동안 대를 이어 살아왔던 천산 일대를 잃고 노래한 〈서하구사西河舊事〉를 읽어보면 목숨을 걸고 터전을 지켜왔던 환민족의 고대사를 느낄 수 있다.

환국의 주산은 천산天山이다. 비록 현재 우리의 주권이 미치는 않는 중국 영토일지라도 지나간 역사에서의 진실은 진실이다. 이는 인류시원사를 밝

---

41 한단고기 1권, 1998년 코리언북스, 전형배, 22쪽 각주

히고자 하는 연구이지, 1만 년 전의 역사 터전을 밝혀 국제적인 분쟁을 유발하려는 취지는 분명히 아닌 것이다. 우리는 이 천산 터전에서 새로운 터전을 찾아서 1만 년의 이동을 하여 현재 한반도에 터전을 삼았다. 그 이동 경로를 잘 밝혀 후손들에게 우리의 최초 터전에 대한 답사 및 여행을 통하여 호연지기를 잘 길러 전세계 민족을 위하여 세상을 넓리 이롭게 할 새 문명 건설의 주역이 되기를 진심으로 기원하는 바이다.

제4장

흑수(黑水)

전장前章에서 환국桓國의 주산主山은 천산天山과 백산白山 그리고 파내류산波奈留山을 비교 연구하여 본 최종 결론은 바로 서역의 대산맥인 **천산산맥天山山脈**으로 밝혀졌다. 역사의 진실은 바로 천산산맥의 터전에 환인桓因께서 환인의 나라, 즉 환국을 건국하셨다는 것이다. 주산이 밝혀짐에 따라 이번 장章에서는 주강主江을 찾아야 한다. 그러나 다행히도 주산에서 발원하는 강과 호湖를 찾으면 된다.

우리 민족은 예로부터 산을 좋아하고 물을 좋아하는 민족이었다. 새로운 삶의 터전을 정할 때에는 산과 물水을 동시에 얻을 수 있는 배산임수背山臨水의 장소를 찾았다.

'**흑수백산黑水白山**[42]'은 물과 산을 동시에 얻을 수 있는 곳으로 나라의 터전을 정하기에 적합하였다. 또한 매서운 바람으로부터 추위를 피하고 물을 얻을 수 있는 장풍득수藏風得水의 지형을 구하였다. 이러한 장소의 산명山名은 이미 천산으로 밝혀졌으며, 주강主江과 관련된 기록으로는 흑수黑水가 있으며, 주호主湖[43]와 관련된 기록으로는 천하天河, 천해天海, 북해北海 등이 있다. 역사의 기록을 비교 분석하여 환국의 실체에 접근해 보고자 한다! 먼저 상고사上古史 자료를 도표로써 정리하여 보면 [도표 049]와 같다.

참고로 흐르는 강과 바다처럼 물이 고여 있는 호湖는 구별하여 연구하고자 한다. 환국의 주강主江에 대해서 비교 연구를 위하여 1980년 이후 출판된 ≪환단고기≫ 역주본들을 살펴보면, 임승국 교수의 ≪한단고기≫ 역주에 영향을 받아 흑수黑水를 흑룡강黑龍江이라고 비정하였으며, 천해天海는 바이칼호(Baikal)라고 비정하였다. 이 부분에 대해서는 상세하게 연구하여 역사의 진실을 밝혀보고자 한다.

---

42 안함로 찬 〈삼성기전 상편〉에 환국 최초의 터전으로 흑수黑水와 백산을 소개하고 있다.

43 주호主湖라는 개념은 문명의 발상지가 되는 주된 호수를 칭한다. 중앙아시아 지역의 호수는 바다海와 같은 규모이다.

[도표 049] 상고사 환국桓國 강명江名 도표 정리

상고사적 上古史籍	흑수 黑水	천해天海
삼성기전 상편	흑수 黑水	
삼성기전 하편		천해天海 북해北海
삼신오제본기		천하天河 천해天海 북해北海
환국본기		천해天海
신시본기		천하天河

[도표 050] 환단고기 주해 및 역주본 주강主江 도표

책명	흑수 黑水	백산 白山	천해 天海
환단고기 1985년, 김은수	흑룡강 黑龍江	백두산 白頭山	바이칼호 Baikal
한단고기 1986년, 임승국	흑룡강 黑龍江	백두산 白頭山	바이칼호 Baikal
환단고기, 1998년, 전형배	흑룡강 黑龍江	백두산 白頭山	바이칼호 Baikal
실증한단고기, 1998년, 이일봉	흑룡강 黑龍江	천산산맥 알타이산맥	바이칼호 Baikal
만화한단고기, 2003년, 한재규	언급 없음	언급 없음	바이칼호 Baikal
환단고기, 2005년, 고동영	흑룡강 黑龍江	백두산 白頭山	바이칼호 Baikal
환단고기 2009년, 양태진	흑룡강 黑龍江	백두산 白頭山	바이칼호 Baikal

제1절 흑수(黑水) 고찰(考察)

〈삼신오제본기〉에 이르기를 '일산일수—山—水 각위일국各爲—國'이라 하여 산과 강江이나 호湖을 끼고 제각기 한 나라를 형성하였다고 기록하고 있다. 이처럼 나라를 열기 위해서는 반드시 강과 호을 끼고 있어야만 삶을 영위할 수 있기에 주강主江과 주호主湖을 연구함은 마땅히 밝혀야 할 분야라 생각된다. 먼저 상고사 ≪환단고기≫에 기록되어 있는 자료를 살펴보고자 한다.

지금도 세계적으로 큰 도시는 강을 끼고 형성되었다. 우리나라도 서울에 한강이 있고, 부산에 낙동강이 있다. 인류의 4대문명 발상지도 황하를 끼고 문명이 발달한 황하문명, 인더스강 유역의 인더스 문명, 나일강 유역의 이집트 문명, 티그리스와 유프라테스강 유역의 메소포타미아 문명 등도 모두 다 큰 강을 중심으로 발달하였다.

강은 사람의 생활에 필요한 식수를 구할 수 있으며, 식량을 구하고, 농사를 지을 수 있으며, 적으로부터 보호할 수 있기에 문명 발달의 요충지이다. 문명 태동의 시원처인 것이다. 환국의 문명도 흑수黑水로부터 시작되었다.

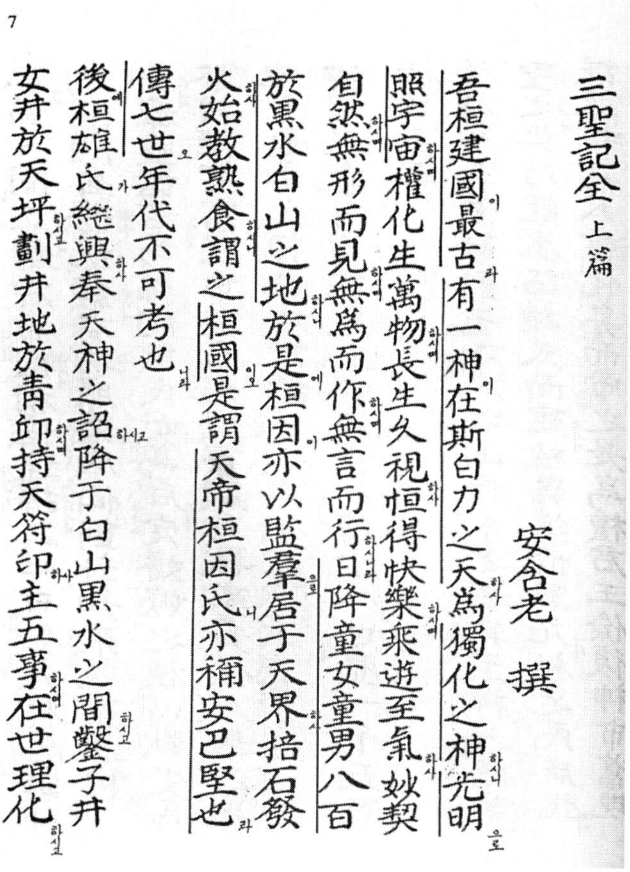

7

三聖記全 上篇

安含老 撰

吾桓建國最古有一神在斯白力之天爲獨化之神光明

照宇宙權化生萬物長生久視恒得快樂乘遊至氣妙契

自然無形而見無爲而作無言而行日降童女童男八百

放黑水白山之地放是桓因亦以監羣居于天界掊石敎

火始敎熟食謂之桓國是謂天帝桓因氏亦稱安巴堅也

傳七世年代不可考也

後桓雄氏繼興奉天神之詔降于白山黑水之間鑿子井

女井放天坪劃井地放靑卵持天符印主五事在世理化

[그림 183] ≪환단고기≫ 광오이해사본(1979년) 〈삼성기전 상편〉에 흑수백산黑水白山 자료

[원문原文]

日 降童女童男八百於 **黑水**白山之地하시니
일 강 동 녀 동 남 팔 백 어 흑 수 백 산 지 지

[해석解釋]

어느 날 동녀동남 800명을 **흑수**黑水와 **백산**白山의 땅에 내려 보내시니

여기에서 '흑수백산지지黑水白山之地'의 백산은 천산이다. ≪환단고기≫에서 흑수黑水는 안함로의 〈삼성기전 상편〉에서 전하는 소식이다. 다행히도 백산은 서역西域의 대산맥인 천산산맥을 부르던 옛 이름으로 밝혀졌다. 우선적으로 천산산맥과 관련된 지명 중에서 흑수黑水를 찾아보고자 한다.

구환족九桓族은 천지이치天地理致에 맞는 명명命名을 하였다. 산 정산이 눈이 덮혀 있어 백산이라 하였지만, 후에 천산이라 고쳐 부르게 하였으며, 천산의 북쪽으로 흐르는 강을 흑수黑水라 하였다. **이는 강물의 색깔이 검정색이 아니라 북쪽 방향으로 흐르기 때문이었다.** 방위상 동방은 청색青色, 서방은 백색白色, 남방은 적색赤色, 북방은 흑색黑色이라 하였다. 좌청룡左青龍, 우백호右白虎, 남주작南朱雀, 북현무北玄武에서 북방은 검을 현玄이라 하여 검정색, 흑색이라 하였다. 북쪽에 있는 호수를 이름하여 북해北海라 한 것도 방위에 두고 명명한 것이다. 흑해(黑海, Black Sea)도 호수물이 검정색이 아니라 북쪽에 있는 바다라 하여 명명한 것이다. 흑해黑海를 터키어로는 카라 데니즈(Kara Deniz)라고 한다. 카라(Kara)는 검정색을 의미하며, 데니즈(Deniz)는 바다를 의미한다.

우즈베키스탄(Uzbekistan)의 실크로드 중심도시였던 사마르칸트(Samarkand)는 중국에서는 남북조南北朝 시대부터 수隋·당唐 시대에 걸쳐 강국康國이라고 불렀다. 사마르칸트의 옛 성터인 아프로시욥(Afrosiyob) 성벽의 북쪽을 흐르는 강 이름이 시욥(Siyob)강이다. 그런데 시욥(Siyob)은 페르시아어로 뜻이 '검은 강黑水'이다.

북방민족이었던 구환족의 후예인 돌궐족은 몽고지역을 지배하던 민족이었다. 돌궐어는 후대에 몽골어에 영향을 주었다. 돌궐 및 몽골 언어에서 검정黑을 카라(Qora, Kara)라고 하였다.

카라(Kara)는 '검정색, 북쪽, 큰, 위대한' 등의 뜻으로 사용되었다. 제주도濟州島는 몽고 지배하에 말을 기르는 목장으로 사용되었기에 제주도 방언에 '카라(Kara)'가 남아 있다. 즉 검정색 말을 '가라 말'로 부른다. 국어사전에는

[그림 184] 천산산맥의 서쪽 기슭에 있는 오하시스의 도시, 실크로드의 중심도시, 동·서교류의 중심 도시인 사마르칸트를 볼 수 있다. 발하슈호, 이지크쿨호, 아랄해, 카스피해 등 바다와 같은 호수가 있어 문명이 태동할 수 있는 여건을 갖추고 있다.

'가라 말은 털빛이 온통 검은 말'이라고 풀이되어 있다. 그 어원이 카라(kara)에서 왔다. 파키스탄과 인도 그리고 중국과 국경을 이루는 히말라야 산맥의 일부분을 카라코람(karakoram)산맥이라 부르고 있다. '검은 자갈밭'이란 뜻이다. 또한, 투르크메니스탄(Turkmenistan)의 카라쿰(Kara Kum)은 '검은 사막'이란 뜻이다. 일본어에도 '검은', '검정'을 '쿠로(くろ, 黑)'라 발음한다. '카라'와 '쿠로'는 모음이 일치한다. '카라(Kara)'가 변화되어 '쿠로(くろ, 黑)'가 된 것이다. 이렇게 방대한 지역에 북쪽과 검정색을 뜻하는 카라라는 말은 고대 환국 말이었다.

이렇게 검정黑에 대한 어원을 찾는 이유는 바로 구환족은 북방北方으로 흐르는 강을 흑수黑水라 명명한 사례를 찾아 보고자 함이다. 러시아 타이미르(Taymir)자치구는 크라스노야르스크(Krasnoyarsk)지방에 있다. 동쪽은 사하(Sakha)공화국, 서쪽은 야말로네네츠(Yamalo-Nenets)자치구, 남쪽은 에벤키(Evenki)자치구와 접하고 있다. 그런데 타이미르(Taymir)에서 북쪽으로 흐르는 강 이름이 카라(Kara) 강이다. 즉 흑수黑水이다. 북쪽으로 흐르는 강에 대한 지명이다. 또한 북쪽에 있는 강의 이름이다.

강명	의미	비고
이리하伊犁河	북쪽으로 흐르는 강	흑수黑水
흑해黑海	북쪽에 있는 바다	Kara Deniz
시욥(Siyob)강	북쪽으로 흐르는 강	흑수黑水
카라(Kara)강	북쪽으로 흐르는 강	흑수黑水

　역사 연구를 함에 있어서 철학이 없는 자구字句 해석만으로 연구하게 되면 역사의 진실을 찾기에는 많은 오류가 있을 수 있다. 위 사항에 대해서 당시에 '오행사상이 과연 있었을까?'라고 생각할 수 있을 것이다. 그러나 환국 말기에 천산 일대에서 남쪽 지역인 삼위태백三危太伯지역에 개척하실 수 있도록 삼천 명의 무리를 환웅桓雄천황에게 내어 주실 때 같이 분가하기를 요청했던 반고盤固라는 인물이 있었다. 그런데 그와 함께 개척지로 떠난 동행 인물 중에 십간 십이지가 있었다. ≪환단고기≫원문을 살펴보면 다음과 같다.

[원문原文]

時에 有盤固者가 好奇術하야
시　유반고자　호기술

欲分道而往으로 請하니 乃許之하시니라
욕분도이왕　청　내허지

遂積財寶하고 率十干十二支之神將하고
수적재보　솔십간십이지지신장

[해석解釋]

　환웅桓雄께서 삼위태백三危太伯을 개척하실 때에 반고라는 사람이 있었다. 그는 기이한 술법을 좋아하였다. 반고가 개척의 길을 따로 나누어 가기를 청하므로 환인桓仁께서 이를 허락하시니라. 많은 재화와 보물을 싣고 십간 십이지 신장을 거느리고 함께 떠나니라.

≪환단고기≫〈삼성기전 하편〉에 있는 기록이다. 여기에서 환인께서 다스리시던 천산아래 환국에서 분국하게 되는 과정을 기록한 것이다. 이때 반고盤固라는 인물이 거느리고 같이 간 인물들이 바로 십간과 십이지이다. 십간十干은 오행으로 분류하면 동방갑을목東方甲乙木, 남방병정화南方丙丁火, 중앙무기토中央戊己土, 서방경신금西方庚辛金, 북방임계수北方壬癸水가 된다. 십이지十二支는 인묘목寅卯木, 사오화巳午火, 진술축미토辰戌丑未土, 신유금辛酉金, 해자수亥子水가 된다. 즉 십간 십이지는 오행사상이 발전된 사상으로 이미 환국시대에도 넓리 알려진 철학으로 이해해야 할 것이다. 목-청색, 화-적색, 토-황색, 금-백색, 수-흑색이다.

아래 지도 대청광여도大淸廣輿圖의 숙주肅州지역을 상세하게 살펴보고자 한다. 현재에는 감숙성甘肅省지역이다. 즉 감주甘州와 숙주肅州가 합해져서 감숙성甘肅省이 되었다.

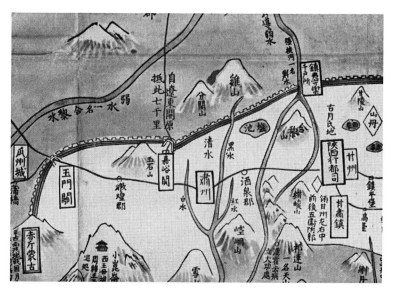

[그림 185] 대청광여도의 숙주 부분 확대(1785년 제작 지도). 백수, 청수, 흑수, 홍수 등이 기록되어 있다.

숙주에 강명江名은 여러 강 줄기가 합해지는데 백수白水, 청수淸水, 흑수黑水, 홍수紅水 등으로 기록되어 있다.

강물의 색깔이 백색, 청색, 검정, 붉은색이라서 명명한 것이 아닐 것이다. 바로 위에서 설명한 것처럼 지도에서 보듯이 서방경신금西方庚辛金으로 백색을 상징한다. 즉 서쪽 지역 강이라 백수白水라 하였으며, 동방갑을목東方甲乙木은 청색을 상징한다. 즉 동쪽 지역 강이라 청수淸水라 하였다. 또한 북쪽에 있는 강은 흑수黑水라고 하였다. 또한 남쪽에 있는 강은 붉은색으로 홍수紅水라고 하였다. 이처럼 오행五行의 색상 이치에 따라서 명명한 것이 밝혀진 것이다.

② 대청광여도大淸廣輿圖 - 흑수黑水

아래 지도는 청淸나라 강희제康熙帝 때 사람 채방병蔡方炳이 각刻한 원도原圖에 일본 천명5년인 1785년에 일본지도작성의 선구자인 나가쿠보 세키스이長久保赤水, 1717~1801)가 교정을 한 중국전도[44]이다.

이 지도에 그려져 있는 흑수黑水는 지도 그대로 이 지역에 현재에도 강이 흐르고 있다. 강 이름이 '이리하伊犁河', 즉 '흑수黑水'이다. 발하슈(Balkhash)호로 이리하의 강물이 유입되고 있다. 카자흐스탄(Kazakhstan)에서는 이리하를 일리강(Ili river)이라 부른다. 똑 같은 지명이지만 문자만 다르게 표시한 것이다. 고지도와 같이 천산기슭에서 발원하여 북쪽으로 흘러간다. 북서쪽으로 약 1,236km을 흘러가 발하슈호에 합류한다.

---

[44] 숭문당崇文堂 발행, 목판, 수채색, 190cm x 186cm, 대영도서관 소장

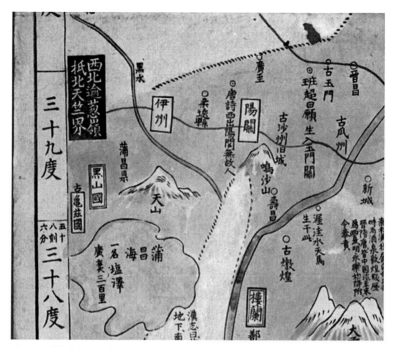

[그림 186] 대청광여도의 서역 지도 부분 확대(1785년 제작 지도). 천산, 이주伊州, 흑수黑水 등이 기록되어 있다.

[그림 187] 카자흐스탄(Kazakhstan) 일리강(Ili River), 즉 이리하 전경. 옛 이름이 흑수이다. 발원지에서 북서쪽으로 유유히 흐른다.

천산산맥의 북쪽 사이의 분지에서 이리하伊犁河가 발원한다. 신장위구르자치구 북서부를 북서쪽 방향으로 흘러 카자흐스탄(Kazakhstan) 동부로 들어간 뒤 알마아타(Alma Ata) 북쪽을 지나 발하슈호湖로 흘러든다. 이리강 유역은 강수량이 많아 농사짓는 주민이 많은데, 이들은 주로 밀을 경작하며 고지에서는 양·염소·말 등을 방목한다.

신강위구루자치구의 3대 큰 강인 대하大河는 첫째 석이하錫爾河이다. 둘째로 초하楚河이며, 셋째로 이리하이다. 모두 천산에서 발원한다. 천산의 남쪽으로는 타림(tarim)분지盆地가 있고, 북쪽으로는 준갈이准噶尔, 중가리아 dzungaria) 분지가 있다.

석이하는 '시르다리야(Syrdarya)강'이라고 부른다. 한반도의 두 배 이상의 거리를 흘러가 내륙호인 아랄해에 합류한다.

[그림 188] 이리하의 이리하구대교 전경. 천산산맥의 빙하에서 녹은 물이 모여 흘러 내려간다.

흑수黑水라는 강 옆에 이주伊州**45**라고 지도에 표시되어 있다. 중간에 있는

---

45 이닝시伊宁市가 있는 지역을 부르던 이름이다. 신장위구르자치구新疆维吾尔自治区 지급행정구인 이리 카자흐자치주(伊犁哈萨克自治州, 이리합살극자치주)의 수부首府 현급시로 자치

도시 이름이 이닝시伊宁市 즉 옛 이름은 이주伊州이다. 천산과 이주伊州 그리고 흑수黑水가 같이 그려져 있어 쉽게 그 위치를 비정할 수 있다.

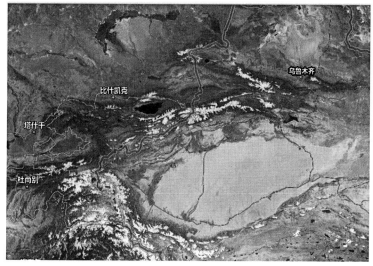

[그림 189] 곤륜산맥과 천산산맥 타림분지, 중가리아 분지, 우루무치 그리고 이리하와 발하슈호, 이시크쿨호 등을 살펴볼 수 있다. 위공위성 사진 자료. 산맥의 높은 지역은 백색의 눈으로 덮혀 있는 모습이다.

③ 동투르키스탄(East Turkistan)전쟁과 흑수

신장 위구르 자치구는 중화족中華族의 땅이 아니다. 원래는 환국의 땅이었다. 곤륜산崑崙山의 옛 이름은 수미산須彌山이었다. 부도지에 의하면, 오미五味의 변으로 장손이었던 황궁씨黃穹氏께서 수미산(곤륜산맥, 남천산산맥, 남산)에서 천산주天山洲로 이주하시게 되었다. 황궁씨는 수인씨燧人氏, 즉 유인씨有因

구 서부, 이리하곡伊犁河谷 중부, 이리하 북안에 위치하며 우루무치로부터 702km 거리에 있다. 동쪽으로 이닝현(伊宁县, 이녕현), 남쪽으로 차부차얼시버자치현察布查尔锡伯自治县, 찰포사이석백자치현), 서북쪽은 휘청현(霍城县, 곽성현)과 접하고 있다.

氏를 낳고, 유인씨는 환인씨桓因氏를 낳는다. 환인씨께서 환국을 건국하시고 환인의 형제께서 구환족으로 분가하여 나뉘어 살던 땅으로 3301년의 세월 동안 살아오다가 환국 말기에 환인의 아들 환웅桓雄께서 핵심 부족을 이끌고 삼위태백三危太伯으로 남하하여 중원中原으로 들어가면서 중심에서 변방으로 바뀌게 된 지역이다. 그렇지만 그 지역에 남아 있던 대부분의 부족들은 환국의 문명을 그대로 이어받아 찬란한 북방 문명을 이룩하였다.

즉 환웅의 배달국倍達國, 반고盤固의 부족部族 그리고 천산 지역의 남은 환인桓仁의 구환족, 즉 북방민족들이 환국의 문명을 이어받아 계승하게 된다. 큰 틀로 보면 모두 다 환인의 자손들이요, 형제국이다. 환웅의 배달국은 중원中原을 거쳐 요하문명권遼河文明圈을 형성하고 한반도로 들어가 한민족의 구성원이 되었다. 또한 반고의 자손들도 중국대륙에 분포되어 살고 있다. 그러나 중국대륙에는 배달국의 구이족과 반고의 자손들이 섞여서 살아가고 있다. 일본은 한반도에서 이주한 대부분의 사람들이 정착한 문명으로 한민족이 문명의 전수국傳授國이 되는 것이다. 또한 척박했던 환국의 터전을 오늘날까지 지키고 있는 북방민족 중에 유일하게 나라를 유지하는 곳이 몽고국이다. 또한 북방민족은 서쪽으로 이주하여 중앙아시아의 카자흐스탄, 키르기스스탄 등등 '~이스탄'의 나라들을 건국하게 된다. 구체적인 사항은 '태백문명론太白文明論'에서 정리하기로 한다.

이런 유구한 북방민족의 역사를 자부심으로 삼고 있는 신강의 제부족들은 청나라와 전쟁을 하더라도 독립을 하려고 노력하였다. 그 전쟁이 바로 동투르키스탄(East Turkistan)전쟁이다. 그들이 부른 나라 이름이 바로 동투르키스탄(East Turkistan)이다. 투르크 사람들의 땅이란 뜻이다. 지금의 신강 위구르 자치구 지역이다.

청나라 말기인 1758년은 17세기 말부터 청나라에 대항했던 몽골인의 일파인 중가르부(Jungar)[46]를 초토화한 때였다. 이번에는 동투르키스탄(East

---

46 몽고 오이라트 출신의 부족연합체이다. 몽고족의 국가는 단군조선의 정치체계를 이어받아

Turkistan), 즉 신장 위구르 자치구의 유력자인 호자(khoja) 가문의 무슬림 군대가 외세에 지배당할 수 없다며 청나라에 대항하였다. 청나라는 조혜兆惠 장군을 파견하였다. 청나라의 조혜 장군과의 전쟁에서 1년 만에 패배하게 되어 결국 청국에 편입하게 되었다.

이 전쟁의 승리를 기념하기 위하여 건륭제乾隆帝의 명으로 주세페 카스틸리오네(Giuseppe Castiglione)를 포함한 유럽 화가들이 그림을 그리고 그 그림을 토대로 총 16장의 동판화를 만들었는데 지명 및 전쟁의 모습을 살펴볼 수 있다.

[그림 190] 동투르키스탄(East Turkistan) 전쟁 기록 동판화. 16장중에서 7번째 동판화 흑수원해黑水
園解 그림

동투르키스탄(East Turkistan) 전쟁의 기록화인 동판화 16장 중에서 7번째 동판화의 제목은 영어와 한문으로 기록되어 있다. '7. Lifting of the Siege at the Black Water River (黑水園解)[47]' 뜻을 해석해 보면 '흑수黑水에서 포위(siege)를 풀다(lifting).'라는 뜻이며 한문으로는 흑수원해黑水園解, 즉 '흑수黑水

중앙과 좌익과 우익의 구조를 가지는 국가였다. 정권의 좌익을 담당하고 있었던 조로스 부족은 몽골어로 왼쪽을 의미하는 '중가르'로 불리게 되었다.

[47] 출처는 http://www.battle-of-qurman.com.cn/e/hist.htm 이다.

에서 포위圍을 풀다解.'라는 뜻이다. 흑수黑水와 원문 영어의 'the Black Water'에서 우리는 천산 근처의 흑수黑水가 있음을 확인할 수 있다.

1770년대 중반까지 건륭제乾隆帝는 타르바가타이(Tarbagatai) 동쪽, 알타이 (Altai)산맥 서쪽의 중가리아(Zungaria)와 천산산맥 남쪽, 곤륜산맥崑崙山脈 북쪽의 신강 지역을 포함하는 중앙아시아의 정복을 완료했다.

1758년 동투르키스탄(East Turkistan) 전쟁에서 승리한 이후에 1770년까지 천산산맥 일대 중가리아 지역을 병합한다. 그 이후에 1785년에 제작된 대청 광여도大淸廣輿圖에는 흑수黑水를 구체적으로 이주伊洲를 통과하는 강으로 그려 놓았다. 이 당시 중가르부족에게 포위당하여 패배할 위기에 처했는데 포위를 풀고 승리를 이룬 장소이기에 흑수에 대한 기록은 자세하게 그려 놓았다 결론적으로 흑수가 바로 이리하伊犁河라는 것이 증명되는 것이다. 이리하는 중국을 경유하여 카자흐스탄(Kazakhstan) 국경 넘어서 계속 서북쪽으로 흘러가는데 카자흐스탄에서도 똑같은 이름으로 일리강(Ili river)이라 부르고 있다. 이 강물이 마지막으로 합류되는 곳이 바로 바다와도 같은 발하슈 (Balkhash) 호수다. 이 전쟁의 상황이 영어로 설명되어 있어 해석하여 보면 다음과 같다.

[원문原文]

Soon Muslim Turkmens made an uprising against the Chinese. To put down the uprising the Chinese General Zhaohui (1a2) lead an army to the area where he was closed in by superior Turkmen forces near the city of Yarkand (叶尔羌, 葉爾羌) by the river Kara Usu (黑水河, translated »Black Water River«).[48]

---

48 http://www.battle-of-qurman.com.cn/e/hist.htm 자료출처

곧 무슬림 투르크족 사람들은 청나라를 상대로 독립을 위한 전쟁을 일으 킨다. 중국에 대한 독립전쟁을 진압하기 위하여 조혜 장군은 카라 우수(Kara Usu) 강(River)의 협이강성叶尔羌城, 즉 엽이강성葉爾羌城 가까운 곳에서 더 강력 한 투르크족 군대에 포위당하였으며, 그 지역에서 군대를 지휘하고 있었다.

여기에서 몇 가지 시사하는 기록이 있다. 먼저 카라우수강(Kara Usu river)은 흑수하黑水河, 즉 'Black Water River'라고 해석했다. 여기에서 카라(kara)는 검정黑을 뜻한다.

또 한 장의 동판화에는 구체적으로 '흑수영지전黑水營之戰'이라는 제목으로 강을 사이에 두고 전쟁하는 상황을 묘사하여 두었다.

[그림 191] 흑수영지전黑水营之战에 대한 동판화(바이두 백과)

총과 대포가 전쟁의 주요 무기였으니 치열한 전투였다. 동판화를 설명하 는 흑수영지전黑水營之戰에 대한 상세한 설명이 아래와 같이 설명되어 있다.

清乾隆二十三年(1758年)十月至二十四年(1759年)
청 건 륭 이 십 삼 년　　십 월 지 이 십 사 년

正月, 在清平天山南路之战中, 定边将军兆惠
정 월　재 청 평 천 산 남 로 지 전 중　정 변 장 군 조 혜

于叶尔羌城外坚守 黑水营的重要防御作战。
우 협 이 강 성 외 견 수　흑 수 영 적 중 요 방 어 작 전

[해석解釋]

　청나라 건륭제 23년(1758년) 10월~24년(1759년) 정월에 있었던 전쟁. 천산남로天山南路 전쟁 중 청나라가 평정한 전쟁이다. 정병장군 조혜는 협이강성叶尔羌城을 굳게 지키기 위해서 흑수영黑水营을 중요하게 여기고 실시한 방어 작전이었다.

　천산(옛 이름 白山) 흑수黑水에서 벌어진 전쟁 기록화를 통해 1만 년 전부터 전해져온 **흑수백산**黑水白山 지명을 확인할 수 있었다.

④ 흑수黑水 이리하伊犁河

　이리하에 대한 중국의 백과사전 자료를 참고하여 이리하에 대한 정보를 살펴보고자 한다. 중국에서는 서역西域이라 하여 신장 위그루 자치주에 대한 자료들도 많이 백과사전에 공개하고 있다.

　이리하에 대한 백과사전 원문과 해석을 통하여 역사를 구체적으로 살펴보고자 한다. 또한 천산에서 발원하는 지도를 그린 이리하유역수계지도伊犁河流域水溪地圖를 통하여 흑수백산黑水白山의 소자출을 밝혀보고자 한다.

伊犁河(Ili River) 亦作 I-Hi Ho 或 Yili He。
이 리 하　　　　　역 작　　　　　혹

古称亦列水. 伊丽水。古时塞人. 月氏人.
고 칭 역 렬 수　이 리 수　고 시 새 인　월 씨 인

乌孙人. 突厥人等生活于此河流域。
오 손 인　돌 궐 인 등 생 활 우 차 하 류 역

伊犁发源于 新疆天山西段,
이 리 발 원 우 신 강 천 산 서 단

流域面积约57万平方公里。
류 역 면 적 약 57 만 평 방 공 리

主要支流有特克斯河. 巩乃斯河.
주 요 지 류 유 특 극 사 하　공 내 사 하

喀什河, 河源均出自天山
객 십 하　하 원 균 출 자 천 산

[그림 192] 이리하 전경. 흑수는 북쪽으로 흐르는 강이름이다.

伊犁河  ✐編輯

伊犁河 (Ili River) 亦作Ili Ho或Yili He。古称亦列水、伊丽水。古时塞人、月氏人、乌孙人、突厥人等生活于此河流域。伊犁发源于新疆天山西段，流域面积约为57万平方公里。主要支流有特克斯河、巩乃斯河、喀什河，河源均出自天山。20世纪80年代初伊犁河流域对外交通，除伊宁市至乌鲁木齐市有民航班机外，主要依靠陆道。公路可通乌鲁木齐及天山以北其他城市。从伊宁市东经新源，穿过尤勒都斯盆地北部 (开都河上游) 至巴仑台，由此向北可至乌鲁木齐，向南可接南疆铁路至库尔勒及天山以南各地。由乌苏至库车，3次穿过天山的天山公路，穿过伊犁河流域东部，为伊犁河流域通往塔里木盆地的捷径。尤其是沿特克斯河支流第一木扎提河 (旧称木素尔河)，越过木扎提山隘 (旧称木素尔冰达坂)，再沿渭干河上游木扎提河至阿克苏，古来即为伊犁河流域与塔里木盆地间捷径。伊犁河左岸支流稠密。在中国境内的主要支流右岸有喀什河、霍尔果斯河和巩乃斯河，左岸有恰仑河、奇利克河、特克斯河；在哈萨克斯坦境内汇入的主要支流有恰仑河、库尔斯利克河和库尔特河。

📷 伊犁河图册

词条统计

浏览次数：110012次
编辑次数：49次历史版本
最近更新：2013-12-27

[그림 193] 百度百科 Baidu.com 이리하 소개 자료(2013.12.27 복사)

[해석解釋]

이리하는 Ili River, Hi Ho, Yili-He로 부른다. 옛날에는 또 칭하기를 '열수列水' '이리수伊麗水'라고 하였다. 옛 시대에는 새인塞人, 월씨인月氏人, 오손인烏孫人, 돌궐인突厥人 등이 생활하던 곳이 바로 이리하 유역이다. 이리하는 신장新疆 자치구 천산의 서쪽기슭西段에서 발원한다. 유역의 면적은 57만 평방km이다. 주요 지류는 특극사하特克斯河, 공내사하巩乃斯河, 객십하喀什河이다. 하천들의 근원은 전부 다 천산에서 발원한다.

이리하 유역은 실크로드와 초원길에 살았던 많은 민족들의 삶의 터전이었다. 황궁씨黃穹氏께서 천산주天山洲로 이주하시게 된다. 황궁씨는 수인씨燧人氏, 유인씨를 낳고, 수인씨는 환인씨桓因氏를 낳는다. 환인씨는 천산 아래에 환인씨의 나라桓國을 열고 아홉 형제의 구환족이 흩어져 살게 된다. 환국이 개국된 후 3301년 후에 환웅씨桓雄氏께서 삼위태백三危太伯으로 남하하시면서 이리하 지역은 환국의 남은 자손들이 삶을 살아가게 된다. 이때부터 이 지역은 북방문명으로 기록되기 시작한다. 배달국 시대가 지나고 단군조선조에 3세 가륵단군께서 욕살 삭정索靖을 약수弱水지역에 봉封하셨는데, 흉노의 시조가 된다. 그 후에 천산산맥의 이리하 지역은 흉노족, 선비족, 탁발족, 유연족, 돌궐족, 위구르족, 키르기즈족, 거란족, 요족, 서하족, 몽고 원나라, 오이라트족, 타타르족, 청나라를 거쳐 오늘에 이르고 있다. 이들은 환국의 구환족의 자손들로 모두 다 형제자매이며, 형제국이다.

이리하유역수계지도伊犁河流域水溪地圖를 살펴보면 천산의 한등격리봉(汗騰格里峰, 한 텡구리 산)에서 발원하여 특극사하特克斯河로 흘러가다가, 공내사하巩乃斯河가 합류되며, 이닝시伊宁市에서 객십하喀什河가 합류한다. 카자흐스탄哈萨克斯坦으로 국경을 넘어 흡륜하恰伦河가 합류한다. 고이기리극하庫尔奇利克河와 합류하고 마지막으로 고이특하庫尔特河가 합류되면서 발하슈(Balkhash)호인 파이객십호巴尔喀什湖로 합류한다.

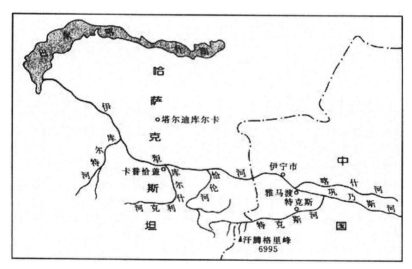

[그림 194] 이리하유역수계지도. 중국 경내에 3개 지류하천과 카자흐스탄에 3개 지류하천이 합해져서 이리하를 이루고 있으며 발하슈호로 최종 합류된다. 발하슈호는 출구가 없는 호수이다.

[그림 195] 이리하 전경. 흑수라 하여 강물을 검정색으로 오해할 수 있다. 흑수란 북쪽으로 흐르는 강, 또는 북쪽에 있는 강이란 의미이다.

결론적으로 흑수백산은 바로 천산과 이리하이다.

[도표 052] 주산과 주강主江 비교

역사 기록	현 상고사 해석	새로운 해석
천산	기련산祁連山	천산
백산白山	백두산白頭山	천산
파내류산	파미르고원	천산
흑수黑水	흑룡강黑龍江	이리하

제2절 천하(天河), 천해(天海), 북해(北海)

천해天海에 대한 상고사上古史에 대한 기록을 먼저 살펴보고자 한다. 〈삼성기전 하편〉에는 천해天海와 북해北海로 기록하고 있고, 〈삼신오제본기〉에는 천하天河, 천해天海, 북해北海로 기록되어 있다. 〈환국본기〉에는 천해天海로 기록되어 있다. 〈신시본기〉에 천하天河가 있다.

[도표 053] 상고사 환국桓國 강명江名 도표 정리

상고사적 上古史籍	흑수 黑水	천해天海
삼성기전 상편	흑수 黑水	
삼성기전 하편		천해天海 북해北海
삼신오제본기		천하天河 천해天海 북해北海
환국본기		천해天海
신시본기		천하天河

① 천해天海 원동중 삼성기전 하편

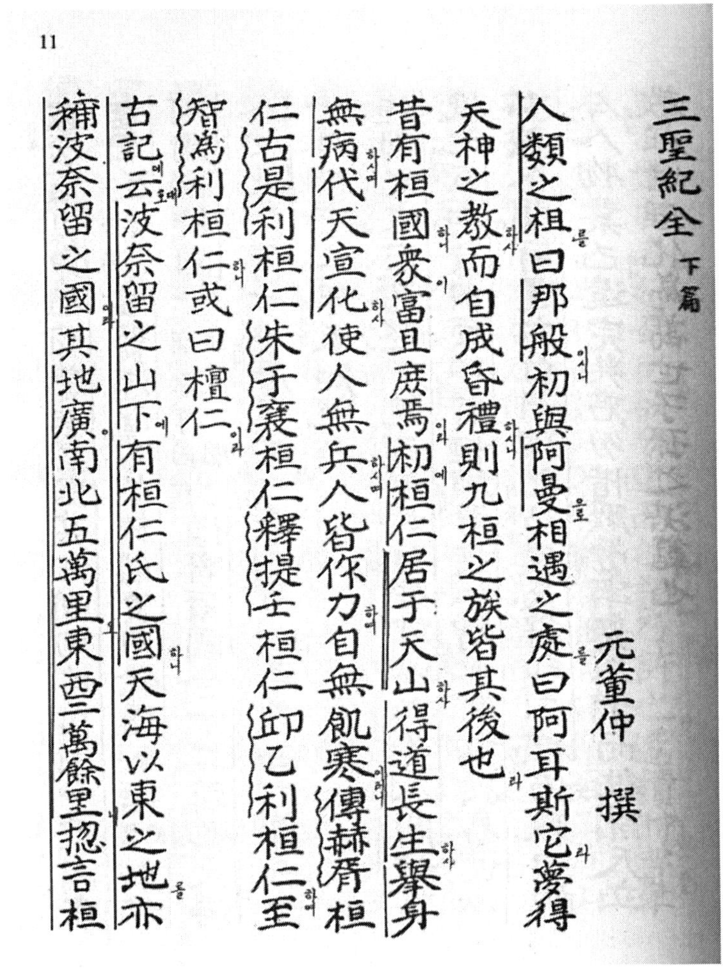
11

三聖紀全 下篇

元董仲 撰

人類之祖를 曰那般이니 初與阿曼으로 相遇之處를 曰阿耳斯它라 夢得天神之教하사 而自成昏禮하시니 則九桓之族이 皆其後也라

昔有桓國이 衆富且庶焉이라 初에 桓仁이 居于天山하사 得道長生하사 擧身無病하시며 代天宣化하사 使人無兵하시며 人皆作力하며 自無飢寒이러니 傳赫胥桓仁古是利桓仁朱子襄桓仁釋提壬桓仁邱乙利桓仁하며 至智爲利桓仁하니 或曰檀仁이라

古記에 云호대 波奈留之山下에 有桓仁氏之國하니 天海以東之地를 亦稱波奈留之國이라 其地廣이 南北五萬里오 東西二萬餘里니 摠言桓

[그림 196] ≪환단고기≫ 광오이해사본(1979년) 〈삼성기전 하편〉의 천해天海 자료

[원문原文]

古記에 云호대 波奈留之山下에 有桓仁氏之國하니
고 기 운 파 내 류 지 산 하 유 환 인 씨 지 국

天海[49]以東之地를 亦稱波奈留之國이라
천 해　이 동 지 지　역 칭 파 내 류 지 국

其地廣이 南北五萬里오
기 지 광　남 북 오 만 리

東西二萬餘里니 摠言桓國이오
동 서 이 만 여 리　총 언 환 국

[해석解釋]

　옛 기록에 이르기를 파내류산 아래에 환인씨의 나라가 있으니, 천해天海의 동쪽 땅이라. 또한 칭하기를 파내류국이라. 그 땅의 넓이는 남북으로 5만 리요. 동서로 2만여 리이니 통틀어 환국이라 했다.

　환인씨의 나라는 바로 환국이다. 최초의 나라 환국이 파내류산 아래 있었다는 것이다. 환국을 다른 말로는 파내류국이라 했다는 것이다. 앞 장에서 파내류산은 바로 하늘산, 즉 천산임을 증명하였다. 그 산 근처에 바다 같이 큰 호수가 있는데 그 호수를 천해天海라고 하였으며, 천해의 동쪽지역의 땅이 환국이었다는 것이다. 지금까지는 상고사를 연구하는 모든 분들이 천해天海를 바이칼호(Baikal Lake)를 비정하고 있지만, 파내류산이 천산이고 천산 아래 환국이 있었으며 천산 근처에서 천해를 찾아야 한다는 점을 원동중의 삼성기에서는 분명하게 밝혀주고 있다. 그럼 왜 바이칼호(Baikal Lake)를 천해로 비정하기에는 객관적으로 증명하기 어려운가? 정리하면 다음과 같다.

1) 백산白山을 백두산白頭山이라 잘못 추정했다.

　환인께서 천산에 나라를 건국하셨다고, 즉 천산이라 여러 번 ≪환단고기≫

---

49 천해天海는 천산산맥의 근처에 있는 곳에서 찾아야 한다. 발하슈호, 이스크쿨호, 아랄해는 모두 천산산맥에서 발원한다. 산 정산의 빙하가 녹아 내려 강물이 되고 그 강물이 모여 큰 호수를 이룬다.

에서 언급하셨음에도 불구하고 상고사 사학자들은 어떤 생각으로 연구를 하였는지 천산에 대해서는 깊은 연구도 하지 않고, 백산이 천산의 옛 이름이라고는 생각조차 하지 않고 '**백산白山은 백두산白頭山이다.**'라는 학설을 강한 어조로 추정해 버렸다. 파내류산은 해석조차 할 수 없는 상황이었다.

이 잘못된 결정은 오류 재생산의 법칙50에 따라 흑룡강黑龍江을 흑수黑水라고 결정하였다. 이어서 백두산白頭山과 흑룡강黑龍江 근처에 있는 바다와 같은 호수를 찾아보니 바이칼호(Baikal Lake)가 있어 깊은 연구 없이 바이칼호(Baikal Lake)를 천해天海, 북해北海라고 결정하였다. 오류가 확대 재생산되고 있는 것이다. 즉 흑수, 백산과 천해에 일치한다고 생각한 것이다.

여기에다 학계 및 언론 등에서 바이칼호 탐방 및 여행을 통하여 한민족 시원문화를 찾는다고 지속적으로 홍보한 결과 지금은 누구도 여기에 부정하기 어려운 지경이다. 그러나 잘못된 것은 잘못된 것이다. 12환국에서 밝혀진 것처럼 바이칼호는 환인의 건국 터전이 결코 아니다. 환국 건국 후 12환국의 일부 분국이 바이칼호 근처까지 이주하면서 터전을 삼게 되어 그 후손들이 지금까지 바이칼호 근처에 터전을 삼고 있는 것이다. 이 사실은 바로 파내류산의 해석을 통하여 증명된 것이다.

2) 천해이동지지天海以東之地의 장소와 기후

천해이동지지天海以東之地에서 천해天海를 바이칼호로 결정할 경우 동쪽땅을 지도로 살펴보자! 그럼 극동아시아의 북쪽 일부 지역으로 추정된다. 12환국의 위치를 설명하기에는 객관적으로 장소가 너무 협소하다.

춥고 척박한 땅으로 문명이 발달하기 전인 1만 년 전부터 12환국을 다스린 곳으로 터전을 잡기에는 너무나 동북쪽 끝으로 설정되어 있다.

---

50 오류誤謬 재생산再生産의 법칙法則은 최초의 잘못된 정보를 유지하기 위하여 새로운 오류 정보를 만들어 내는 법칙으로 현 역사학을 바라보는 필자의 생각이다.

황궁씨黃穹氏께서 1만 년 전에 수미산(곤륜산, 남천산, 남산)에서 천산주天山洲
로 이주할 당시에도 매우 춥고 위험한 땅이라 하였으니(북위 35°~43°) 더 북쪽
에 위치한 바이칼호(Baikal Lake)(북위 52°~56°)에서는 혹독한 추위에 문명이 발
달하기에는 너무나 춥고 생존을 위협받는 지역이다.

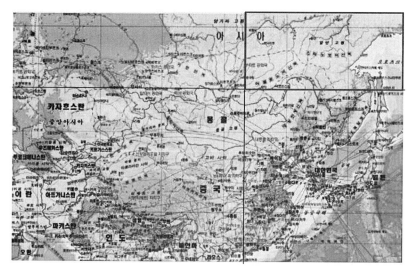

[그림 197] 바이칼호를 중심으로 천해의 동쪽땅을 살펴보면 너무나 협소하다. 과연 바이칼호가 천해
일까? 잘못된 연구는 오류를 지속적으로 재생산하여 근본을 바로잡는 데 몇백 년이 걸릴
수 있다. 발하슈호, 이지크쿨호, 아랄해가 천해라면 동쪽 땅이 이해가 간다.

② 북해北海 원동중 〈삼성기전 하편〉

≪환단고기≫〈삼성기전 하편〉에 기록되어 있는 '천해금왈북해天海今曰北
海'에 대해서 알아보고자 한다. 앞쪽에 나와 있는 '천해이동지지天海以東之地
를 역칭파내류지국亦稱波奈留之國이라.'에서 천해天海에 대해서 부연 설명으
로 '북해北海'라 하였다. 현재 ≪환단고기≫ 등 상고사를 연구하는 대부분의
사학자들이 천해, 즉 북해를 바이칼호 (Baikal Lake)로 결정하였다. 그러나 우

리 선조들이 살아 왔던 흑수黑水 및 천해, 북해는 바이칼호(Baikal Lake)가 아니다. 이제 구체적으로 북해에 대해서 지도 및 고증자료를 통하여 실제 위치를 찾아보고자 한다.

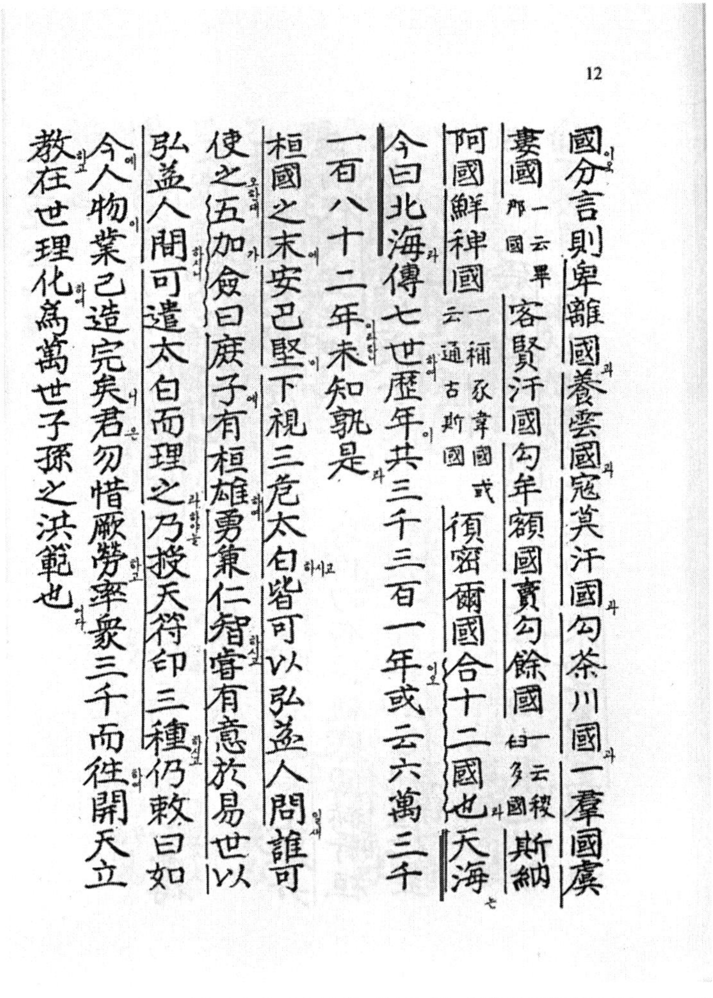
12

國分言則卑離國養雲國寇莫汗國勾茶川國一羣國虞婁國一云畢那國客賢汗國勾牟額國賣勾餘國一云稷臼多國斯納阿國鮮稗國一稱豕韋國一云通古斯國須密爾國合十二國也天海今曰北海傳七世歷年共三千三百一年或云六萬三千一百八十二年未知孰是

桓國之末安巴堅下視三危太白皆可以弘益人間誰可使之五加僉曰庶子有桓雄勇兼仁智嘗有意於易世以弘益人間可遣太白而理之乃授天符印三種仍敕曰如今人物業已造完矣君勿惜厥勞率衆三千而往開天立教在世理化爲萬世子孫之洪範也

[그림 198] ≪환단고기≫ 〈광오이해사본(1979년)〉 〈삼성기전 하편〉의 천해금왈북해天海今曰北海 자료

1) 천해天海는 어디인가?

임승국 교수 역주 ≪한단고기≫ 27쪽에 천해에 대한 측주에 '**천해: 바이칼호, 혹은 북해라 한다.**'라고 되어 있고, 전형배 단학회 회장 역주 ≪한단고기≫ 22쪽에 천해에 대한 측주에 '**천해天海: 북해 또는 밝카올明鏡湖이라고도 한다. 지금의 배액륵호拜額勒湖 즉 바이칼호**'라고 하였다. 이일봉 씨의 ≪실증한단고기≫ 33쪽에 '**천해天海는 고려시대의 북해北海라고 하였는데, 북해는 현재 몽고와 러시아 사이에 있는 바이칼 호수로 보는 것이 일반적이다.**'라 하였다.

원동중 〈삼성기전 하편〉에서 천해天海를 원동중 저자가 풀이하여 8천 년 후인 고려시대에 알고 있었던 북해北海가 천해天海일 것이라 설명하였다. 그러나 이 추정부터 바로 살펴야 한다.

천산은 백산이며, 파내류산이다. 이 천산에서 발원하는 이리하는 옛 이름이 흑수黑水이다. **이 흑수黑水가 흘러 들어가 호수를 이루니 이름하여 천산의 물이 모여 드는 호수湖水라 하여 천하天河, 천해天海, 북해北海라 불렀다.** 이 호수의 이름은 발하슈(Balkhash)호이다. 또한 천산의 물이 산 중턱에 모여 있는 곳을 천산천지天山天池)라 하여 연못 정도로 이해하여 명명하였다. 또한 천해天海는 북서쪽으로 흘러들어가니 방향으로 보면 북쪽에 있는 큰 호수, 즉 북해北海이다. 천해天海를 '왜 발하슈(Balkhash)호라고 부르게 되었는가?'에 대해서 생각해 보자!

우리 민족은 천산주天山洲로 이주하면서 천산에 터전을 정하고 환인씨의 나라 즉 광명의 나라, 환국을 건국하였다. 또한 파내류산이라 불렀다. 즉 하늘 산이라 하였으니, 하늘의 광명을 상징한다. '환하다. 밝다.'는 의미로 천산의 천지가 있는 봉우리를 '박격달봉(博格达峰, 해발 5445m) 즉 밝격달봉'이라고 명명하였다. 이 지명이 밝달산으로 불리게 되면서 한반도에도 박달산博達山 지명이 10개가 넘는다. 또한 북쪽에 있는 호수인 흑해黑海 서쪽 지역의 대산맥을 발칸산맥, 발칸산맥이 있는 반도를 발칸반도라고 하였다.

[도표 054] 광명光明을 상징하는 지명들

지명地名	한문, 영문표시	주요특징
박격달봉	博格达峰(밝달산)	천산천지 박달봉
박달산	Bakdalsan(博達山)	밝달산, 밝한산
발칸산맥	Balkan Mts	밝한산, 밝안산
발칸반도	Balkan Peninsula	밝한반도
발하슈호	Balkhash Lake	밝해
바이칼호	Baikal Lake	밝해
발해渤海)	Balk Sea	밝해, 밝해국

산과 더불어 호수는 더욱 인상이 깊은 곳이기에 이름을 명명하게 된다. 발하슈(Balkhash)호, 바이칼(Bailkal)호, 발해渤海는 공통적으로 '밝해', 즉 '광명의 바다', '광명의 호수'라는 뜻으로 이해할 수 있다. 한민족의 후손이라면 설명이 없어도 쉽게 그 뜻을 이해할 수 있을 것이다. 밝다는 밤이 지나고 환해지며 새날이 온다는 의미이며, '불빛이 환하다. 밝구나, 밝히다, 밝혀지다.'로 사용되고 있다.

2) 북해北海는 여러 가지 의미를 가지고 있다

북해北海에 대해서 세 가지 정도 해석하여 보았다.

첫째, 바다처럼 넓은 지역을 '해海'라고 하였다. 아래 지도에서 확인할 수 있다. '한해즉사막瀚海卽沙漠'이라 하여 바다처럼 넓은 곳을 '해海'의 개념을 사용하고 있다.

≪경판천문전도京板天文全圖≫는 18세기인 1780~90년 사이에 마군량(Ma Junliang)이 제작한 청나라지도이다. 이 지도에서 해海의 개념을 생각해 볼 필요가 있다. 즉 '한해즉사막瀚海卽沙漠'이라 하였다. 바다처럼 넓은 지역을 '해海'라 하였다. 옛부터 이르기를 '한해瀚海'라고 하였다. 즉 해海를 사막으로 바

다처럼 넓은 지역을 지칭할 때도 사용하였다는 것을 알 수 있다.

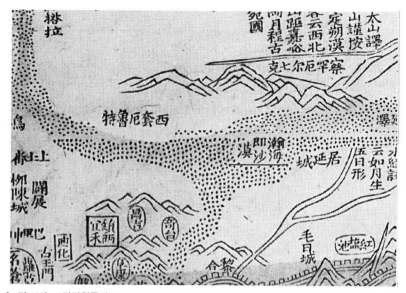

[그림 199] 《경판천문전도京板天文全圖》는 18세기인 1780~90년에 사이에 마군량(Ma Junliang)이
제작한 청나라 지도이다. Woodson Research Center, Fondren Library 소장. 한해즉사
막瀚海卽沙漠만 확대한 지도이다.

둘째, 북쪽 지역에 있는 바다처럼 큰 호수를 지칭할 수 있다. 이런 경우 초
원루트와 실크로드 북쪽으로 있는 발하슈(Balkhash)호를 생각할 수 있으며 환
국과 배달국 이후에 단군조선, 북부여시대에 이르러 동쪽으로 이주하면서
바이칼호(Baikal Lake)로 지명이 옮겨갈 수 있다. 천해天海이면서 북해北海인
곳은 천산산맥의 만년설이 녹아 내려 흑수黑水를 거쳐 바다처럼 천수天水를
담을 수 있는 곳은 발하슈(Balkhash)호이다. 후에 민족이동으로 지명도 옮겨
지게 된다. 아래 지도에서 북해北海가 2곳으로 그려져 있다.

첫 번째 북해北海는 바로 문제의 천산 북쪽에 그려져 있다. 바로 북해라고
기록되어 있다. 천산 북쪽에 큰 호수를 의미한다면 바로 발하슈(Balkhash)호
이다. 또한, 《사기史記》〈위장군표기열전 51衛將軍驃騎列傳51〉에 '등해변산
이망야(登海邊山以望海也: 해변의 산에 올라 바다를 바라 보았다.)에 대한 최호崔浩 색

은索隱에 이르기를 해海는 북해의 이름이다.' 라고 하였다.

두 번째 북해는 몽고국蒙古國 옆에 그려져 있다. 북해의 의미가 '북쪽의 큰 호수'라면 이번에는 바이칼호(Baikal Lake)로 생각할 수 있다.

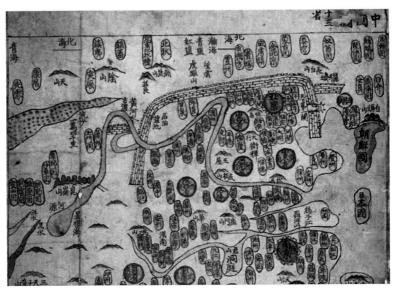

[그림 200] 중국도中國圖 십삼성十三省 지도는 현재 영국 대영박물관에서 소장하고 있으며, 명나라 시대에 제작된 것으로 추정하고 있다. 북해가 두 곳으로 기록되어 있다.

바이칼호는 북해로 지명이 이동되면서 천해天海로도 불린다. 북해의 2번째 유입경로에 대해서 구체적으로 나와 있는 지도가 있다. 앞 쪽에서 인용한 ≪경판천문전도京板天文全圖≫이다. 아래 ≪경판천문전도≫에 북유입북해北流入北海라 하여 북쪽으로 유입되는 북해라고 설명되어 있다. 북해로 유입되는 동쪽 지류인 토랄하土喇河는 외몽고 긍특산肯特山 서남쪽 기슭에서 발원한다. 다시 색릉격하色楞格河와 합류하여 북해로 합류한다. 색릉격하色楞格河는 지금의 셀렝게(Selenge)강이며, 셀렝게강은 바이칼호(Baikal Lake)로 합류한다. 그렇다면, 여기에서 이야기하는 북해는 우리 상고사에서 이야기하는 바이칼호(Baikal Lake)이다. 지명이 옮겨지게 된 것이다.

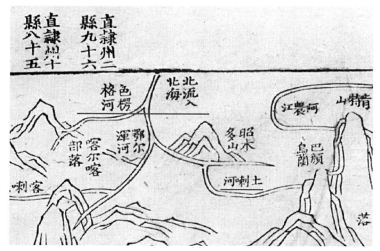

[그림 201] ≪경판천문전도≫는 18세기인 1780~90년에 사이에 마군량(Ma Junliang)이 제작한 청나라 지도이다. Woodson Research Center, Fondren Library 소장. 북유입북해(北流入北海)

즉 여기에서 북해는 바이칼호(Baikal Lake)임을 알 수 있다. 이렇게 역사기록에서는 두 개의 북해를 기록하고 있으나, 당초, 천해天海이면서 북해인 곳은 발하슈(Balkhash)호이다. 이 지도에서 북해라 기록하고 구체적으로 유입되는 강 이름을 토랄하土喇河, 색릉격하色楞格河등으로 기록한 것으로 보아 북쪽으로 흐르는 강물이 모여지는 바다처럼 큰 호수를 지칭하는 것으로 봐야한다.

셋째, 북극을 의미한다. 즉 북극해北極海 또는 북쪽 바다 를 말한다. 아래 지도는1663년에 제작된 ≪대명구변만국인적노정전도大明九邊萬國人跡路程全圖≫로 북해와 북극이 그려져 있다.

여기에서는 구체적으로 강 이름이 없으며 북쪽을 전체적으로 북해라 표시하고 그 이북의 지대를 북극으로 표시한 것으로 보아 북해를 지나 북극이 있다는 개념을 정립한 것으로 보인다. 이런 경우는 북해는 북극으로 흘러가는 호수 또는 바다처럼 넓은 지역으로 해석할 수 있다. 위 3가지 경우가 역사 기록에 혼재混在되어 있다. 결론은 천해天海는 발하슈호이다.

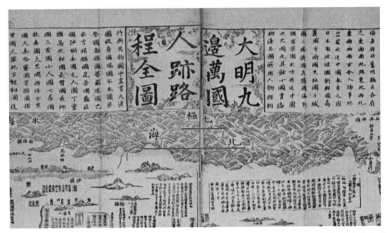

[그림 202] ≪대명구변만국인적노정전도大明九邊萬國人跡路程全圖≫는 청나라 초기인 강희제 2년인 1663년에 제작된 것이다.

③ 천해天海〈삼신오제본기〉

[원문原文]

河伯은 是天河人이니 那般之後也라
하 백　시 천 하 인　　나 반 지 후 야

七月七日은 卽那般渡河之日也니
칠 월 칠 일　즉 나 반 도 하 지 일 야

是日에 天神이 命龍王하여
시 일　천 신　　명 용 왕

召河伯入龍宮하고 使之主四海諸神하시나라.
소 하 백 입 용 궁　　사 지 주 사 해 제 신

天河는 一云天海니 今曰北海가 是也라
천 하　일 운 천 해　금 왈 북 해　시 야

天河注에 曰 天道는 起於北極故로 天一生水오
천 하 주　왈 천 도　기 어 북 극 고　천 일 생 수

是謂北水니 蓋北極水는 精子所居也니라
시위북수　개북극수　정자소거야

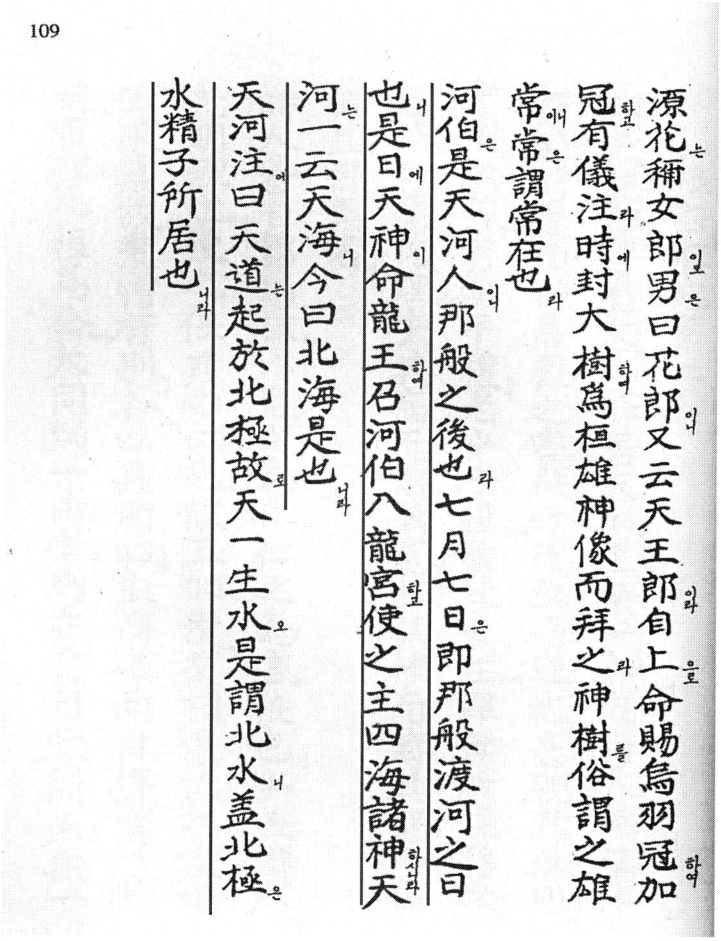
109

源花는 稱女郎이오 男은 曰花郎이니 又云天王郎이라 自上으로 命賜烏羽冠加하여
冠하고 有儀注라 時에 封大樹하여 爲桓雄神像而拜라 之神樹를 俗謂之雄
常애 常은 謂常在也라
河伯은 是天河人이니 那般之後也라 七月七日은 即那般渡河之日
也니 是日에 天神이 命龍王召河伯하여 入龍宮하고 使之主四海諸神하시니라 天
河는 一云天海니 今曰北海是也니라
天河注에 曰 天道는 起於北極이로 故天一生水오 是謂北水니 蓋北極은
水精子所居也니라

[그림 203] ≪환단고기≫ 광오이해사본(1979년) 〈삼신오제본기〉에 천하天河, 천해天海, 북해北海 자료

[해석解釋]

하백河伯[51]은 천하天河 출신 사람이다. 하백은 나반의 후손이다. 칠월칠일

51 하백河伯은 ≪포박자≫에 따르면 본래 이름(부족)이 풍이馮夷, 빙이氷夷였다고 기록하고 있

은 곧 나반께서 천하를 건너신 날이다. 이날 천신께서 용왕에게 명하시어 하백을 용궁으로 부르시어 사해의 모든 신을 주재하게 하셨다. 천하는 일설에 천해라고도 하는데, 지금의 북해이다. 천하주에 이르기를 천도는 북극에서 시작하는 고로 천일생수天一生水요, 이를 북수北水라 한다. 이 북극수는 생명의 씨앗이 있는 곳이다.

여기에서 하백河伯은 나반那般의 후손이다. 그런데 하백의 출신지는 천하天河라는 곳이다. ≪초학기初學記52≫卷6의 ≪여하백전與河伯牋≫에 이르기를 '(하백) 포사독이칭왕包四瀆以稱王, 총백천이위주總百川而爲主', 즉 '하백은 네 개의 큰 하천을 모두 아우르면서 왕이라 불리고, 모두 백여 개의 내를 주관했다.'라고 했다. 이는 하백께서 천하天河라는 곳에서 그 지역을 다스리는 왕이었다는 내용이다. 그런데 그 천하는 네 개의 큰 하천이 합수되고 있는 곳이다. 천하天河, 천해天海, 북해는 발하슈(Balkhash)호, 즉 파륵합십巴勒哈什이다. 여기에서 천하天河는 말 그대로 천해天海로 유입되는 하천을 말한다. 네 개의 유입 하천중에서도 가장 큰 하천인 이리하伊梨河 = 흑수黑水 = 일리강(Ili river)을 말한다. 그런데 유입되는 바다 같은 호수가 이름이 천해天海이기 때문에 후에 천하天河를 천해天海라고도 불렀다.

유입하천을 살펴보면 발하슈호는 **첫째로** 천산에서 발원하는 일리강(Ili river)이 있다. 일리강은 이리하伊梨河, 흑수黑水라고 불린다. 가장 큰 강이면서도 가장 많은 수량이 유입되고 있다. **두번째로** 중가리아언 알라타우(Dzungarian Alatau)산맥에서 발원하는 카라탈강(Karatal river)이 합류한다. 카라

다. ≪초학기初學記≫卷6의 ≪여하백전與河伯牋≫에 '하백河伯 포사독이칭왕包四瀆以稱王, 총백천이위주總百川而爲主', 즉 '하백은 네 개의 큰 하천을 모두 아우르면서 왕이라 불렀고, 모두 백여 개의 내를 주관했다.'고 기록되어 있다. 한국의 말기에 환웅桓雄께서 삼위태백三危太伯으로 이주하시면서 하백은 천하天河의 신에서 황하의 신으로 전설화된다.

52 ≪초학기初學記≫는 중국 당唐나라의 서견徐甄 등이 편찬한 백과사전류의 책이다. 30권 분량으로 고금의 시문을 전거典據로 하여 23부 31항목으로 분류, 배열하였다. 원래는 시문을 작성하기 위한 참고로 편찬하였으나, 인용이 많아 학문연구상 중요한 자료가 되었다.

(kara)는 북쪽 또는 검정, 흑색을 의미하며. 탈(tal)은 초원을 의미한다. 즉 북쪽 초원에서 흘러들어오는 강黑水이란 의미이다. 이처럼 중앙아시아지역에 북쪽으로 흐르는 강에 대한 이름이 흑수라고 많이 이름지어 명명하였다. **세번째로** 레프사강(Lepsi river)과 서쪽으로 흘러간다는 의미로 백수白水의 뜻을 가진 '화이트 워터(White Water)'인 아크수강(Aksu River), 즉 아극소하阿克蘇河가 합류되어 발하슈호로 흘러 들어간다. 타림분지에서 발원하여 신장 자치구 아극소阿克蘇 지역을 경유한다. 수원의 근원지는 두 군데 이나 합류되는 지점에서 삼각주를 이루면서 강이 하나로 합해져서 발하슈호에 합류한다. **네번째**로 유입되는 강은 아야구즈강(Ayakoz river)으로 북쪽에서 합류된다.

인류는 하천河川과 호수를 끼고 고대로부터 생활 터전을 삼아 왔던 것이 여러 문명의 흔적에서 정확하게 살펴볼 수 있다. 여기에서 천하天河는 이리하伊犁河이다. 천산에서 발원하여 북으로 흐른다고 하여 흑수黑水라 하였으며, 또한 천산의 물이 흐른다 하여 천하天河라 하였으며, 천산의 물인 천하天河가 흘러들어가 바다처럼 큰 호수를 이루니 천해天海라 하였다.

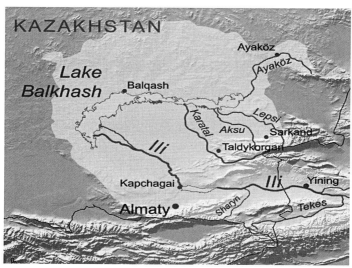

[그림 204] 발하슈호는 일리(Ili)강, 카라탈(karatal)강, 레프사(lepsi), 아크수(aksu)강, 아야구즈(ayakoz)강 등의 하천이 유입된다.

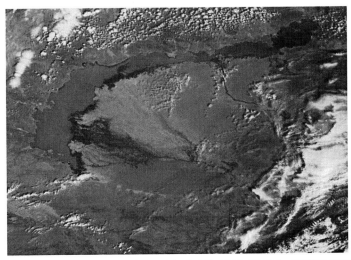

[그림 205] 발하슈호를 인공위성으로 살펴본 사진, 네 개 강이 합류지점에서는 삼각주를 이루면서 합류된다. 레프사강과 아크수강이 하류에서 삼각주를 이루면서 한 개의 강으로 합수되어 합류된다.

④ 천해天海 〈태백일사〉 〈환국본기〉

[원문原文]

三聖密記에 云호대 波奈留之山下에
삼 성 밀 기   운   파 내 류 지 산 하

有桓仁氏之國하니
유 환 인 씨 지 국

天海以東之地를 亦 稱波奈留之國也라
천 해 이 동 지 지   역 칭 파 내 류 지 국 야

其地廣이 南北五萬里오
기 지 광   남 북 오 만 리

東西二萬餘里니 摠言桓國이오
동 서 이 만 여 리   총 언 환 국

[해석解釋]

삼성밀기에 이르기를 파내류산(하늘산, 天山) 아래에 환인씨의 나라가 있으니, **천해**의 동쪽 땅이라. 또한 칭하기를 파내류국(하늘나라, 天國, 桓國)이라. 그 땅의 넓이는 남북으로 5만 리요, 동서로 2만여 리이니 통틀어 환국이라 했다.

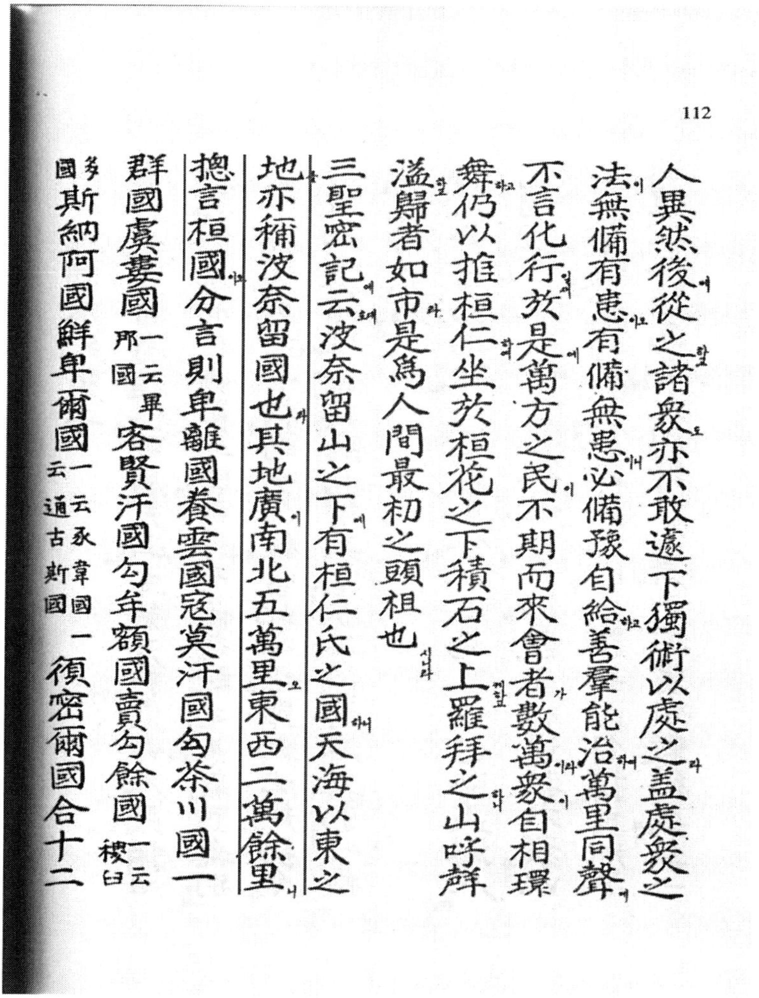

112

人異然後從之諸衆亦不敢遠下獨術以處之盖處衆之
法無備有患有備無患必備豫自給善羣能治萬里同聲
不言化行衣是萬方之民不期而來會者數萬衆自相環
舞仍以推桓仁坐扵桓花之下積石之上羅拜之山呼舞
溢歸者如市是爲人間最初之頭祖也
三聖密記云波奈留山之下有桓仁氏之國天海以東之
地亦稱波奈留國也其地廣南北五萬里東西二萬餘里
摠言桓國分言則卑離國養雲國寇莫汗國勾茶川國一
群國虞婁國一云畢那國客賢汗國勾牟額國賣勾餘國一云稷臼
國多斯納阿國鮮卑爾國一云豕韋國一云通古斯國一須密爾國合十二

[그림 206] ≪환단고기≫ 광오이해사본(1979년) 〈환국본기〉의 천해天海 자료

원동중 〈삼성기전 상편〉과 〈태백일사〉〈환국본기〉의 내용은 동일하다. 단 고기古記가 ≪삼성밀기三聖密記≫라는 것을 구체적으로 설명하고 있는 점만 다르다.

사서의 기록은 당초에는 천하天河로 기록되어 있었고, 후에 천해天海라 하였으며, 장소를 찾기 위하여 북해라 하였다.

⑤ 천하天河 〈태백일사〉〈신시본기神市本紀〉

[원문原文]

自桓雄天皇으로 五傳而有太虞儀桓雄하시니
자 환 웅 천 황   오 전 이 유 태 우 의 환 웅

敎人에 必使默念淸心하사 調息保精하시니
교 인   필 사 묵 념 청 심   조 식 보 정

是乃長生久視之術也라.
시 내 장 생 구 시 지 술 야

有子十二人하시니 長曰多儀發桓雄이오
유 자 십 이 인   장 왈 다 의 발 환 웅

季曰太皞니 復號伏羲라.
계 왈 태 호   부 호 복 희

日夢三神이 降靈于身하사 萬理洞徹하시고
일 몽 삼 신   강 령 우 신   만 리 통 철

仍徃三神山하사 祭天하시고 得卦圖於天河하시니
잉 왕 삼 신 산   제 천   득 괘 도 어 천 하

[해석解釋]

환웅천황으로부터 5세를 전하니 태우의환웅이셨다. 사람들을 가르치심에 반드시 생각을 고요히 하고 맑은 마음이 되도록 시키시고 호흡을 고르게

하여 정을 보존케 하니, 이것이 바로 장생구시의 법술이라.

아들들은 12명을 두셨는데, 장자는 다의발환웅이시며, 막내아드님은 태호太皞이시니 복희伏羲라고 불렀다.

삼신산三神山에 가시어 하늘에 삼신께 천제를 지내시고 **천하天河**에서 괘도卦圖를 받으셨다.

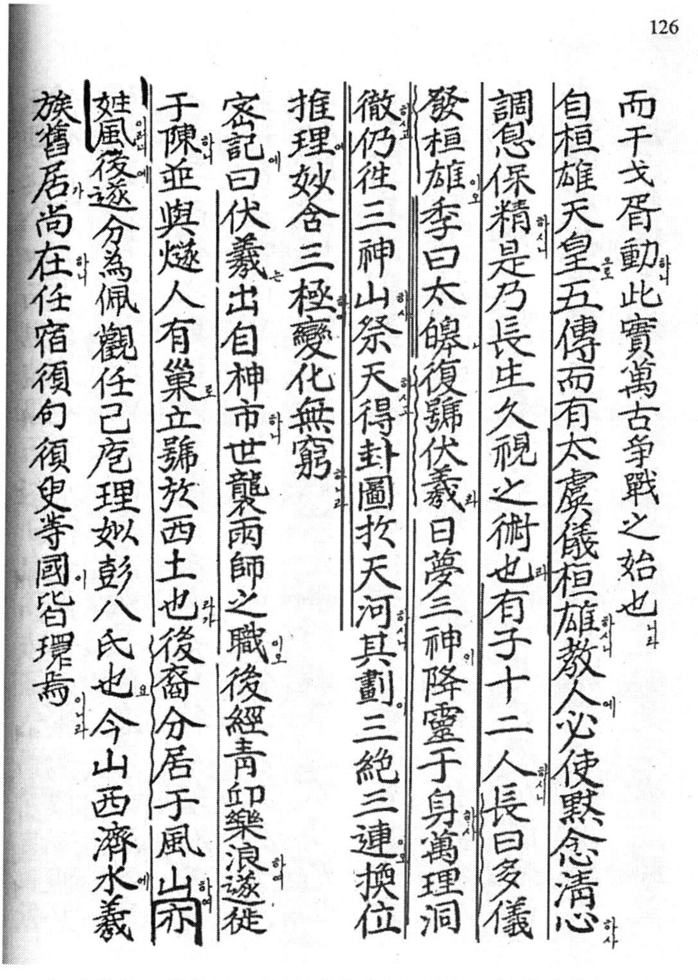

126

而干戈胥動此實萬古爭戰之始也

自桓雄天皇五傳而有太虞儀桓雄敎人必使黙念淸心

調息保精是乃長生久視之術也有子十二人長曰多儀

髮桓雄季曰太皞復號伏羲曰夢三神降靈于身萬理洞

徹仍往三神山祭天得卦圖扵天河其劃三絕三連換位

推理妙合三極變化無窮

密記曰伏羲出自神市世襲兩師之職後經靑邱樂浪遂徙

于陳並與燧人有巢立號扵西土也後裔分居于風山

姓風後遂分爲佩觀任己庖理如彭八氏也今山西濟水羲

族舊居尚在任宿須句須臾等國皆羲爲

[그림 207] 《환단고기》 광오이해사본(1979년) 〈신시본기〉의 천하天河 자료

[도표 055] 태호복희씨 관련 자료 정리

성명 姓名	성姓은 풍산風山에서 살아 풍씨風氏 이름은 방아方牙, 태호복희씨太皞伏羲氏
시대 時代	BC 3528~BC 3413년(재위 115년) 제사일 음력 3월 18일
혈통 血統	배달국 5대 태우의환웅太虞儀桓雄 12번째 아들, 태호복희씨太皞伏羲氏, 포희庖羲씨
탄생지	신시神市에서 출생 - ≪환단고기≫ 구이九夷에서 출생 - 남송 나필 ≪노사≫ 감숙성甘肅省 성기成紀 - 황보밀 ≪제왕세기≫, 사마정 ≪삼황본기≫
직책	배달국-우사雨師, 진왕陣王
업적	시획팔괘始劃八卦 - 괘대산卦臺山 하도-용마河圖龍馬 - 천하天河, 황하 혼인제도婚姻制度, 성씨제도姓氏制度
유적지	- 감숙성 천수天水시 복희묘- 출생 - 감숙성 괘대산卦臺山 - 시획팔괘 - 하남성 회양현 - 천하제일묘, 진陣도읍 - 하남성 낙양시 맹진현 - 용마부도사 - 하북성 신락시 인조묘人祖墓 - 산동성 어대현, 現, 미산微山현 복희묘 - 산동성 제수濟水, 現, 제녕시濟寧市
유물	- 신강성 투르판吐魯番 분지 - 산동성 가상현 - 무량사
후손	패佩, 관觀, 임任, 기己 포苞, 리理, 사姒, 팽彭

태호복희씨 관련 유물로 복희여와도伏羲女媧圖가 중국 신강성 위구르 자치구에서 발견되어 대한민국 국립중앙박물관[53]에 소장되어 있다. 아래는 지도가 발견된 장소이다. 환국의 천산산맥 근처에서 발견된 것이다.

---

53 국립중앙박물관 소장품번호 본관-004027-000, 크기 79.0 x 189.0cm, 또 하나의 복희여와도가 있다. 본관-004178-002, 크기는 219.0 x 94.0cm

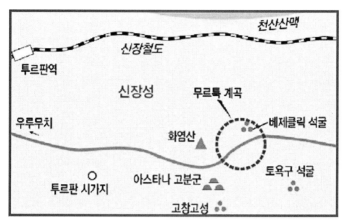

[그림 208] 투르판현吐魯蕃縣 아스타나阿斯塔那 고분군, 여기에서 아스타나阿斯塔那는 아이사타와 사타리아의 명칭이다.

　　중국 신강성 위구르 자치구維吾爾自治區 투르판현吐魯蕃縣 아스타나阿斯塔那 고분군에서 발견되었으며 7세기에 제작된 복희여와도伏羲女媧圖이다. 투루판 아스타나阿斯塔那의 묘실 천정에 부착되어 있었다. 복희여와도는 이미 전한대前漢代 석실묘石室墓의 화상석畫像石에도 나타난다. 그러나 이와 같이 독립된 화면에 복희여와도를 인물화로 구성한 예는 중국 내륙에서도 아직 출토된 예가 없다.

　　여기에서 천하天河는 어디인가? 하백河伯의 출생지가 천하天河이며, 3,300여 년 동안 환국의 터전인 천하天河였다. 복희伏羲씨의 업業이 우사雨師였기 때문에 천하天河의 변화를 세세하게 관찰하였을 것이다. 천하天河는 천산산맥에서 기원하는 이리하이다. 천산산맥과 이리하(伊犁河, 흑수, 천하), 발하슈(Balkhash, 천해, 북해)호를 기반으로 하던 환국이 배달국으로 분거하면서, 황화黃河 유역으로 남하하게 된다. 또한 중앙아시아 지역으로도 이주하게 된다. 환국지역 터전에도 지속적으로 북방민족으로 불리는 환국의 백성들이 남아 있었던 것이다. 이러한 이주 과정에서 산하山河에 대한 이름이 같이 옮겨지게 된다. 환국의 말기에 환웅께서 태백산으로 이주하시면서 하백도 천하의 신에서 황하의 신으로 전설화된다. 황하 유역으로 이주한 사람들은 황하를

[그림 209] 중국 신강성 위구르자치구維吾爾自治區 투르판현 아스타나에서 발견되었으며 7세기에 제작된 복희여와도伏羲女媧圖이다 왼쪽은 소장품번호 본관本館-004027-000, 오른쪽은 본관本館-004178-002 이다.

[도표 056] 환국과 배달국의 주산, 주강, 주도 변화

구 분	환국桓國	배달국倍達國
통치자	환인桓因	환웅桓雄
주산	백산白山 천산	태백산太白山
천하天河	이리하 흑수黑水	황하
천해天海	발하슈호 천해天海	바이칼호 북해北海
수도首都	아이사타 사타리아	신시神市
부족部族	구환족	구이족九夷族

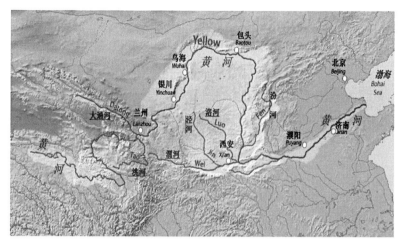

[그림 210] 곤륜산맥에서 발원하는 황하는 5,464km의 강줄기이다. 곤륜산맥에서 물줄기가 형성되어 흐르다가 조하洮河가 합류되며, 이어서 대통하大通河가 합류된다. 위하渭河, 경하涇河, 낙하洛河가 합류되어 흐르다가 서안西安 근처에서 황하에 합류된다. 분하汾河가 추가로 합류되면서 황해黄海로 흘러 들어간다.

천하天河라 불렀다.

위 기록에서 천하天河는 결론적으로 이리하伊犁河이거나 황하일 것이다. 복희伏羲씨의 탄생지인 구이九夷족 배달국의 수도인 신시神市이며, 중국 측 사료로 보면 감숙성甘肅省 성기成紀, 오늘날의 감숙성 천수天水시이다. 이곳에서 탄생하시고 성장하셔서 구환족의 고향 성산인 '삼신산三神山에 가시어 하늘의 삼신께 천제를 지내시고 **천하天河**에서 괘도卦圖를 받으셨다.'는 기록에서 삼신산은 천산이며 천하는 이리하이거나 천해天海이다.

≪환단고기≫ 〈삼신오제본기〉의 아래 기록에 의하면 삼신산은 산 세 곳을 의미하는 것이 아니라, 우주의 조화성신造化聖神인 삼신께 천제天祭를 봉행奉行하고 기도하는 신성한 산을 삼신의 산이라 하여 삼신산이라 하였다는 기록이다.

三神山이 爲天下之根山이니
삼 신 산　위 천 하 지 근 산

以三神名者는 盖自上世以來로
이 삼 신 명 자　개 자 상 세 이 래

咸信三神이 降遊於此하사
함 신 삼 신　강 유 어 차

化宣三界三百六十萬之大周天하시니
화 선 삼 계 삼 백 육 십 만 지 대 주 천

[해석解釋]

　삼신산은 천하의 근본이 되는 산이다. 삼신산이라 이름한 까닭은 대개 상
고 세상 이래로 삼신께서 그 산에 계시다고 믿어 왔으며, 그 산으로 내려오셔
서 유세하시면서 조화를 부리시고 덕을 삼계三界의 삼백육십(360)만 천하에
두루 베푸신다고 믿어왔기 때문에 삼신산三神山이라 이름하였던 것이다.

　위에서 언급한 것처럼 삼신산은 천하의 근본이 되는 산을 말한다. 그러나
후세에 이르러 이러한 근본사상을 잊어버리고 삼신산을 세 개의 산으로 생
각하고 명명하였다. 우리 구환족의 백성들이 삼신산으로 생각하고 천신天神
께 천제를 봉행해온 산을 시대별로 정리하여 보면 다음과 같다.

[도표 057] 삼신산三神山의 시대별 인식 변화 도표

시대	삼신三神산	오악五嶽
마고성麻姑城 시대	수미須彌산 現, 곤륜崑崙산	
환국桓國	백산, 천산 파내류산	
배달국 倍達國	섬서陝西 태백산	

시대	삼신三神산	오악五嶽
단군조선 檀君朝鮮	섬서 태백太白산 산서 태백太白산 백두白頭산	
북부여北夫餘 고구려高句麗 발해渤海	백두白頭산	
백제百濟	두승斗升산 방장方丈산 변邊산	
신라新羅	금강金剛산 지리智異산 한라漢拏산	토함吐含산 계룡鷄龍산 태백太白산 지리智異산 부악父岳산
고려高麗54	금강金剛산 지리智異산 한라漢拏산	지리智異산 북한北漢산 송악松嶽산 비백飛白산
조선朝鮮55	금강金剛산 지리智異산 한라漢拏산	백두白頭산 금강金剛산 묘향妙香산 지리智異산 북한北漢산
중국56	봉래蓬萊산 방장方丈산 영주瀛州산	태산泰山 화산華山 형산衡山 항산恒山 숭산嵩山

삼신산에서 삼신께 천제를 지내는 풍습은 언어와 풍습으로 삼신하느님,

---

54 고려는 사악四岳으로 모셨다.
55 호남湖南의 삼신산三神山이라 하여 두승斗升산, 방장方丈산, 변邊산을 말한다.
56 ≪한서漢書≫ 〈교사지郊祀志〉

삼신할미, 삼세번 등등 많이 남아 있다. 삼신三神사상이 중국의 도교道敎로 잘못 전해지게 되어 천하의 근본산을 지칭하였으나 세 개의 산으로 잘못 알려지게 되었다. 그 잘못된 사상이 다시 근본을 잊어버린 우리 민족에게 전파되어 세 개의 산을 선정하여 삼신산이라 불렀다. 삼신산은 '백산, 천산 → 섬서陝西성 태백太白산 → 산서山西성 태백산 →백두白頭산'으로 변천되었다.

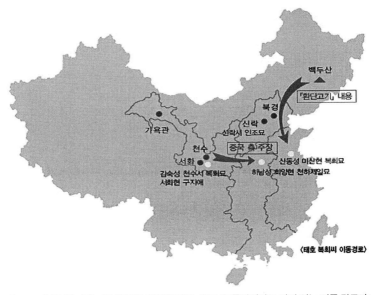

[그림 211] 태호복희씨의 이동 경로를 설명한 자료. 중국 측 주장이라고 되어 있는 이동 경로가 역사 진실이다. 백산은 백두산이 아니다.

오류誤謬 재생산再生産의 법칙法則은 앞에서 언급했지만 잘못된 추정이 또 다른 잘못을 생산해내는 것을 말한다. 위 지도에서 최초의 잘못된 추정은 바로 '흑수백산黑水白山'에서 흑수를 흑룡강, 백산을 백두산으로 잘못 추정한 결과이며, 또한 삼위태백에서 태백산을 백두산으로 잘못 추정한 결과이다. 흑수는 북쪽으로 흐르는 강으로 천산에서 북쪽으로 흐르는 이리하伊梨河이며, 백산은 천산의 옛 이름이다. 또한 태백산은 말 그대로 섬서성陝西省의 태백太白산이다. 태백산 옆에 천수天水시가 있으며 옆 도시가 바로 서안西安시이며 배달국 신시이다.

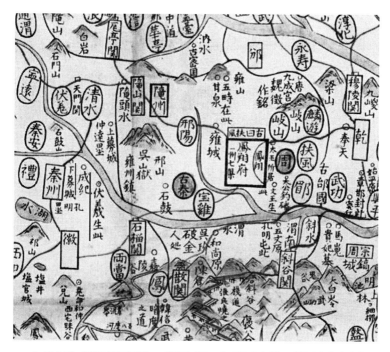

[그림 212] 1785년에 제작된 ≪대청광여도≫에 기록되어 있는 태호복희씨 탄생지

위 지도는 1785년에 제작된 ≪대청광여도大淸廣輿圖≫이다. 확대한 지도 중간에 성기成紀와 더불어 복희생지伏羲生地라고 기록되어 있다. 오른쪽으로 강 줄기를 따라 이동하면 서안西安 서쪽으로 태백太白산이 그려져 있다. 섬서陝西성의 태백산이다. 천산쪽으로 이동하면 삼위산三危山도 지도에 그려져 있다. 환국에서 구환족의 새로운 개척지로 이동할 때 삼위태백三危太白으로 이주하여 삼위三危에는 반고가한이 태백太白산에는 배달국 신시 환웅천황께서 터전을 삼았던 곳이다.

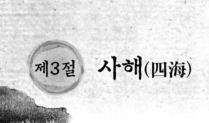

제3절 사해(四海)

고대 상고사에서 생존의 법칙은 산과 강이었다. 특히 강은 생존의 유일한 장소였다. 중앙아시아 지역에 내륙의 바다처럼 큰 호수들이 많이 형성되어 있다. 이는 문명의 발생에 필수조건인 일산일수一山一水를 의미한다. ≪환단고기≫ 기록에 천하天河와 천해天海가 소개되어 있고, 특히 사해四海에 대한 기록이 있다. 사해四海에 대해서 상세하게 살펴보고자 한다.

[도표 058] 사해四海 기록

사서史書	기록	비고
환단고기 삼신오제본기	사해四海	
환단고기 신시본기	사해四海	

'사해동포四海同胞, 사해四海백성, 사해四海 내는 형제'라는 고유명사들이 보편적인 언어로 사용되고 있다. 이렇게 고유명사로 자리잡기까지는 역사적인 사실에서 근거하였던 것이다.

① 사해四海 〈삼신오제본기三神五帝本紀〉

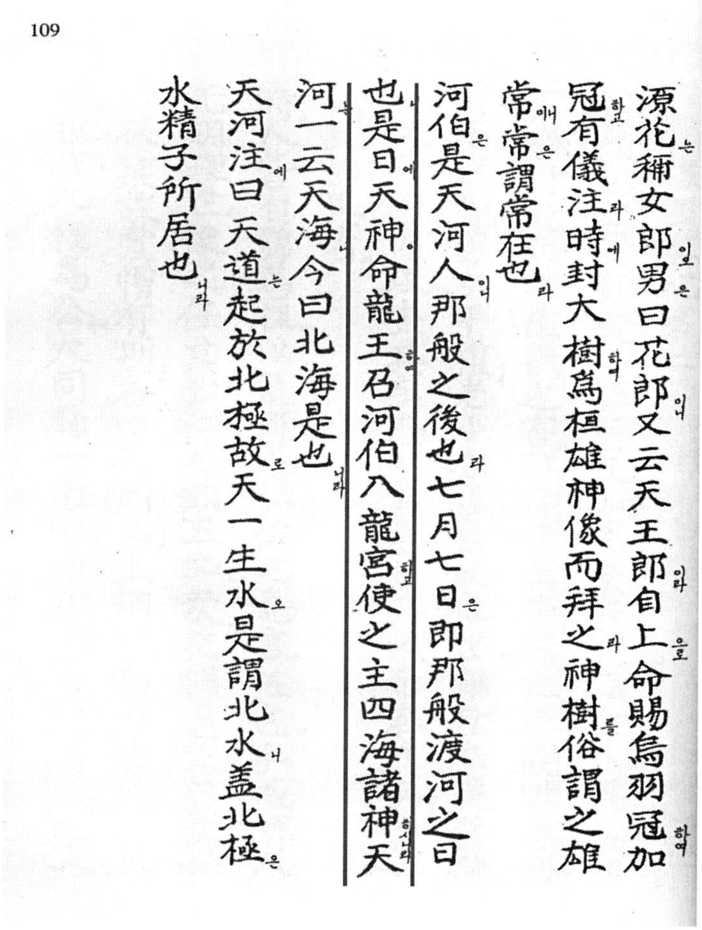
109
源花는 稱女郎이오 男曰花郎이니 又云天王郎이라 自上命으로 賜烏羽冠하여 加
冠有儀하고 注라 時에 封大樹하여 爲桓雄神像而拜之라 神樹를 俗謂之雄
常이니 常은 謂常在也라
河伯은 是天河人이니 那般之後也라 七月七日은 卽那般渡河之日
也니 是日에 天神이 命龍王하여 召河伯하고 八龍宮使之主四海諸神하시니라 天
河는 一云天海니 今曰北海是也니라
天河注에 曰 天道는 起於北極故로 天一生水오 是謂北水니 蓋北極은
水精子所居也니라

[그림 213] ≪환단고기≫ 광오이해사본(1979년) 〈삼신오제본기〉의 사해四海 자료

[원문原文]

河伯은 是天河人이니 那般之後也라
하 백 　 시 천 하 인 　 　 나 반 지 후 야

七月七日은 卽那般渡河之日也니
칠 월 칠 일 　 즉 나 반 도 하 지 일 야

是日에 天神이 命龍王하사
시 일　　천 신　　명 룡 왕

召河伯入龍宮하여　使之主**四海**諸神하시니라.
소 하 백 입 용 궁　　사 지 주 사 해 제 신

[해석解釋]

　　하백河伯은 천하天河 출신 사람이다. 하백은 나반의 후손이다. 칠월칠일은
곧 나반께서 천하를 건너신 날이다. 이날 천신께서 용왕에게 명하시어 하백
을 용궁으로 부르시어 **사해四海**의 모든 신을 주재하게 하셨다.

　　위 내용으로 살펴보면 현재 우리가 국어사전에서 알고 있는 사해四海[57]의
뜻은 온 세상이란 뜻으로 사용하는 명사이다. 그러나 위 글에서는 용궁龍宮
과 용왕龍王이 언급되는 것으로 보아, 큰 바다를 의미한다.

　　조선시대에는 사해를 강원도 양양군 동해, 전라남도 나주군의 남해南海,
황해도黃海道 풍천군豐川郡의 서해西海, 함경북도咸鏡北道 온성군穩城郡의 북해
北海: 백두산에서 온성穩城을 지나 녹둔도로 흐르는 바다로 지정해서 제사를
봉행하였다.

　　환국시대에는 천산 일대에서 거주하였으므로 한반도의 사해四海와는 전
혀 다른 조건이었다. 천산지역에는 바다가 없었다. 그러나 용궁과 용왕이 언
급되어 있어 바다가 아니라면 큰 호수를 생각해야 한다. 천산산맥 지역은 바
다는 없어지만 바다처럼 큰 호수가 있었다. 바로 천해天海이다. 천해는 현재
의 발하슈(Balkhash)호이다. 바다처럼 짠물이면서, 길이가 한반도의 절반 정
도이다. 북쪽에 있는 바다라고 하여 북해라고도 하였다. 두번째로 천해에서
조금 남하하면 천산산맥 중턱에 있는 바다 같은 짠물이 있는 열해熱海가 있
다. 지금의 이시크쿨(Lssykkul)호이다. 넓이가 무려 제주도의 3.5배이고 염호

57　국어사전에는 '온 세상, 사방의 바다'로 설명되어 있다.

이니 바다라고 생각할 수 있다. 세번째로 천산산맥에서 발원한 시르다리야 강과 아무다리야강이 흘러가 바다처럼 큰 호수를 이루니 바로 함해(鹹海)이다. 지금의 아랄해(Aral sea)이다. 네번째로 볼가강에서 합류하여 바다처럼 큰 호수 인 리해里海가 있다. 지금의 카스피해(Caspian Sea)이다. 위 네 개의 바다를 사 해四海라 하였다. 후에 구환족이 서아시아로 더 진출하면서 북쪽에 있다고 하여 흑해(黑海, Black Sea)라고 하였으며, 남쪽에 있다고 하여 홍해紅海라고 하 였으며, 땅들의 가운데에 있다 하여 지중해地中海라고 하였다. 중동지역으로 이주하면서 천해와 열해를 빼고 **아랄해, 카스피해, 흑해, 지중해**를 사해四海 라고도 하였다.

[도표 059] 중앙아시아 지역 사해四海와 바이칼호

이름	호수모양	주석
발하슈호 Balkhash L (파륵합십, 巴勒哈什) 천해天海		천산산맥발원 이리하黑水 천하天河 천해天海 북해北海
이시크쿨호 Lssyk kul L (이새극호, 伊塞克湖 열해熱海		천산산맥발원 열해熱海 겨울에 얼지 않는다. 80개 하천 유입
아랄해 Aral Sea 함해鹹海	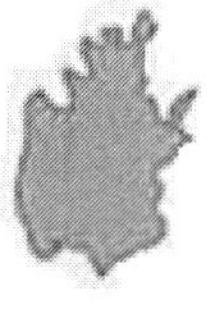	천산산맥발원 시르다리야강 아무다리야강
카스피해 Caspian Sea 리해里海		볼가강 합수 남쪽은 실크로드 테헤란

이름	호수모양	주석
흑해黑海 Black Sea		크림반도 터키
바이칼호 Baikal Lake (패가이호, 貝加爾湖		북해北海 북극으로 유입 셀렝가 강 입수 앙가라강 출수

② 사해四海 〈신시본기〉

≪환단고기≫ 〈신시본기〉에 환국의 말기에 웅족熊族과 호족虎族의 정착 과정이 소개되어 있다. 이 자료에 사해四海가 언급되고 있다.

[원문原文]

熊이 乃許之하시고 使之奠接하사 生子有産하시고
웅   내 허 지   사 지 전 접   생 자 유 산

虎는 終不能悛하야 放之四海하시니
호   종 불 능 전   방 지 사 해

桓族之興이 始此하니라.
환 족 지 흥   시 차

[해석解釋]

웅족熊族이 간청하신 사항을 환웅桓雄께서 이내 허락해 주시고 사람들이 모여 살 수 있도록 살 곳을 정해 주시고 자식들을 낳고 재산을 가질 수 있도록 하셨다. 그러나 호족虎族은 끝내 성품을 고치지 못하였다. 이에 사해四海 밖으로 추방하였다. 환족의 흥성함이 이때부터 시작되었다.

여기에서도 사해四海가 소개되고 있다. 환국 말기이니 천산산맥 일대의 사해 지역에 구환족이 분포하고 있었으며 호족을 다른 지역으로 추방하였다는 기사이다.

중앙아시아 지역에 대한 역사 기록은 한나라 시대와 당나라 시대에 전쟁 기록으로 잘 나와 있다. 특히 당나라 시대에는 고구려 출신 고선지 장군이 중앙아시아를 원정하게 되면서 기록으로 남아 있다. 741년 천산산맥 서쪽의 파미르 달해부達奚部가 당唐에 반기를 들고 북상하자, 고선지는 2천의 기병을 이끌고 토벌에 나서서 진압하였다 사해四海 지역을 평정한 것이다.

[그림 214] 고선지 장군의 원정도. 중앙아시아 문명의 4대 바다가 보인다. 천해, 열해, 함해. 리해이다. 즉 사해이다. 사해 지역을 따라 실크로드의 핵심 도시인 사마르칸트를 중심으로 타슈켄트, 카르가슈, 알마아티 지역은 문명의 발생지이다.

2차정벌은 파미르 고원(Pamir Mountains)을 넘어 힌두쿠시(Hindu Kush)산맥의 동쪽, 연운보連雲堡에서 티베트吐蕃와 파키스탄 북부 소발률小勃律을 점령했다. 3차는 사마르칸트의 갈사국과 4차는 타슈켄트의 석국을 정벌하였으며, 탈라스전투에서 이슬람군대에게 패한다.

1) 천해天海 발하슈(Balkhash)호

천산산맥의 눈이 녹아 이리하伊梨河, 즉 흑수黑水를 이루어 발하슈(Balkhash)호, 즉 파륵합십巴勒哈什으로 흘러들어간다. 이 강과 호수 부근을 터전으로 삼았던 구환족은 천산산맥을 배경으로 환국을 건국(BC 7197년)하여 7대 3301년 간 지속되다가 환웅천황桓雄天皇께서 BC 3897년에 삼위태백三危太伯 아래 신시배달국神市倍達國을 열고 1565년 간 중국 내륙에서 터전을 삼고 살아오셨다. 후에 화족華族과의 지속적인 분쟁으로 그 터전을 중국대륙 동해안으로 이동하였으나, 점차 북경 지역으로 이동하고, 요서, 요동으로 이동하여 만주 지역과 한반도 지역으로 삶의 터전을 이동하였다.

9,000년 전 문명이 발달하기 전에는 강과 호수를 기반으로 삶을 영위하지 않을 수 없었다. 천산산맥 주변에 있는 강과 호수는 구환족의 터전이었다. 환인께서 천산을 주산으로 삼으시고 건국하셨으나, 점차 인구가 증가하여 아홉 형제들에게 각각의 부족들을 분가하여 구환족으로 나누어져 삶을 영위

[그림 215] 발하슈호天海, 이리하伊梨河 등 네 개의 큰 강이 합류되며 출수出水는 없다. 이리하는 천하天河, 발하슈호는 천해天海이다.

[그림 216] 발하슈호는 그 크기가 바다이다. 한반도의 절반에 해당하며, 물이 많을 때에는 지금보다 2배의 물이 고이게 되어 내륙해가 된다.

하게 된다. 이때 천산 주변에 있는 강과 호수 근처로 터전을 삶게 되었다. 천산산맥은 중앙아시아의 대산맥이다. 한반도 크기보다 더 큰 산맥으로 설산에서 녹아 내리는 빙하수가 모여 강을 이루고 강이 흘러 발하슈호天海, 이시크쿨호熱海, 아랄해鹹海를 이룬다.

2) 이시크쿨(Lssyk-kul)호, 열해熱海

천산산맥의 기슭에 여러 나라가 터전을 잡고 있다. 키르기스스탄(kyrgyzstan)은 천산산맥 서쪽에 있는 나라이다. 중국과 천산산맥을 국경으로 삼고 있다. 이 나라에는 천산산맥의 빙하가 녹아 내리는 빙하수의 영향으로 전국에 무려 1,900여 개의 호수가 있다. 그 중 제일 큰 호수는 해발 1,600m에 위치한 이시크쿨(Lssyk-kul)호이다. 넓이가 제주도의 3.5배이니 산속에 떠 있는 바다이며, 천산산맥의 바다 같은 호수이니 이름하여 '하늘 바다', 즉 천해天海이다. 이 호수물은 바닷물처럼 짠 염호鹽湖이다. 이시크쿨호는 어떤 혹한에도 어는 일이 없다. 키르기스어로 '뜨거운 호수'라는 뜻이다. 수심 702m의 호수 바닥에서 뜨거운 온천수가 솟는다. 그래서 **열해**熱海라고도 부른다. 이시크 쿨호는 아랄해의 10분의 1 크기이지만 수량은 아랄해의 2배나 많다. 깊은 수심 때문이다. 이 호수로는 80여 개의 강이 흘러들지만, 물이 나가는 데가 없다.

천산산맥의 빙하에서 녹아내린 청정수와 호수 바닥에서 끓어오른 미네랄 온천수가 조화를 이루어 병치료에 효험이 있는 약수로도 유명하다. 키르기스스탄(kyrgyzstan)은 국토의 90%가 해발 1,500m 이상의 고산지대이며, 3분의 1이 만년설에 덮여 있다. 또한 실크로드의 이동 경로에 있어 여러 부족이 삶의 터전으로 삼아왔다. 혹한에도 얼지 않아서 겨울이 추운 천산산맥 기후에도 생활하기에 좋은 터전이다.

이시크쿨호는 겨울에는 결빙되지 않는 열해熱海이다. 즉 사람이 거주하기에 좋은 조건이다. 이 이시크쿨호 주변 작은 도시 **촐폰아타**(Cholpon Ata)에 수백 개의 암각화가 있다. 이시크쿨역사국립박물관(Lssyk-Kul Historical State Museum)이란 이름으로 자연 그대로 보존되고 있다.

[그림 217] 해발 1,600m에 위치한 이시크쿨(Lssyk-kul)호의 전경이다. 멀리 정상에 만년설이 있는 천산산맥이 보인다.

[그림 218] 해발 1,600m에 위치한 이시크쿨(Lssyk-kul)호의 전경이다. 겨울에 호수가 얼지 않는다.

[그림 219] 키르기스스탄(kyrgyzstan)의 이시크쿨(Lssyk-kul)호 주변에 수천 년 전의 고대 암각화가 있는 촐폰아타(Cholpon Ata)지역

동북아역사재단[58]에서는 ≪키르기스스탄 남부 지역의 암각화≫라는 제목으로 이시크쿨호 지역의 암각화를 연구하여 우리나라에 책으로 소개하고

---

58 ≪키르기스스탄 남부 지역의 암각화≫, 동북아역사재단, 2012년

있다. 호수 주변의 여러 지역에 많은 암각화가 존재한다고 것은 상고사 시대에 많은 사람들이 주거지로 삼았다는 것을 의미한다. 환국의 역사는 천산지역을 주거지로 삼았던 역사였다.

[그림 220] 이시크쿨역사국립박물관 (Lssyk-Kul Historical State Museum)에는 안내문에 그려져 있는 것처럼 인류 초기 수렵문화를 그대로 표현하고 있다.

[그림 221] 촐폰아타(Cholpon Ata) 암각화에는 산양, 흰 표범, 낙타, 사슴, 태양 등이 그려져 있다. 이는 고대 유목민족의 삶의 현장을 기록한 것이다.

3) 아랄해(Aral Sea) 함해咸海

신장 위그루 자치구의 3대 큰 강인 대하大河는 첫째 석이하锡尔河이다. 둘째로 초하楚河이며, 셋째로 이리하伊犁河이다. 첫째인 석이하锡尔河에 대해서 알아보고자 한다. 석이하를 따라 가면 바로 아랄해가 나오기 때문이다. 특히 천산산맥에서 발원하는 강은 구환족의 시원사를 밝히는 데 중요한 단서가 될 수 있기 때문이다.

[그림 222] 시르다리야강과 아무다리야강이 합류되는 아랄해 지도. 두 강의 발원지는 천산산맥이다.

석이하(锡尔河, 錫爾河)는 '시르다리야(Syrdarya)강'이라고 부른다. 옛날에는 약살수藥殺水, 섭하葉河, 섭섭하葉葉河라고 하였다. 천산산맥에서 발원하여 2,012km를 흘러 함해咸海, 즉 아랄해(Aral Sea)로 흘러들어 간다. 아랄해(Aral Sea)는 발하슈호와 같은 염호鹽湖이며 출구가 없다.

아랄해(Aral Sea)에는 남쪽으로 '아모하阿姆河강 = 아무다리야(Amudarya)강 = 옥서스(Oxus)강' 물줄기가 합류한다. 천산산맥에서 발원하여 2500km(한반도의 2.5배)를 흘러 함해咸海 즉 아랄해(Aral Sea)로 흘러들어 간다. 여기에서 '다리야(Darya)'는 페르시아어를 투르크어로 읽은 것이며 뜻은 바다라는 의미이다.

4) 카스피해(Caspian Sea)

카스피해(Caspian Sea)는 리해里海라고도 한다. 중앙아시아에 있는 세계에서 가장 큰 내해인 카스피해는 연안국이 러시아, 카자흐스탄, 아제르바이잔, 투르크메니스탄, 이란 등 5개국이다. 호수로 흘러드는 러시아 볼가강의 강 유입량은 전 하천 유입량의 80%에 이른다. 고대 그리스인들은 '히르카니아 해海'로 불렀다.

카스피해(Caspian Sea) 남쪽으로는 실크로드의 주요 요충지가 있다. 천산산맥에서 카슈카르, 사마르칸트, 마슈하드를 지나면 카스피해 바로 남쪽 도시인 이란의 테헤란이 있다. 조금더 지나면 바그다드이다. 실크로드에서 카스피해를 지나서 북쪽에 있는 바다를 흑해黑海라 하였고, 남쪽에 있는 바다를 홍해紅海라 하였으며 중간에 있는 바다를 지중해地中海라고 하였다.

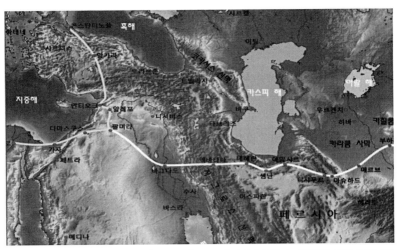

[그림 223] 카스피해(Caspian Sea) 남쪽으로 실크로드가 이어지고 있다. 테헤란과 바그다드로 가는 길이다.

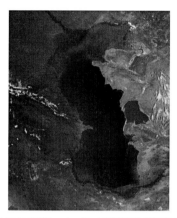

[그림 224] 하늘에서 바라본 카스피해(Caspian Sea) 볼가강의 하류에 삼각주가 형성되어 있다.

카스피해(Caspian Sea) 유입량의 80%를 자치하는 볼가강 하류 서쪽 지역, 즉 카스피해에서 북서쪽 지역에 칼미크 공화국(The Republic of Kalmykia)이 있다. 러시아 내 공화국이다. 칼미크인들은 몽고 유목민족으로 티베트불교를 믿고 있다. 칼미크(Kalmykia)란 투르크(Turk)어로 '남은 사람들'이란 뜻이다. 이들은 몽고 오이라트 부족의 일원으로 토르구트 부족이었다. 1616년부터 몽고 지역에서 이주를 시작하여 정착하였다. 청의 지배를 받던 오이라트 준가르 부족의 멸망으로 칼미크인들의 일부는 다시 청나라 고향 땅인 천산, 이리伊犁 지역으로 복귀하였다. 그리고 현재까지 남아 있는 몽고 부족들이 러시아 내 자치공화국으로 나라를 세웠다. 카스피해 지역까지는 초원길로 연결되어 이주가 가능했던 지역이다.

5) 흑해黑海

흑해黑海는 유럽과 아나톨리아, 코카서스 사이에 있는 바다이다. 우크라이나, 루마니아, 불가리아, 터키, 러시아, 그루지아(조지아) 등의 국가에 둘러싸여 있다. 보스포루스 해협으로 마르마라해와 연결되고, 다시 다르다넬스 해협으로 에게해 및 지중해로 연결된다. 케르치 해협을 통해 아조프해와 연결된다.

[그림 225] 아름다운 흑해黑海 해안가 사진. 물이 투명하다.

혹해에는 원주민으로 스키타이인人과 사르마트인人들이 살았다. 로마령
이 되었다가 비잔틴제국으로 번영하였으며, 몽골인, 오스만투르크, 터키국
으로 변화되었다.

왜 우리 민족은 스스로를 천손민족天孫民族이라고 하는가? 우리 한민족은 하늘天에서 내려와 사람으로 살다가 죽으면 다시 하늘로 돌아간다는 민족 고유의 정신적 신앙이자 가장 오래된 동북아 한민족의 세계관을 가지고 있는데, 어떤 연유로 이런 사상을 갖게 되었는가? 하늘의 자손이라는 천손민족사상은 상고시대上古時代로부터 어떤 배경으로 형성되어 한민족의 가슴에 흐르는 민족사상이 되었는가? 천손민족은 대한민국 사람 누구나 알고 있는 사상이다. 그러나 왜 우리가 천손민족인가에 대해서 철학적으로 명확한 설명이 부족하다. 그 이유는 역사 정립이 명확하게 되어 있지 못하기 때문이다. 역사 정립이 안 되어 있기 때문에 스스로를 천손이라 하지만, 역사의 시작이 **천산**에서 시작되어 천산의 후손, 하늘天의 자손, 하늘에서 내려온 민족이라 하여 천손이라 한다는 것을 모른다. 역사란 **민족의 혼**인데 역사가 바로 서지 못하였는데 어찌 민족 정신을 바로 세울 수 있단 말인가? 특히 국가적인 차원에서 최초의 국가인 환국에 대한 연구가 부족하여 환국사桓國史를 제대로 정립하지 못하고 있기 때문이다.

역사의 진실은 아무리 숨기려 해도, 아무리 무시하려 해도, 진실을 찾고자 하는 사람들이 있는 한 반드시 진실에 가깝게 찾아질 것을 확신하고 있다. 그럼 천손민족의 숨겨진 역사의 비밀을 찾아 보고자 한다.

[도표 060] 천손민족의 유래를 상징하는 명칭들

한민족의 사상	주요 명칭
천산산맥 환국경계	천계天界
환국의 제사 대상	천신天神
환국桓國 주산	천산
천산의 하늘연못	천산천지天山天池
환국桓國의 주강主江	천하天河
환국桓國의 주호主湖	천해天海
최초의 나라 환국 파내류국波奈留國	천국天國
환국의 제사문화	천제天祭
환국의 국화桓花	천지화天指花
환국의 낭도郞徒	천지화랑天指花郞
환국의 낭도郞徒	천왕랑天王郞
환국의 가르침	천부경天符經
환국의 통치자	천제환인天帝桓因
통치자, 천자	천제지자天帝之子
환국의 후손	천손天孫
천자의 군대	천병天兵
나라를 열다	개천절開天節
죄를 짓다	천벌天罰
가족의 인연	천륜天倫
신이경 기록	천문天門
신이경 기록	천계天鷄
곤륜천주崑崙天柱	천주天柱
천제天祭의 제단	제천단祭天壇
천하대장군	천하대장군天下大將軍
태호복희씨의 고향	천수시天水市

≪부도지≫에 따르면 우리 민족은 BC 9,137년 전부터 수미산須彌山 마고 성麻姑城에서 공동체 생활을 시작하였다. 이로부터 1,940년 후에 환인에 의하여 천산에서 환국이 건국된다. 환국은 국가의 기틀을 갖춘 최초의 국가이다.

마고麻姑-궁희穹姬-황궁黃穹-천산주-수인(유인)-환인씨

-청궁靑穹-운해주雲海洲-중원지역

-소희巢姬-백소白巢-월식주月息洲-중앙아시아

-흑소黑巢-성생주星生洲-서아시아

지소씨支巢氏의 오미五味의 변으로 마고성에서 동서남북 사방으로 분거하게 된다. 장손長孫 황궁씨黃穹氏는 천산주天山洲로, 청궁씨靑穹氏는 운해주雲海洲로, 백소씨白巢氏는 월식주月息洲로, 흑소黑巢씨는 성생주星生洲로 이주하게 된다. 마고성麻姑城은 수미산須彌山으로 현재의 곤륜산맥崑崙山脈이다. 황궁씨가 이주한 천산산맥에서 바라보면 남쪽에 있는 대산맥이다. 곤륜산맥에서 천산남로를 지나서 서역북로와 서역남로를 따라서 아랄해 지역으로는 백소씨白巢氏가 이주하였다. 이 지역이 월식주月息洲이다. 후에 대대적인 홍수로 인하여 월식주 사람들이 많이 죽게 된다. 이 사건 이후 중동지역으로 이주하게 된다. 청궁씨靑穹氏는 운해주雲海洲로 이주하게 되는데, 중원내륙으로 먼저 이주한 족속이 되었다. 흑소씨黑巢씨는 성생주星生洲로 이주하게 된다. 지금의 인도지역이다.

① 천산에서 시작한 구환족은 천산족

장손長孫 황궁씨黃穹氏는 천산주天山洲로 이주하여, 천산산맥 아래 이리하인 흑수黑水 강가와 발하슈호인 천하天河, 즉 천해天海 지역에 터전을 잡고 살아가게 된다. 또한 천산의 호수 이름도 천산천지天山天池라 하여 천산의 하늘 연못이라 하였다. 그 이후에 황궁씨黃穹氏의 아들 환인씨桓因氏께서 환국을 건국하시게 된다. 통치자 호칭도 천제환인天帝桓因이시다. ≪환단고기≫의 기록처럼 천산 지역인 천계天界에 거하시며, 천신天神께 올리는 천제天祭를 주재하시게 되며, 또한 천하天河, 즉 천해天海에 터를 잡으시고 12환국을 통치하시게 된다. 나라 이름도 파내류국이라 하였다. 즉 파내류波奈留는 '하늘'이니 한문으로 적으면 천국天國이 된다. 이처럼 우리 민족은 천신天神의 자손으로 자처하게 된다. 이 곳에서 3,301년 동안 환국이 유지되다가, 환인씨의 아들 환웅씨께서 삼위태백三危太伯으로 남하하시게 되면서 천산지역에 남은 환인의 후손들을 북방민족이라 하였다. 신시배달국神市倍達國이 중원을 제패하고, 단군조선 말기에 한나라와의 싸움에서 이기고 북방의 패자로 등극하는 흉노족은 바로 환인씨의 터전에 남아 있던 구환족의 후손들이다. 환국에서 전래된 흉노족의 문화가 사기열전에 기록으로 남아 있다. 배일지시생, 석배월拜日之始生, 夕拜月. 해석하면 '선우單于는 아침에 영웅을 나와 막 떠오르는 해에 절을 하고, 저녁에는 또 달을 보고 절을 했다.'이다. 즉 하늘의 자손, 즉 일월日月의 자손임을 예로써 보여주고 있는 것이다. 환인의 후손인 그들에게도 천손사상이 전해지고 있는 것이다.

② 천손사상은 구환족의 뿌리 사상이 되다.

이렇게 천산에서 기원한 후손들이 천손족天孫族임을 자각하고, 나라꽃도 천지화天指花라 불렀으며 국자랑國子郎을 천지화랑天指花郎, 천왕랑天王郎이라고 불렀다. 또한 환인씨의 가르침이 구전되어 오다가 기록으로 남게 되는 민족의 경전도 천부경天符經이라고 부르게 된다. 이러한 전통은 고구려를 건국하신 고주몽에 대한 광개토경평안호태황비문[59]에 남겨진 기록에서 확인할 수 있다. 비문은 이렇게 기록하고 있다.

[원문原文]

惟昔始祖鄒牟王之創基也 出自北夫餘天帝之子
유 석 시 조 추 모 왕 지 창 기 야   출 자 북 부 여 천 제 지 자

[해석解釋]

아! 옛날 시조 추모왕께서 처음으로 창업의 기틀을 세우셨도다. (추모왕은)
북부여 출신이시니, 천제天帝의 아들이시고

스스로를 천제지자天帝之子라 하여 하늘의 자손임을 말하고 있다. 후에 천
자天子란 호칭도 바로 천제지자天帝之子에서 유래하게 된다.

[그림 226] 하늘에 제사를 지내던 강화도 마니산의 제천단祭天壇이다. 천원지방天圓地方으로 건축되었다.

---

59 출전 :≪譯註 韓國古代金石文≫ I (1992), 노태돈

또한, 천산에서 천신天神께 천제天帝를 지내시던 문화가 대대로 전해져서 가장 높은 산에 제천단祭天壇를 쌓고 하늘에 제사를 모셔왔다. 또한 구환족의 주요 문화인 제사문화로 발전하게 된다.

나라를 여신 날을 건국절이라 하지만, 우리 한민족은 개천절開天節이라 하여 하늘을 열었다고 표현한다. 그 의미는 바로 천산에서 환국을 열었기 때문이다. 이러한 천사상天思想은 '죄를 지어도 천벌天罰을 받는다.'고 하였고, 가족의 인연을 천륜天倫이라 하였으며, 상고사의 신화를 기록한 신이경神異經에서는 곤륜산에 있는 구리 기둥은 매우 높아 하늘까지 뚫고 들어가서 곤륜천주崑崙天柱라 하였으며, 서역의 큰 문인 궐문을 천문天門이라 하였으며, 큰 새를 천계天鷄라고 하였다. 특히 구환족의 직계천손直系天孫은 바로 환웅씨의 자손들이다. 물론 형제국으로 흉노의 북방민족과 반고의 자손들이 있다. 이들도 천손의 자손들이다. 천산 지역에 있던 환인의 후손들의 일부가 한반도로 이주하여 정착하게 된다.

③ 천손문화가 구환족을 통해 천하에 전수되다.

우리 민족의 천자천손天子天孫 사상이 구환족의 삶에 보편적 사상으로 자리잡아 가면서 하늘을 바라보고 천신天神께 기도하였다. 죄를 지으면 하늘로부터 천벌天罰을 받을까 두려워 하였고, 하늘과 가장 가깝고 높은 산에 올라가 천신天神께 천제天祭를 지냈으며 온 천지를 환하게 빛추는 하늘의 태양을 숭배하였다.

삼족오三足烏는 태양에 살면서 천상의 신들과 인간세계를 연결해 주는 신령한 길조로 여겼다. 혹오黑烏라고도 하였으며, 오烏는 까마귀라는 뜻과 검다黑라는 뜻을 가지고 있다. 삼족三足이 의미하는 것은 삼신일체사상三神一體思想, 즉 천天·지地·인人을 의미한다. 또한 삼족오는 태양의 상징으로 인식되었다. 하늘의 자손이라는 사상의 근원은 바로 천산이다.

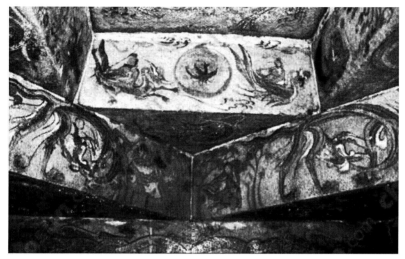

[그림 227] 고구려 고분벽화 오회분 4호묘의 천정벽화. 용과 봉황을 타고 승천하는 신선과 태양의 상
징인 삼족오=足烏의 모습이 그려져 있다. 오회분 4호묘는 중국 길림성 집안현 태왕향 우
산촌에 있다. 삼족오가 태양과 함께 그려져 있다. 삼족오는 바로 하늘의 후손임을 표현한
것이다. 즉 천손天孫사상이다.

제5장

아이사타(阿耳斯陀)

제3장과 제4장에서 환국桓國의 주산主山과 주강主江, 주호主湖에 대해 고증자료를 비교하여 살펴보았다. 지금까지 상고사에서 상식적으로 알아 왔던 우리 민족의 시원터로 '백두산白頭山, 흑룡강黑龍江, 바이칼(Baikal)호'라는 내용과는 너무나 다른 곳으로 확인되었다. '천산天山, 이리하伊梨河, 발하슈(Balkhash)호'는 역사적 사실임을 자료로 입증하였다.

다시 한번 강조하지만 주산主山, 주강主江, 주호主湖, 수도首都는 수천km 떨어진 서로 다른 장소로 추정한다는 것은 너무나 상식에 맞지 않으며 논리적이지도 객관적이지도 못하다. 또한 〈삼신오제본기三神五帝本紀〉에 '일산일수一山一水 각위일국各爲一國'이라고 한 것처럼 산수山水가 함께 형성되는 자연의 이치에 맞추어 나라를 세웠고, 환인桓因께서 천산天山에 거주하셨는데 흑수黑水를 흑룡강黑龍江이라고 한다면 어느 누가 수긍하겠는가?

[도표 061] 환국의 주산主山, 주강主江, 주호主湖

역사 기록	현 상고사 해석	새로운 해석
천산 天山	기련산 祁連山	천산 天山
백산 白山	백두산 白頭山	
파내류산 波奈留山	파미르고원	
흑수 黑水	흑룡강 黑龍江	이리하 伊梨河
천하, 천해, 북해	바이칼호 (Baikal湖)	발하슈호

일만 년 전의 역사를 일만 년이 지나서 역사의 진실을 밝히고자 함은 너무나 어렵고 힘든 작업이다. 또한 역사의 사실, 즉 Fact만을 중시하는 실증주의 역사 연구의 흐름 속에서 더욱 연구를 힘들게 만드는 것은 자국의 역사를 부정할 수밖에 없는 태생적 한계를 가지고 있는 현 강단사학자들이요, 식민지

시대 일인日人들로부터 역사학을 배운 사학자들이다. ≪규원사화揆園史話≫ 진본60이 발견되었는데도 위서偽書라고 주장할 수밖에 없는 태생적인 자기 부정의 학자들에게 나라의 역사를 맡길 수 없기에 어쩔 수 없이 아무런 지원 없이 스스로 사명감을 가지고 역사를 바로 세우고자 하는 많은 분들이 있다. 이런 분들이 있기에 어떤 어려움과 고난이 있더라도 반드시 역사의 진실에 가깝게 밝혀질 것을 믿는다.

우리 민족의 최초 터전이 비록 현재 중국 신강성 지역의 천산산맥 지역이라고 해서 이상할 것은 없다. 그 지역에 터전을 삼아서 살아오다가 주류 세력이 중국 대륙의 내륙지방을 거쳐 점차 동진하여 한반도로 들어오게 되어 정착하게 되었으며, 한반도 정착 이후 수천 년의 세월이 흐르면서 우리 민족 최초의 터전은 잊혀지게 되었기 때문이다.

---

60 ≪규원사화揆園史話≫ 국립중앙도서관 귀중본 서고 소장. 1675년 숙종2년, 진본으로 밝혀져 귀중본 서고에 보관 중이다.

제1절 아이사타(阿耳斯庀) 고찰(考察)

이번 장章에서는 참으로 연구하기 어려운 수도首都에 대해서 살펴보고자 한다. 수도라는 개념을 사용하기에는 난감하지만, 최초로 구환족九桓族이 모여 살았던 터전을 환국桓國이라는 국가의 격에 맞추어서 환국의 서울, 즉 환국의 수도로 정명正名하고 찾아보고자 한다. 환국의 수도를 기록하고 있는 사서는 〈삼성기전 하편〉에는 아이사타阿耳斯庀로 기록하고 있으며 〈삼신오제본기〉는 아이사타, 사타리아斯庀麗阿로 기록하고 있다. 먼저 아이사타에 대해서 연구해 보도록 한다.

[도표 062] 환국의 수도 출처

상고사적 上古史籍	천해天海
삼성기전 하편	아이사타阿耳斯庀
삼신오제본기	아이사타阿耳斯庀 사타리아斯庀麗阿

① 아이사타阿耳斯庀 〈삼성기전 하편〉

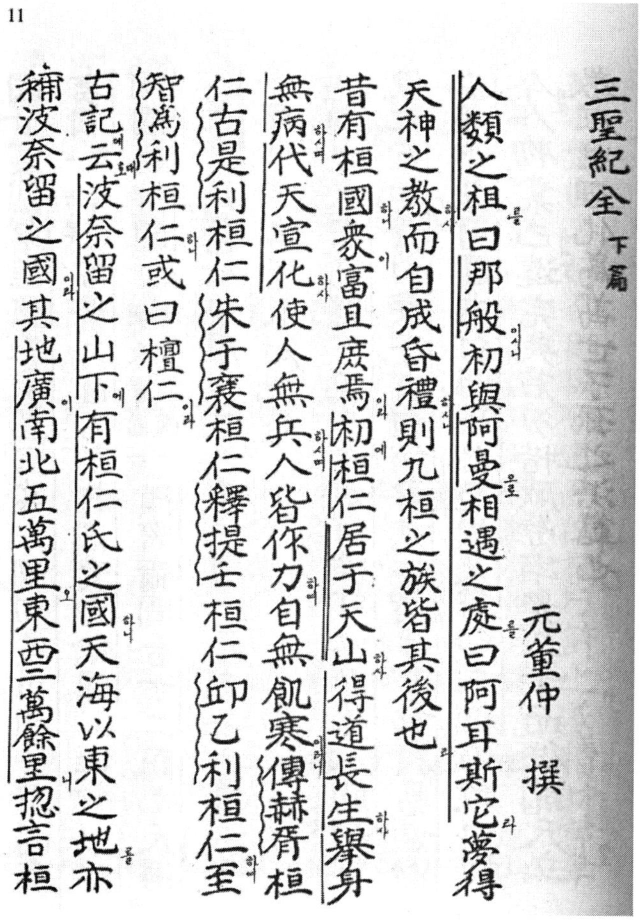
11

三聖紀全 下篇

元董仲 撰

人類之祖曰那般初與阿曼相遇之處曰阿耳斯庀夢得天神之教而自成昏禮則九桓之族皆其後也

昔有桓國衆富且庶焉初桓仁居于天山得道長生擧身無病代天宣化使人無兵人皆作力自無飢寒傳赫胥桓仁古是利桓仁朱于襄桓仁釋提壬桓仁邱乙利桓仁至智爲利桓仁或曰檀仁

古記云波奈留之山下有桓仁氏之國天海以東之地亦稱波奈留之國其地廣南北五萬里東西二萬餘里摠言桓

[그림 228] ≪환단고기≫ 광오이해사본(1979년) 〈삼성기전 하편〉의 아이사타 자료

[원문原文]

人類之祖를 曰那般이시니 初與阿曼으로
인류지조 왈나반 초여아만

相遇之處를 曰 阿耳斯庀라.
상우지처 왈 아이사타

인류의 조상은 나반이시다. 나반께서 아만과 처음 만나신 곳은 아이사타이다.

아이사타(阿耳斯庀, isata)는 어디인가? 환국桓國의 서울, 최초의 수도에 대한 지명은 후세의 후손들에게 많은 영감을 주었을 것이다. 흉년 및 혹한, 자연환경의 어려움과 국가 간의 전쟁 등으로 인한 대규모 민족 이동이 발생하여 새로운 정착지에 가더라도 그 이름을 그대로 이어받아 새로운 아이사타를 건설하였을 것이다.

《환단고기》 역주본이 출간되어 대중화된 지 30여 년이 지나고 있다. 그동안 역주한 대표적인 서적들의 아이사타에 대한 설명을 정리하여 보았다.

임승국 《한단고기》(1986년, 정신세계사)에 아이사타에 대한 풀이를 '한님의 나라, 한국의 본고장은 어디인가? 이를 우리는 바이칼 호 부근으로 비정하고 있으니 아이사타도 그 근처의 어떤 땅으로 비정함이 옳을 것이다.'

전형배 《환단고기》(1998년, 코리언북스)에 아이사타에 대한 풀이를 ' 아이사비阿耳斯庀 : 아이는 '원시原始'를 뜻하고 사비는 '숲'을 뜻하니, 곧 오늘날의 시베리아를 말한다.

고동영 《환단고기》(2005년, 한뿌리)에 아이사타에 대한 풀이를 '이곳이 어디인지 명확치 않다. 다만 필자의 견해로는 우리 겨레가 처음으로 자리잡은 곳이 천해인 바이칼호 동쪽이라고 했을 때, 아이사타는 그 곳에 있었다고 봐지며 아이사타라는 땅 이름이 '아사달'과 비슷하다는 데 주목해야 할 필요가 있다.'

위 역주자의 설명들처럼 명확하게 설명하기가 어려운 숙제였다. 그러나 상세하게 추적하여 보면 그 위치와 의미를 유추해낼 수 있을 것이다. 위치는 천산天山과 흑수黑水인 이리하伊梨河 주변, 그리고 천해天海인 발하슈(Balkhash) 호 근처 등에서 고도古都를 찾으려고 한다. 먼저 아이사타의 뜻과 의미 그리고 파생언어를 연구하고 나서 위치를 추정하고자 한다.

아이사타(阿耳斯庀, isata)가 이스탄(istan)으로의 변화과정을 살펴보고자 한다. 특히 '이스탄(istan)'이란 지명이 많이 분포된 중앙아시아 지역에서 아이사타(阿耳斯庀, isata), 즉 이스탄(istan)의 지명들을 찾아 보고자 한다.

[도표 063] 환단고기 주해 및 역주본 수도 해석 현황

책명	아이사타(阿耳斯庀, isata)
환단고기 1985년, 김은수	태양광선이 잘 비추는 곳
환단고기 1986년, 임승국	바이칼호 부근
환단고기, 1998년, 전형배	원시숲(시베리아)
실증 한단고기, 1998년, 이일봉,	추정 지역 없음
만화 한단고기, 2003년, 한재규	바이칼호 부근
환단고기, 2005년, 문재현	추정 지역 없음
환단고기, 2005년, 고동영	바이칼호 동쪽

아이사타阿耳斯庀의 어휘 변화를 살펴보면. 아래처럼 변화된 이스탄(istan)은 땅과 국가를 의미하는 고유명사가 된 것이다. 그 소자출所自出이 바로 아이사타(阿耳斯庀, isata)인 것이다. 중앙아시아뿐만 아니라 환국, 배달국, 단군조선으로 국가가 이어지면서 단군조선의 수도를 아사달(阿斯達 isatal)이라고 한 것도 바로 아이사타(isata)의 어원이 이어진 것이다.

아이사타(isata) 〈 이사타(isata) 〈 이스타(ista) 〈 이스탄(istan) 〈 아사달(isatal)

여기에서 아이사阿耳斯의 뜻은 '아침, 처음, 첫, 새로운, 광명, 동녘, 동방, 태양'의 뜻을 가진 고대 우리말로, 다행히도 일본은 아침朝을 '아사(あさ, asa)'라는 말을 그대로 사용하고 있다. 즉 아이사阿耳斯는 아사(あさ, asa)이다. 파키스탄(Pakistan)을 한자로 음차하여 기록한 자료를 보면 巴基斯坦(파기사탄)이라 한다. 여기에서 '스'를 음차할 때 '사斯로도 한다는 것이다. ' 사 = 스로 읽어도 본래 발음에 가깝다고 생각할 수 있다. 즉 아이사타(isata)를 이사타(isata), 이스타(ista), 이스탄(istan), 아사달(isadal)로 읽어진다는 것이다. 근원은 바로 아이사타(isata)에서 변화된 것이다. 이스탄(istan)을 페르시아어, 이란의 접미사 정도로 알고 있지만, 환국桓國의 수도 아이사타(isata)에서 유래된 것이다.

다음으로 타(庀 ta), 탄(坦 tan), 달(達 dal)에 대한 어원을 찾아보자. 양지를 우리말로 '양달'이라고 한다. 즉 양지의 땅이란 말이다. 또한 음지를 '음달'이라고 한다. 즉 음지의 땅이란 말이다. 즉 '아사달'은 아침의 땅이란 말이다. 여기에서 '달 = 땅'이 되는 것이다. '타(ta, 庀) 〈 탄(tan, 坦) 〈 달(dal, 達)'은 땅이란 말이며, 또한 영토가 있는 국가라는 고유명사가 되었다. 결론적으로 이스탄(istan)은 '아침의 땅, 광명의 나라, 태양의 나라, 해뜨는 동방의 나라'라는 뜻이다. 카자흐스탄(Kazakhstan)과 키르기스스탄(Kyrgzstan)의 국기에는 태양을 그려서, 태양의 나라라는 의미를 내포하고 있다.

[그림 229] 카자흐스탄(Kazakhstan)의 국기. ~stan(~스탄)은 광명의 나라, 아침의 땅, 즉 아사달과 같은 뜻으로 태양이 그려져 있다.

[그림 230] 키르기스스탄(Kyrgzstan)의 국기. ~stan(~스탄)은 키르기스인의 땅이란 뜻이다. 즉 광명의 땅이라는 상징으로 태양이 그려져 있다.

'타(ta, 佗)〈 탄(tan, 坦)〈 달(dal, 達)'의 변화처럼 앞에서 살펴본 '하늘 천天'도 '대한민국 - 天(턴, 천, cheon)〈 중국 - 天(톈, tian)〈 일본 - 天(덴, てん, den)'으로 조금씩 변화하고 있다.

[도표 064] 아이사타(阿耳斯佗, Isata) 지명 및 국명의 사용 현황

수도명, 국명	영문표시	주요특징
아이사타阿耳斯佗	Isata	환국桓國의 수도
아사달阿斯達	Isadal	단군조선의 수도
아스타나 阿斯塔纳	Astana	카자흐스탄의 수도
이스탄불 伊斯坦布尔	Istanbul	터키의 수도
아시아亞細亞	Asia	아사(Asa)에서 유래
알마아타	Alma ata	카자흐스탄의 옛 수도
카자흐스탄 哈萨克斯坦	Kazakhstan	국명
아프가니스탄 (阿富汗	Afghanistan	국명

수도명, 국명	영문표시	주요특징
카불리스탄	Kabulistan	카불의 옛 이름
누리스탄	Nuristan	아프가니스탄의 주명
카피리스탄	Kafiristan	누리스탄의 옛 이름
시스탄 (세이스탄)	Sistan (Seistan)	아프가니스탄의 분지
사카스탄	Sakastan	샤카족의 나라
자불리스탄	Zabulistan	시스탄 지역의 도시명
파키스탄 巴基斯坦	Pakistan	국명
발루치스탄	Baluchistan	파키스탄의 주명
우주베키스탄	Uzbekistan	국명
동투르키스탄	East Turkistan	신장 자치구의 옛 이름
타지키스탄 塔吉克斯坦	Tajikistan	국명
키르기즈스탄 吉尔吉斯斯坦	Kyrgzstan	국명
투르크메니스탄 土庫曼斯坦	Turkmenistan	국명
인도스탄	Indostan	인도의 국명
라자스탄	Rajasthan	인도의 주명
힌두스탄 印度斯坦	Hindoostan	인도 바라타아 대륙 전체 명칭
시스탄 오 발루체스탄	Sistan_O_ Baluchestan	이란의 주명
코르데스탄	Cordestan	이란의 주명
로레스탄	Rorestan	이란의 주명
후제스탄	hujestan	이란의 주명
골레스탄	Golrestan	이란의 주명
쿠제스탄	Khuzestan	이란 남부 지역의 주명

수도명, 국명	영문표시	주요특징
쿠르디스탄	Kurditan	쿠르드족의 나라
다게스탄	Dagestan	러시아 공화국
타타르스탄	Tatarstan	러시아 공화국
아스트라한	Astrakhan	러시아 주도(一汗國)
부탄不丹	Bhutan	국명
아즈텍	Aztec	아즈텍 문명
아스타나	Astana	복희여와도 출토지
고부스탄	Gobustan	아제르바이잔의 유적

● **아이사타(isata)에서 변화된 지명 분류**

아이사타(isata) - 아사달, 아시아

이스타(ista) - 아스타나, 알마아타, 아스트라한

이스탄(istan) - 이스탄불, 카자흐스탄, 아프가니스탄

　　　　　　카불리스탄, 누리스탄, 카피리스탄

　　　　　　시스탄, 세이스탄, 사카스탄

　　　　　　자불리스탄, 파키스탄, 발루치스탄

　　　　　　우주베키스탄, 타지키스탄, 고부스탄

　　　　　　키르기스스탄, 투르크메니스탄

　　　　　　동투르키스탄, 인도스탄, 라자스탄

　　　　　　힌두스탄, 시스탄오발루체스탄

　　　　　　코르데스탄, 로레스탄, 후제스탄

　　　　　　골레스탄, 쿠제스탄, 쿠르디스탄

　　　　　　다게스탄, 타타르스탄, 부탄, 아즈텍

　서양, 특히 영어권에서는 땅을 'Land(랜드, 란드)'라고 한다. 잉글랜드
(England), 스코틀랜드(Scotland), 아일랜드(Lreland), 아이스랜드(Island), 핀란드

(Finland), 폴란드(Poland), 네덜란드(Netherland), 스와질란드(Swaziland), 그린란드(Greenland) 등등. 살펴보면 공통적으로 Land(랜드, 란드)를 사용한다. 즉 '어디 어디, 또는 어느 민족의 땅', '~나라'라는 의미로 사용한다. 결론적으로 '이스탄(istan)은 서양 유럽에서 온 단어가 아니라 바로 동방에서 온 말이다. 아이사타(阿耳斯庀, Isata)는 환국의 수도로 아이사阿耳斯가 아사阿斯, 아스阿斯로 읽혀진다고 설명하였다. 한자로 소리를 기록하는 것보다, 로마자로 표기하는 것이 원음에 가까우며, 한글로 음을 표기하는 것이 원음에 제일 가깝다. 카자흐스탄(Kazakhstan)의 수도인 아스타나(Astana)를 한자로 표기하면 아사탑납阿斯塔纳이 된다. '아스타나(Astana) = 아사탑납阿斯塔纳'이다. 즉 '아이사阿耳斯 = 아스阿斯'로 동일하며, '타庀 = 탑塔'으로 같은 소리이다. 한자의 음차音借인 '탑납'에서 받침을 제거하면 '타나', 즉 '아스타나(Astana)'가 된다.

아시아(亞細亞, Asia)는 시베리아 지역의 북부아시아, 한국, 중국, 일본 지역의 동아시아, 카자흐스탄 지역을 중앙아시아, 베트남 지역의 동남아시아, 인도 지역의 남부아시아, 중동 지역의 서남아시아로 세부적으로 나뉘며, 유럽과는 우랄산맥과 흑해로 경계가 된다. 이렇게 광대한 아시아의 어원에 대해서는 여러 학설이 있지만, 동쪽을 뜻하는 페니키아[61]어 아사(Asa)가 변화되어 아시아(Asia)로 변화되었다는 학설이 있다. 아사(Asa)는 아이사타(阿耳斯庀, Isata)에서 유래되었다.

그럼 중앙아시아 지역의 여러 터전 중에서 어디가 아이사타阿耳斯庀가 될 것인가? 그것은 천산산맥天山山脈의 천산북로天山北路 주변 도시와 이리하伊梨河 주변 도시 그리고 발하슈(Balkhash)호 주변의 도시 중에서 고도를 찾아봐야 할 것이다.

---

[61] 페니키아(Phoenicia)는 지중해 동쪽 해안지대인 시리아와 이스라엘 지역의 고대도시국가이다. 이들이 동쪽을 아사(asa)라고 불렀다. 아사는 일본에서는 아침(あさ, asa)을 뜻하는 말이다.

② ≪삼국유사≫ 아사달阿斯達

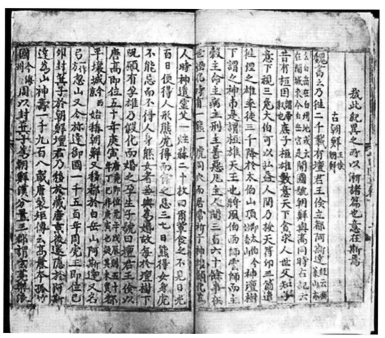

[그림 231] 이 삼국유사 판본은 연세대가 2013년 기증 받아 보관 중인 고 손보기 교수의 파른본≪삼국유사≫이다.

[원문原文]

魏書云, 乃往二千載有壇君王儉, 立都阿斯達
위 서 운 내 왕 이 천 재 유 단 군 왕 검 입 도 아 사 달

[해석解釋]

위서魏書에 이르기를 지금으로부터 이천 년 전에 단군왕검께서 아사달阿斯達에 도읍을 정하시고

≪삼국유사≫는 현 역사학계에서도 정통사서로 인정하고 있는 사서이다.

위 원문에서 살펴본 것처럼 단군왕검께서 단군조선을 건국하셨는데 그 장소가 바로 아사달阿斯達이라는 곳에 도읍을 정하였다는 기록이다. 국명과 도읍지명, 그리고 건국의 주인공인 단군왕검을 소개하고 있는 것이다. 이런 명확한 기록을 신화로 치부하는 학계는 전 세계에서 유래를 찾아볼 수 없는 참으로 망신스런 현실이다.

여기에서 아사달(阿斯達, isadal)의 기원언어는 어떤 말일까? ≪삼국유사≫에는 환국桓国과 환웅桓雄의 신시배달국을 태백산에 열었다는 기록이 있다. 즉 환국과 신시배달국의 전통을 이어받았다는 기록이다. 그럼 최초의 환국의 도읍지였던 아이사타(阿耳斯庀, isata)와 같은 말이다. 조금 발음만 변화한 것이다. 위에서 '하늘 천天'의 변화처럼 지리적 여건에 따라서 발음이 조금씩 변화한 것이다. 결국 아이사타(阿耳斯庀, isata)와 아사달(阿斯達, isadal)은 같은 뜻으로 도읍지를 부르는 말이다. 아시아 전역에 아이사타 언어의 흔적이 지금도 남아서 국명과 도읍지 이름으로 불리고 있다는 사실이다. 이런 사실 앞에서 우리는 역사적 진실을 찾고 싶은 것이다. 사람이 태어나면 근본을 알고 싶어하는 것처럼 한민족으로서 우리 선령先靈들의 살아온 터전과 삶, 그리고 언어와 역사를 알고 싶은 것이다.

제2절 사타리아(斯庀麗阿) 고찰

지금까지 환국의 수도에 대한 상고사 기록인 아이사타阿耳斯庀에 대해서 알아보았다. 상고사 연구 서적을 살펴보면 대부분 바이칼호 근처로 추정하였다. 아이사타를 바이칼호 근처로 추정하게 되는 사연은 천하天河, 천해天海, 북해北海를 바이칼호로 추정하였기 때문이다. 그러나 이는 잘못된 판단이다. 반드시 천산天山 근처에서 찾아야 한다. 또한 〈삼신오제본기〉에서 아이사타를 사타리아斯庀麗阿로도 불렀다는 사실, 즉 아이사타에서 '사타'에 '리아'를 덧붙여서 불렀다는 것은 중요한 정보이다. 왜냐하면 아이사타에 대한 변화된 언어들이 주로 중앙아시아에서 나타나지만 사타리아斯庀麗阿라 불렀던 곳은 동유럽 쪽에서 나타나기 때문이다.

[도표 065] 환국의 수도 출처

상고사적上古史籍	천해天海
삼성기전 하편	아이사타阿耳斯庀
삼신오제본기	아이사타阿耳斯庀 사타리아斯庀麗阿

① 사타리아斯庀麗阿 태백일사 삼신오제본기

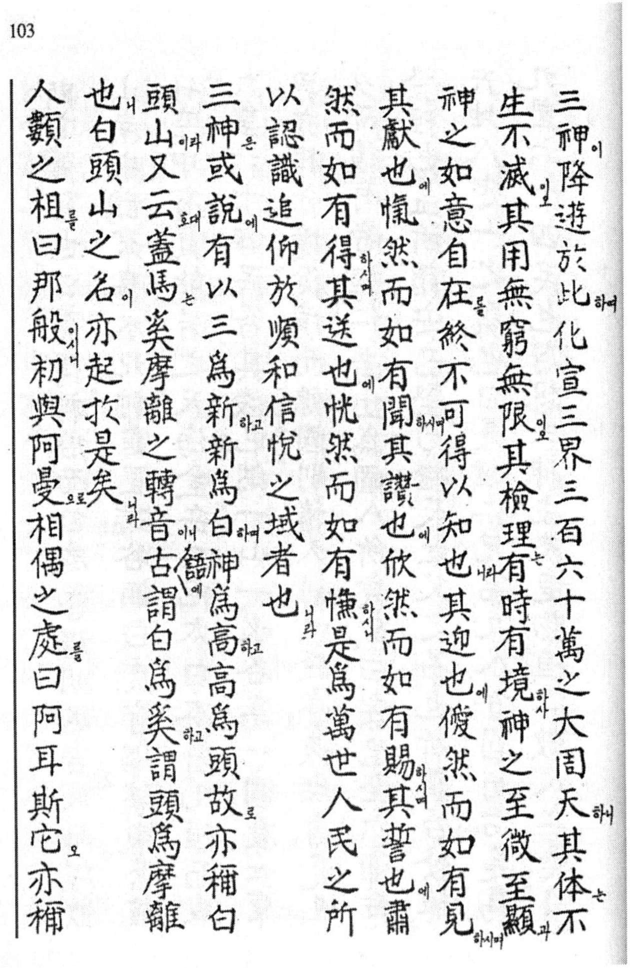
103

三神이降遊於此하며化宣三界三百六十萬之大周天하니其体는不生不滅이오其用無窮無限이오其檢理는有時有境하사神之至微至顯과神之如意自在를終不可得以知也니라其迎也에僾然而如有見하시며其獻也에慌然而如有聞하시며其讚也에欣然而如有賜하시며其誓也에肅然而如有得하시며其送也에恍然而如有慊하시니是爲萬世人民之所以認識追仰於順和信悅之域者也니라

三神은或說에有以三爲新하고新新爲白하며神爲高하고高高爲頭故로亦稱白頭山이라又云蓋馬는奚摩離之轉音이니古語에謂白爲奚하고謂頭爲摩離也니白頭山之名이亦起於是矣니라

人類之祖를曰那般이시니初與阿曼으로相偶之處를曰阿耳斯它오亦稱

[그림 232] ≪환단고기≫ 광오이해사본(1979년) 〈삼신오제본기〉의 아이사타 자료

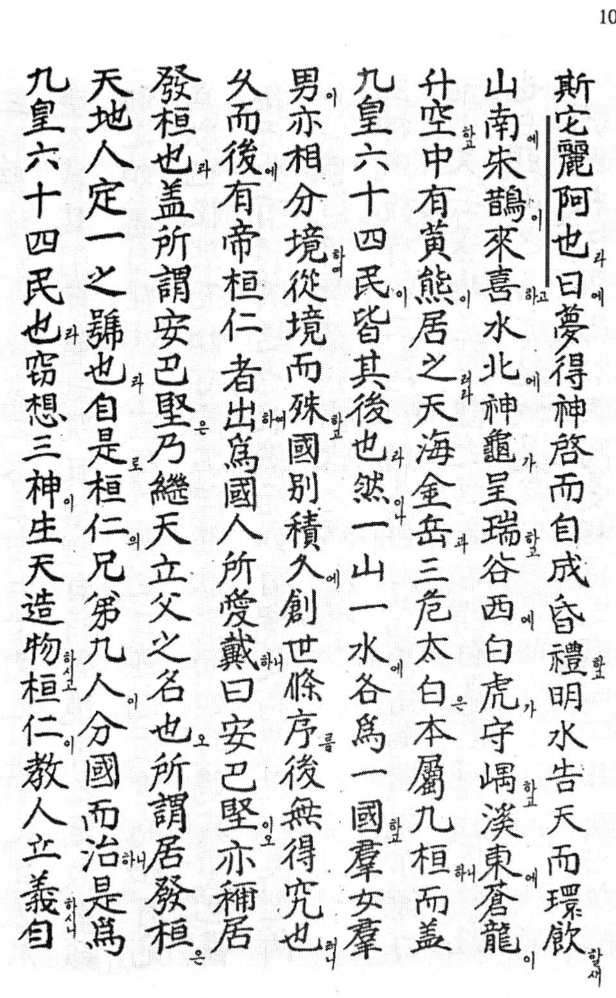

斯㐌麗阿也 日夢得神啓而自成昏禮明水告天而環飮

山南朱鵲來喜水北神龜呈瑞谷西白虎守崵溪東蒼龍

卅空中有黃熊居之天海金岳三危太白本屬九桓而盖

九皇六十四民皆其後也然一山一水各爲一國羣女羣

男亦相分境從境而殊國別積久創世條序後無得究也

久而後有帝桓仁者出爲國人所愛戴曰安巴堅亦稱居

發桓也盖所謂安巴堅乃繼天立父之名也所謂居發桓

天地人定一之䫅也自是桓仁兄第九人分國而治是爲

九皇六十四民也窃想三神生天造物桓仁敎人立義自

[그림 233] ≪환단고기≫ 광오이해사본(1979년) 〈삼신오제본기〉의 사타리아 자료

[원문原文]

人類之祖를 曰那般이시니 初興阿曼으로
인류지조　　왈나반　　　　초여아만

相遇之處를 日 阿耳斯庀오 亦稱斯庀麗阿也라.
상 우 지 처　 왈 아 이 사 타　 역 칭 사 타 리 아 야

[해석解釋]

　인류의 조상은 나반이시다. 나반께서 아만阿曼과 처음 만나신 곳은 아이사
타阿耳斯庀라 부르고 또 사타리아斯庀麗阿라 부르기도 한다.

　우선 아이사타에서 '타庀' 자에 대하여 '다를 타' 또는 '다스릴 비'로도 읽는
다. 여기서는 '다를 타'로 읽고 최초의 수도인 아이사타阿耳斯庀, 즉 사타리아
(斯庀麗阿, sataria)에 대해서 알아보고자 한다. 먼저 '려麗' 자를 '빛낼 려', '고을
려', 또는 '나라이름 리'로도 읽고 있는데 어떻게 읽어야 할까? 한자로는 '高句
麗'라고 쓰고 소리내어 읽을 때는 '고구려', '고구리' '고우리', '가우리' 등으로
읽기도 한다. '고리' 또는 '구리'는 구이九夷의 별칭이다. '고려高麗' '고구려高句
麗'를 '고리' '고구리'로 읽기도 한다. 코리아(Korea)는 '고려高麗 고리高麗', '구이九
夷', '고구려' '고구리', '고우리', '가우리'에서 전해지게 되어 불리게 된 것이다.
　지금도 중국어로 코리아타운을 한문으로 기록할 때 고리가高麗街로 표시한
다. 즉 '고려가'가 아니라 코리아를 같은 발음인 '고리가'로 발음하기도 한다.

[도표 066] 사타리아(斯庀麗阿, sataria) 지명 및 국명의 사용 현황

國名 및 地名	영문표시	주요특징
사타리아斯庀麗阿	Sataria	환국의 수도
코리아高麗阿	Korea, Coria	국명
몽골리아	Mongolia	몽골의 국명
만주리아	Manchuria	만주국
시베리아	Siberia	우랄산맥 동쪽
불가리아保加利亚	Bulgaria	부여족의 나라
오스트리아	Austria	동쪽의 나라
시리아叙利亚	Syria	국명

國名 및 地名	영문표시	주요특징
이탈리아	Italia	국명
소말리아	Somalia	국명
라이베리아	Liberia	국명
나이지리아	Nigeria	국명
루마니아	Romania	국명
마케도니아	Macedonia	국명
아르메니아	Armenia	국명
알바니아	Albania	국명
리투아니아	Lithuania	국명
슬로베니아	Slovenia	국명
에스토니아	Estonia	국명
탄자니아	Tanzania	국명
라트비아	Latvia	국명
세르비아	Serbia	국명
사우디아라비아	SaudiArabia	국명
감비아	Gambia	국명
나미비아	Namibia	국명
리비아	Libya	국명
볼리비아	Bolivia	국명
이베리아	Iberia	유럽 서남쪽 반도
콜롬비아	Colombia	국명
이스파니아	Hispania	에스파냐의 옛 이름
바빌로니아	Babylonia	고대문명

이러한 이유로 사타려아가 아니라. 사타리아(斯庀麗阿, sataria)로 읽어야 한다.

우리나라 최초의 옥편인 ≪전운옥편全韻玉篇≫에서도 리麗를 '동국의 나라이름 리'라고 했다. 그래서 사타려아斯庀麗阿로 읽기보다는 사타리아斯庀麗阿로 읽어야 한다. 아이사타(isata)가 사타리아(Sataria)라고도 불렸다는 기록은 매우 중요하다.

사타리아(sataria)에서 접미사 '리아(ria, rea, lia), '니아(nia)', '비아(via ,bia bya)는 ria에서 앞의 자음과 모음에 따라서 혹은 표기법에 따라서 조금씩 변화하였지만 동일한 언어이다. 즉 '~나라'라는 의미이다.

불가리아(Bulgaria)는 불가(Bulga)족 즉 부여족夫餘族이 세운 나라(ria)라는 뜻이다[62]. 부여夫餘는 짧은 소리로는 '불' 긴소리로는 '부르', '부루', '부유', '부여', '불여'라고 불렀다. 통치 조직은 단군조선의 통치 조직을 그대로 이어받아 마가馬加, 우가牛加, 저가猪加, 구가狗加 등 여러 사가四加가 있어서 전국을 나누어 통치했다. 가장 강력한 가加를 별도로 고추가古雛加라고 칭했다. 4세기 말엽에 부여족의 일파가 중앙아시아의 카스피해와 흑해 사이의 캅카스지방에 도착했다. 5~7세기에 돈강과 북캅카스에 정착했다. 이때부터 서양사에서는 불가(Bulghar)족으로 기록이 나온다. 부여(불)의 가加의 족族라는 의미로 해석된다.

635년 불가족의 족장 쿠브라트(Kubrat)는 불가 부족 연합을 결성해 아발 지배로부터 독립해 대불가리아(Magna Bulgaria)를 건국했다. 불가리아에서 Bul은 '불, 부여'를 의미한다. ga는 가加, 즉 마가馬加, 우가牛加, 저가猪加, 구가狗加의 가加이다. 'ria'는 나라를 의미하는 사타리아(sataria)를 의미한다. 즉 부여족의 가加가 세운 나라이다.

환국은 9,000년 역사를 가진 인류 최초의 나라이다. 이 나라로부터 12환국으로 문화와 문명이 전파되고 최초의 수도인 아이사타(阿耳斯庀, isata)와 사타리아(斯庀麗阿, sataria)의 이름들이 만국에 전파되어 나라를 세우거나 수도를 세우거나, 아니면 새로운 터전에 지명을 정할 때 고유명사처럼 사용하였을 것이다. 특히 아이사타는 중앙아시아 지역으로 전파되었으며, 사타리아(斯庀麗阿, sataria)는 불가리아가 있던 지역을 중심으로 동유럽 지역으로 전파되어 고유명사가 되었다.

≪동삼성東三省지도≫ ⟨항공우로도航空郵路圖⟩[63] 1932년, 중화민국 21년

---

62 ≪신용하 교수의 다시 보는 한국역사⟨7⟩≫ 부여족과 불가리아 참조.

에 제작된 지도로, 지도 제목을 만주리아(Manchuria)로 표시하고 있다. 영어로 국가는 'Country, State, Nation'이라는 단어를 쓴다. 그런데 이 지도에서는 '만주**리아**(Manchuria)'를 사용하고 있다. 만주지역의 땅이라는 뜻이다. 또는 만주국이란 말이다. 사타**리아**(sataria)란 단어가 어원이 되어 고유명사가 되면서 많은 지역의 나라 이름으로 사용되고 있다.

[그림 234] ≪동삼성東三省 지도≫ 〈항공우로도航空郵路圖〉 1932년, 중화민국 21년 제작, 대만 근대사연구소 출처, Manchuria로 표시

[그림 235] Map of Manchuria and Coria 지도. ≪만한신도滿韓新圖≫로, 1904년 일본 극우단체 흑룡회黑龍會가 제작한 지도

---

63 대만 근대사연구소 출처

제3절 알마아타(Alma Ata)

인류 최초의 국가 환국은 천산天山 아래 터전을 잡았다. 이제 최초의 수도인 아이사타(阿耳斯庀 Isata)의 유적지가 있는 천산산맥의 주변 도시를 살펴보고자 한다. 역사는 반드시 흔적을 남긴다. 그 흔적이 진실을 말해줄 것이다.

천산북로天山北路의 오아시스 요충지 알마티(Almaty)를 살펴보고자 한다. 카자흐스탄(Kazakhstan)의 옛 수도인 알마티(Almaty)는 옛 이름이 알마아타(Alma Ata)이다. 아납목도阿拉木圖라고 한문으로 표기한다. 세계 제2의 지붕인 천산산맥 북쪽 기슭의 오아시스 도시이며, 천산북로天山北路의 요충지이다.

북위 43도에 위치하는 도시이며, 옛 이름은 '사과의 도시' 또는 '사과의 아버지'라는 의미를 담고 있다고 하지만 그 어원은 예로부터 그 지역의 '두라트'라는 씨족이 살던 취락의 이름에서 유래되었다.

알마아타(Alma ata)는 최초의 나라 환국의 첫 거주지인 아이사타(阿耳斯庀 Isata)의 지명 '아타ata = 사타sata'를 취하여 사용하고 있다. 또한 국명인 카자흐스탄 Kazakhstan(哈萨克斯坦도 'stan(스탄) = sata(사타)'를 사용하고 있다. 또한 새롭게 정한 새로운 수도를 '아스타나(阿斯塔纳 Astana) = 아이사타(阿耳斯庀 Isata)'라 하여 국명과 옛 수도명 그리고 새로운 수도명 등이 역사의 진실을 밝혀주고 있다. 중요한 것은 이리하伊梨河, 즉 흑수黑水가 도시 근교를 흐르고 있다는 점과 실크로드의 주요 요충지라는 사실이다.

[그림 236] 알마아타는 실크로드의 중앙아시아 지역의 주요 요충지이다. 알마아타를 지나 사마르칸트로 통한다.

알마아타는 카자흐스탄의 동남부에 뻗어 있는 천산산맥天山山脈의 한 줄기인 해발 4,000m의 안라토산맥이 뻗어 있으며, 알마아타는 이 산맥의 북쪽 기슭에 위치해 있다. 천산산맥 덕분에 빙하가 녹은 물이 흘러내려 예로부터 오아시스의 필수 조건인 물을 충분히 갖춘 도시가 되었다. 미루나무, 떡갈나무, 아카시아 등 도시는 울창한 나무가 있는 곳이다. 봄철에는 흰색의 사과꽃이 만발하는 아름다운 도시가 된다.

① 이시크(isik)의 황금 유물

알마아타의 고고학 박물관에는 기원전 5~4세기(약 2,500년 전)에 제작된 화려한 황금갑옷이 전시되어 있다. 사크(Sakh)족 족장이 입었던 이 갑옷은 1969년 다른 금제 장식품 및 칼, 거울, 장식 등 4천여 점과 함께 알마아타에서 동쪽으로 50Km 떨어진 이시크(isik)의 한 고분에서 원형 그대로 발굴되었다. 10m 높이의 봉분 수천 기가 존재한다.

그런데 사크족의 봉분은 적석목곽분積石木槨墳의 형태로, 신라의 천마총天

馬塚과 흡사하다. 이 유물의 주인공은 사크(sakh)족이다. 카자흐스탄의 사크(Sakh)족을 그리스인들은 흑해 북쪽 돈(Don)강[64]에서 프루트(Prut)강[65] 초원지대를 스퀴티아(skythia)라고 불렀으며, 그 지역에 사는 사람들을 스퀴트인이라고 부르는 데서 유래하여 스키타이(Scythai), 스키타이족(Scythian)이라고 불렀다. 페르시아인들은 사카족(Saka族), 사카이족(Sakai族) 삭카족(Sacca族)이라

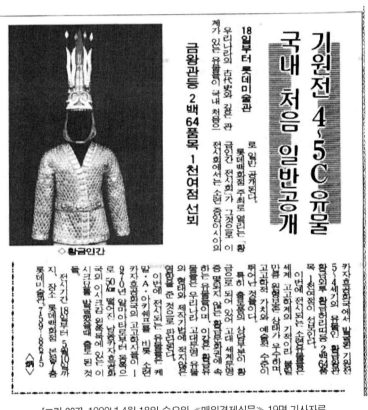

[그림 237] 1990년 4월 18일 수요일 《매일경제신문》 19면 기사자료

---

64 돈(don)강. 동부 유럽의 러시아를 흐르는 강, 길이 1,970Km 아조프해海의 타간로그만灣으로
  흘러들어 간다.
65 프루트(Prut)강. 러시아 남서부, 우크라이나, 몰다비아 두 지방을 남동류하여 도나우강으로
  흘러드는 강

고 불렸으며, 석가족도 바로 샤카(Sakya)족이었다. 인도에서는 시크(Sikh)족
이라고 불렸으며, 현재 시크교도인들로 종교적인 공동체를 이루고 있는데,
성姓을 신(Sign)으로 한다. 중국인들은 색족塞族이라고 불렸던 족속이 바로 황
금갑옷의 주인공이었던 사크(sakh)족이다. 스키타이(Scythai)의 의미는 고대
이란어 '이스쿠치(lshkuzi)'로 활 잘쏘는 사람이란 의미이다.

러시아 극동 연방지구 북부에 있는 공화국으로 사하 (Sakha)공화국이 있
다. 야쿠티야(akutia)공화국이라고도 한다. 공화국의 수도는 야쿠츠크이다.
사하(Sakha)공화국은 발음을 '사카'로 한다. 사카공화국의 원주민은 유라시
아 남쪽에서 극동아시아 북쪽으로 이주하여 정착한 민족이다. 이들은 스키
타이족의 후손들이다. 사하(Sakha)는 이 지역의 중심민족인 야쿠트(Yakut)인
들의 별칭이다. 이들은 스키타이 계통의 민족으로 전통적으로 반유목생활
을 해 왔다.

[도표 067] 사크(Sakh)족의 분포국 현황

호칭	국명	주요 설명
사크족 (Sakh)	카자흐스탄	황금인간 등 사크족 유물 발견
스키타이족 (Scythai)	그리이스	흑해북쪽 돈강~프루트강 초원지대 스퀴티아(skythia)에서 유래
샤카족 (Saka) (Sakai) (Sacca) (Sakya)	페르시아	석가족, 즉 샤카(Sakya)족에서 유래, 스키타이인 중에서 인도 산악지대 정착
시크족 (Sikh)	인도	인도의 인더스 강 유역, 펀자브 지방 거주 민족, 구자라트, 시크교를 신봉한다.
색족 塞族 (Sai族)	중국	색리국塞離國 석이국塞夷國
사하 (Sakha)	러시아	러시아 극동 연방지구 북부 사하(사카)공화국

이 지역은 1620년대부터 러시아의 지배를 받게 되었다. 러시아 정부가 모피에 대한 세금을 부과하자, 야쿠트인들은 이에 1634년과 1642년에 반란을 일으켰으나 진압당하였다. 이 지역은 극동으로의 우편 체계의 완성, 정치범 수용 시설의 건설, 1846년의 금광 발견 등으로 러시아인의 유입이 크게 증가하였고, 1880년대와 1890년대의 시베리아 철도의 건설과 레나(Lena)강으로의 상선 운영으로 러시아인들의 유입이 더욱 증가하였다. 1851년에 야쿠츠카야 주가 설치되었다. 1922년 4월 27일에 야쿠트 소비에트 사회주의 자치 공화국이란 이름으로 변경되었으며, 1991년 12월 28일에는 잠시 야쿠트 소비에트 사회주의 공화국으로 승격되었다. 그러다가 1992년 4월 27일에 사하 공화국으로 승격되었다.

[도표 068] 사크(Sakh)족 관련 황금 유물 현황

발굴 유적지	출토 지역	황금 유물
이시크(issyk) 고분	카자흐스탄 사크(Sakh)족	
금관총, 금령총, 서봉총, 천마총, 황남대총 북분	신라新羅	
시바르간(Shibarhan)고분	아프가니스탄 쿠산제국 貴霜帝國	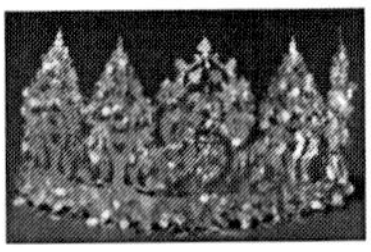

사하(사카, Sakha)라고 부르는 것은 바로 민족의 근원을 밝히고자 하는 것이다.

고대유적 중에서 황금 금관은 전 세계적으로 10여 점밖에 안 된다. 신라금관 5점(금관총, 금령총, 서봉총, 천마총, 황남대총)과 교동금관 1점, 가야금관 1점 등

7점은 국내에 있고, 나머지는 3점은 도쿄국립박물관, 카자흐스탄과 아프가니스탄에 있다.

≪부도지符都誌≫에서 전하기를 최초의 생활 터전인 마고성麻姑城, 실달성實達城, 허달성虛達城에서 생활하다가 인구가 증가하면서 백소씨 부족의 지소씨支巢氏가 배가 고파 쓰러지게 되어 포도를 우연히 먹게 되면서 혼란이 발생한다. 오미五味의 변變이 발생하게 되어 아래 도표와 같이 분거하게 된다.

[도표 069] 마고성에 분거한 부족의 현황

마고	부족	분거주	분거지역
궁희 穹姬	황궁黃穹씨	천산주天山洲	천산산맥
	청궁靑穹씨	운해주雲海洲	중원지역
소희 巢姬	백소白巢씨	월식주月息洲	중앙아시아
	오미의 변-지소씨		중원지역
	흑소黑巢씨	성생주星生洲	서남아시아

오미五味의 변變으로 마고성麻姑城에서 제일 먼저 나간 부족으로 지소씨支巢氏 부족이 있었다. 후에 황궁씨黃穹氏 - 유인씨有因氏 - 환인씨桓因氏 - 환웅씨桓雄氏 - 단군씨檀君氏에 이르러, 지소씨 부족 중에 도요陶堯[66]가 당도唐都를 세워 부도符都와 대립하였다. 이때부터 부족 간 대립이 전쟁처럼 크게 확대되었다.

천산산맥 지역은 황궁씨 후손들이 번성하여 인구가 증가하였다. 유인씨 - 환인씨 - 환웅씨 대에 이르러 인구 증가로 생존이 어려워지면서 환웅씨께서 삼위태백으로 남하하게 된다. 천산산맥에는 여전히 유인씨의 자손이 살고 있었으며 점차 초원루트를 통하여 터전을 확장해 가면서 찬란한 북방문명을

---

[66] 도요陶堯는 요임금이다. 당요(唐堯, BC 2357~2258)는 예로부터 태성성대의 성군으로 알려져 왔으나, 이는 후세 유학자들이 역사를 왜곡하고 미화한 것이다.

건설하게 된다. 북방민족을 이루었던 부족 중에 일부가 한반도로 이주하게 되어 황금 문명을 가지고 오게 된다. 결국 황금 문명을 이룩한 부족들은 황궁씨 - 유인씨 - 환인씨의 후손들로 형제의 나라이다.

② 탐갈리(Tamgaly) 암면 조각화 유적

탐갈리(Tamgaly) 암각화 유적은 카자흐스탄(Kazakhstan) 알마아타(Alma Ata)에서 북서쪽으로 170km 떨어진 안라카이(Anrakhai)산에 있다. 탐갈리(Tamgaly) 암각화는 BC 수천 년 전에 살던 사크(sakh)족이 새긴 그림들이다. 특히 태양을 숭배하거나 다양한 종교의식을 행한 그림들이 그려져 있다. 탐갈리(Tamgaly)는 그림이 그려진 곳이란 뜻이다. 탐갈리(Tamgaly) 그림유적 군은 총 48개 지역으로 분포되어 있으며, 5,000여 점의 그림이 바위에 그려져 있다.

[그림 238] 탐갈리(Tamgaly) 그림 유적 군 중에 태양을 의인화한 그림

[그림 239] 알마아타에서 100Km 떨어진 일리강(흑수) 가의 암각화 지대

[그림 240] 탐갈리(Tamgaly) 그림 중 사슴 그림

[그림 241] 탐갈리(Tamgaly) 암각화 지형

천산天山산맥과 이리하伊犁河 그리고 발하슈호 근처에 수천 년 전의 암각화가 유물로 있다는 것은 이 지역에 많은 사람들이 살고 있었고, 정기적으로 모여 종교의식을 행했다는 증거이다. 2004년 유네스크 세계유산에 등재되어 보존되고 있는 곳이다.

제4절 태백(太白)과 테페(Tepe)

태백太白이란 기록은 환국의 말기 무렵에 인구가 증가하고 분쟁이 심해지면서 새로운 개척지를 찾게 되면서, 환웅께서 이주하신 산山 이름으로 처음 등장하게 된다. 천산天山에서 거주하던 구환족은 하늘에 제사를 모시던 신성한 장소로 산을 인식하였다. 이주할 새로운 터전도 이러한 신성한 장소를 찾았으며, 그 장소가 바로 삼위태백三危太白이다. 즉 삼위산과 태백산이다.

≪부도지符都誌≫에 '백소씨白巢氏와 흑소씨黑巢氏의 후예가 오히려 소巢를 만드는 풍속을 잊지 아니하고 높은 탑과 계단을 많이 만들었다.'는 기록으로 보아, 중앙아시아와 서아시아로 백소씨와 흑소씨 부족이 이주하면서 많은 흔적을 남긴 것으로 추측된다. 환웅씨와 단군씨께서 천하를 순회하시면서 부도의 도를 다시 전파하시고 잊지 않도록 하셨으니, 배달국 시대에 태백산에 올라 천신께 천제天祭를 지내는 문화가 자연스럽게 전파되면서 그 이름이 같이 전파되어 그들도 천신께 천제를 지내는 곳을 만들고 이름을 태백이라고 하였다. 환국 최초의 터전은 **백산**이다. 태백太白이란 **큰太 백산白山**이란 의미이다.

[도표 070] 태백太白 지명의 전세계 분포 현황

태백太白	위치	출처
소巢	중국 곤륜산崑崙山	부도지符都誌
삼위태백	중국 돈황	삼위산三危山
태백太白	중국	섬서성 태백산
		산서성 태백산
	대한민국	강원도 태백산
	일본	선태시 태백산
Tepe(테페)	투르크메니스탄 (Turkmenistan)	Anau Tepe (아나우 테페)
		게옥테페 (Geok Tepe)
		알틴테페 (Altyn Tepe)
Tepe(테페)	아프가니스탄 (Afghanistan)	틸리아 테페 (Tillya Tepe)
Tepe(테페)	터키 (Turkey)	괴베클리 테페 (Gobekli Tepe)
		보즈테페 (Boztepe)
		카라테페 (Karatepe)
		카바테페 (kabatepe)
		니산테페 (Nisan Tepe)
		아슬란테페 (Aslan Tepe)
Tepe(테페)	이란 (Iran)	샤루드 테페 (Shahrood Tepe)
		제이란 테페

태백太白	위치	출처
		(Jeiran Tepe)
		샤 테페 (Shah tepe)
		시알크 테페 (Sialk Tepe)
		고딘 테페 (Godin Tepe)
지구라트 (ziggurat)		초가잠빌 (Tchogha Zanbil)
Tepe(테페)		테페 사라브 (Tepe Sarab)
		피루즈테페 (Firuz Tepe)
Tepe(테페)	이라크 (Iraq)	요르간 테페 (Yorghan Tepe)
		테페 가우라 (Tepe Gawra)
		야림테페 (Yarim Tepe)
지구라트 (ziggurat)		바벨(Babel)탑
Tepec (테펙)	멕시코 (Mexico)	에카테펙 (Ecatepec)
		테페틱팍 (Tepeticpac)
Tell(텔)	이스라엘 (lsrael)	텔하솔 (Tel Hazor)
		텔메기도 (Tel Megiddo)
		텔 브엘세바 (Tel Beer Sheba)
		텔제로르

태백太白	위치	출처
		(Tell Zeror)
		텔아나파 (Tel Anafa)
		텔아비브 (Tel aviv)
		텔모사 (Tel mosa)
Tepe (테페)	불가리아 (Bulgaria)	잠바즈 테페 (Jambaz Tepe)
		네벳테페 (Nebet Tepe)
테베 (Thebes)	이집트 (Egypt)	테베 (Thebes)
테베 (Thebes)	그리이스 (Greece)	테베 (Thebes)
Tepe (테페)	우주베키스탄 (Uzbekistan)	파야즈테페 (Fayaz Tepe)

　그 이름이 현재까지 전해져서 중앙아시아와 서아시아에서는 **테페(Tepe)**라고 부르는데, 이는 우리말과 같은 **태백**太白이다. 테페(Tepe)를 지구라트(ziggurat)라고도 부르는데 지구라트(ziggurat)는 성탑聖塔, 단탑段塔이라고도 한다. 특히 메소포타미아 지역에서 발견되는 건축물을 테페(Tepe)는 또는 지구라트(ziggurat)라고 같이 부르고 있다. 수도 바빌론(Babylon)의 성탑(지구라트)은 바벨(Babel)탑이라고 하였다. 바벨(Babel)은 수도 바빌론(Babylon)의 본래 뜻인 '신神의 문(Bab-illi)'으로 의미를 부여한 것이 아니라 교란(攪亂, Balal)과 결부지어 해석하여 헤브라이인들이 헤브라이어로 부른 이름이었다. 태백문화는 메소포타미아 지역을 지나 이스라엘과 이집트로 전파되어 피라미드문명을 건설하였다. 이 지역에서는 **테페(Tepe)**를 **텔(tell)** 또는 **탈(tal)**이라고 부른다. 태백에서 테페로, 테페에서 텔로 변화된 언어들이다.

천산산맥에서 중앙아시아, 중동 지역, 이집트 지역까지 문화가 전파되었으며 프랑스, 영국 지역으로도 전파되어 거석문화를 남기고 있다. 또한 천산산맥에서 동쪽으로 문화가 전파되어 베링해를 건너 아메리카로 건너가 산처럼 높은 거석문화를 만들었는데, 그 이름이 태백太白이다. 특히 멕시코에는 지명으로도 많은 태백들이 남아 있다. 산에 대한 고유명사처럼 산을 태백이라고 하였다. 이런 사실을 볼 때 인류문화의 뿌리를 찾아 근본을 바르게 앎으로써 서로가 사해형제四海兄弟라는 것을 알고 화목한 세상을 만드는 데 역사학의 소명이 있다고 생각된다.

① ≪부도지符都誌≫의 소巢

≪부도지符都誌≫는 신라 눌지왕 때의 충신인 박제상이 지었다는 책이다. 원본은 현재 전하지 못하고 다만 원본을 보고 공부한 기억을 더듬어서 박금 씨가 기록한 것을 책으로 출판한 것이다. 후에 원본이 발견되기를 학수고대하고 있다. 책 내용 상으로는 현존하는 최고의 역사 기록을 담고 있다.

1) ≪부도지符都誌≫ 제3장

[원문原文]

管氣者爲白하고　管火者爲黑하야
관 기 자 위 백　　　관 화 자 위 흑

各作巢而守職하니　困稱其氏라.
각 작 소 이 수 직　　　곤 칭 기 씨

[해석解釋]

기氣를 맡은 자는 백白이 되고, 화火를 맡은 자는 흑黑이 되어 각각 소巢를 만들어 직책을 지키니, 이로 인하여 성씨姓氏가 되었다.

2) ≪부도지符都誌≫ 제25장

[원문原文]

於焉에 有戸氏이 率其徒하고
어 언 유호씨 솔기도

入於月息星生之地하니 即白巢氏黑巢氏之鄉也라.
입어월식성생지지 즉백소씨흑소씨지향야

兩巢氏之裔이 猶不失作巢之風하여
양소씨지예 유불실작소지풍

多作高塔層臺러라. 然이나 忘失天符之本音하고
다작고탑층대   연   망실천부지본음

未覺作塔之由來하여 訛轉道異하고
미각작탑지유래   와전도이

互相猜疑하여 爭伐爲事라.
호상시의   쟁벌위사

[해석解釋]

　어느덧 유호씨有戸氏가 그 무리를 이끌고 월식月息 성생星生의 땅에 들어가
니, 즉 백소씨白巢氏와 흑소씨黑巢氏가 살던 곳이었다. 백소씨와 흑소씨의 후
예가 오히려 소巢를 만드는 풍속을 잊지 아니하고 높은 탑과 계단을 많이 만
들었다. 그러나 천부의 본음을 잊어버리고 탑을 만드는 유래를 깨닫지 못함
으로써, 도를 와전하여 이도異道가 되고 서로 시기하고 의심하여 싸우고 정
벌하기를 일삼았다.

　마고성 시대는 지금으로부터 11,150여 년 전의 시대이다. 소巢는 망루나
망대, 보금자리를 말한다. 전세계의 높은 탑과 계단을 이르는 건축물이 마고

성의 소巢에서 유래되어 전 세계로 전파되었으며, 그 이름이 바로 소巢이며 후에 태백(太白, Tepe)으로 불리게 된다. 앞으로는 이런 높은 탑과 계단을 공식적으로 **태백(太白, Tepe)**이라고 정명正名해야 한다. 전 세계적으로 분포되어 있는 수많은 태백太白들이 천도天道를 듣기 위해 하늘 가까이 가려는 목적으로 건설되었다는 것이다. 후에 하늘에 제사지내는 천제天祭를 위하여 제천단祭天壇으로 건축되었으며, 더 발전하여 무덤으로 피라미드 태백이나 장군(총) 태백으로 발전하였다. 위 기록은 중요한 기록이다. 전 세계에 건축되어 있는 불가사의한 건축물의 건축 유래를 알려주는 소식이다.

② ≪환단고기≫의 〈삼위태백三危太白〉

≪환단고기≫〈삼성기전 하편〉에 삼위태백 자료에 대한 기록이 있다. 즉 삼위산三危山과 태백산太白山이다. 여기에서 태백太白에 대한 뜻을 '크게 밝은 산'이라고 보편적으로 해석을 한다. 그러나 유래를 구체적으로 생각해 보면, 구환족이 곤륜산에서 북쪽으로 이주하여 터전을 삼았던 천산天山의 옛 이름이 백산白山이다. 산 정산이 여름에도 만년설로 덮여 백색白色이었기에 명명한 이름이다. 그 곳에서 삼천(3,301)여 년을 이어오다가 새로운 곳으로 문명개척단을 보낼 때 주변에 새로운 터전을 살펴보고 또 살펴보았을 것이다. 그래서 기존의 터전인 백산白山보다 **더 큰 백산이라는 의미로 태백산太白山이라 명명하고** 환웅천황으로 하여금 부족을 이끌고 이주하게 하였다. 이때에도 태백산 정상에 제천단을 만들고 하늘 제사를 지내는 천제를 봉행하는 것이 문화가 되었다. 아래 기록에 나오는 태백산을 백두산白頭山으로 추정하고 있으나 이는 잘못된 설정이다. 바로 삼위산三危山과 근거리에 있는 **섬서성 태백산太白山**이다.

역사의 지명을 잘못 추정하게 되면 그 이후에 수많은 연구가 잘못 추정되

어 역사에 오류가 생겨, 실타래가 엉킨것처럼 해답을 찾지 못하여 사람의 정
신이 혼미해지는 것처럼 역사의 혼도 혼미하게 되는 것이다.

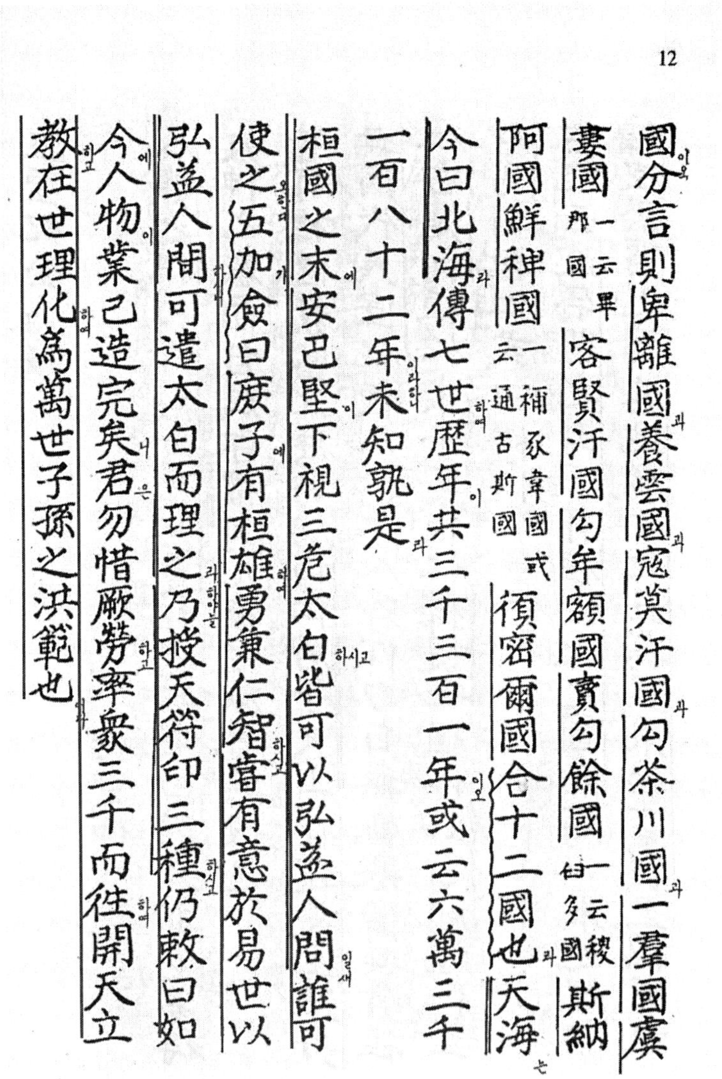

12

國分言則卑離國養雲國寇莫汗國勾茶川國一羣國虞
妻國（一云畢）客賢汗國勾牟額國賣勾餘國（一云稷臼國）須密爾國合十二國也天海
阿國鮮裨國（一補）永韋國（或通古斯國）
今曰北海傳七世歷年共三千三百一年或云六萬三千
一百八十二年未知孰是
桓國之末安巴堅下視三危太白皆可以弘益人間誰可
使之五加僉曰庶子有桓雄勇兼仁智睿有意於易世以
弘益人間可遣太白而理之乃授天符印三種仍敕曰如
今人物業已造完矣君勿惜厥勞率衆三千而往開天立
教在世理化爲萬世子孫之洪範也

[그림 242] ≪환단고기≫ 광오이해사본(1979년) 〈삼성기전 하편〉의 삼위태백 자료

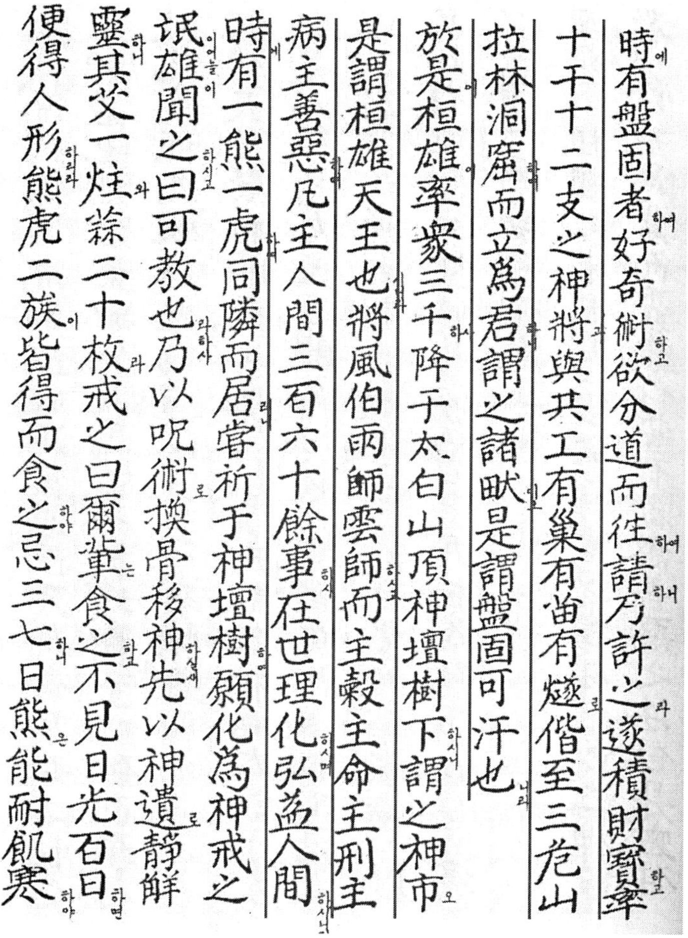

時有盤固者好奇術欲分道而往請之遂積財寶率十干十二支之神將與共工有巢有苗有燧偕至三危山拉林洞窟而立爲君謂之諸畎是謂盤固可汗也放是桓雄率衆三千降于太白山頂神壇樹下謂之神市是謂桓雄天王也將風伯雨師雲師而主穀主命主刑主病主善惡凡主人間三百六十餘事在世理化弘益人間時有一熊一虎同隣而居常祈于神壇樹願化爲神戒之泯雄聞之曰可敎也乃以呪術換骨移神先以神遺靜解靈其父一炷蒜二十枚戒之曰爾輩食之不見日光百日便得人形熊虎二族皆得而食之忌三七日熊能耐飢寒

[그림 243] 《환단고기》 광오이해사본(1979년) 〈삼성기전 하편〉의 삼위산과 태백산 자료

삼국유사에 다행히도 **삼위태백**三危太伯에 대한 기록이 남아 있다. 지금 역사학계에서는 삼위산과 태백산에 대해서는 연구를 제대로 하고 있지 않지만, 세월이 지나고 고대사 연구가 더욱 세밀하게 이루어져서 부정할 수 없는 세월이 오면, 삼국유사의 기록은 중요한 자료로 인용될 수 있을 것이다. 조선시대로부터 지금까지 **자기 역사 부정의 시대**를 살아가고 있으며, 참으로

부끄러운 세월을 보내고 있다고 하겠다.

桓國之末에 安巴堅이 下視三危太白하시고
환국지말　안파견　　하시삼위태백

皆可以弘益人間일새 誰可使之오한대
개가이홍익인간　　　수가사지

五加가 僉曰庶子에 有桓雄하여 勇兼仁智하시고
오가　첨왈서자　유환웅　　용겸인지

嘗有意於易世以弘益人間하시니
상유의어역세이홍익인간

可遣太白而理之라 하야늘
가견태백이리지

乃授天符印三種하시고
내수천부인삼종

仍敕曰女今에 人物이 業已造完矣니
잉칙왈여금　인물　업이조완의

君은 勿惜厥勞하고 率衆三千而往하여
군　물석궐로　　솔중삼천이왕

開天立敎하고 在世理化하여
개천입교　　재세이화

爲萬世子孫之洪範也어다.
위만세자손지홍범야

時에 有盤固者하여 好奇術하고
시　유반고자　　호기술

欲分道而往하여 請하니 乃許之라
욕분도이왕　　청　　내허지

逐積財寶하고 率十干十二支之神將과
수적재보　　솔십간십이지지신장

與共工 有巢 有苗 有燧로
여공공 유소 유묘 유수

偕至三危山拉林洞窟하며
해 지 삼 위 산 납 림 동 굴

而立爲君하니 謂之諸畎이오 是謂盤固可汗也니라.
이 립 위 군　　위 지 제 견　　시 위 반 고 가 한 야

於是에 桓雄이 率衆三千하사
어 시　환 웅　솔 중 삼 천

降于太白山頂神檀樹下하시니
강 우 태 백 산 정 신 단 수 하

謂之神市오 是謂桓雄天王也시니라
위 지 신 시　시 위 환 웅 천 왕 야

將風伯. 雨師. 雲師하시고
장 풍 백. 우 사. 운 사

而主穀. 主命. 主刑. 主病. 主善惡하시며
이 주 곡. 주 명. 주 형. 주 병. 주 선 악

凡主人間三百六十餘事하사
범 주 인 간 삼 백 육 십 여 사

在世理化하시며 弘益人間하시니라.
재 세 이 화　　홍 익 인 간

[해석解釋]

　환국의 말기에 안파견(지위리환인)께서 삼위태백을 내려다 보시며 하문하시기를 "두 곳이 홍익인간 할 수 있는 곳이다. 누가 그 일을 가능하게 할 수 있는가?"

　오가의 우두머리가 모두 대답하였다.

　"서자에 환웅이 있어 용기와 겸손함과 어짊과 지혜로움을 겸비하고 일찍이 홍익인간으로써 세상을 바꿀 뜻을 가지고 있으니 태백의 땅으로 보내어 다스리게 하십시요."

　이에 환인께서 환웅에게 천부와 인 세 종류를 주시며 명하셨다. "이제 인간과 만물이 이미 제자리를 잡아 다 만들어졌으니, 그대는 노고를 아끼지 말

고 3천 명의 무리를 이끌고 가서 나라를 열고 가르침을 바로 세우고 세상을 진리로 교화하여 이를 만세자손의 큰 규범으로 삼을지어다." 하시니라.

환웅께서 태백산으로 분거할 때에 기이한 술법을 좋아하던 반고라는 인물이 있었다. 반고가 개척의 길을 따로 나누어 가기를 청하므로 환인께서 이를 허락하시니라.

드디어 반고는 많은 재화와 보물을 싣고 십간 십이지의 신장을 거느리고 공공, 유소, 유묘, 유수와 함께 삼위산 납림동굴에 이르러 임금으로 즉위하였다. 이들을 제견이라 하고 반고를 반고가한이라고 불렀다.

이때 환웅께서는 무리 3천 명을 이끌고 태백산 정상 신단수 아래로 이주하시어 이곳을 신시라 하시니 이 분이 바로 환웅-천왕이시니라.

환웅께서 풍백과 우사와 운사를 거느리시고 농사, 왕명, 형별, 질병, 선악을 주장하게 하시고, 인간 세상의 360여 가지 일을 주관하여 세상을 진리로써 교화하고 널리 인간을 이롭게 하시니라.

구체적으로 태백산太白山의 역사적인 위치와 상고역사의 서적을 살펴봐서 그 근본적인 역사를 꼭 찾아 보고자 한다.

1) 감숙성甘肅省 삼위산三危山

감숙성甘肅省 삼위산三危山의 높이는 1,947m로 유서깊은 산이다. 삼위산의 막고굴(莫高窟, Mogaoku)에서 20km 떨어진 곳에 돈황(敦煌, Dunhaung)이 있다. 돈황은 하서河西 회랑 서쪽 끝에 위치한다. 돈황은 북경에서 2,000km, 서안西安에서 1,300km 떨어져 있다. 근처에 기련祁連산맥이 있고, 삼위산三危山과 명사산鳴沙山이 있다. 천산산맥에 터전을 잡았던 구환족은 환국 말기에 반고가한 무리들은 삼위산으로 터전을 삼고, 환웅천황은 더 남하하여 태백산에 자리를 잡았다. 고지도에 표시된 삼위산을 찾아보았다.

[그림 244] 돈황 지역에 있는 삼위산 입구 전경

[그림 245] 삼위산의 험한 산세 모습이다. 이 지역은 삼묘=苗족의 근거지이다.

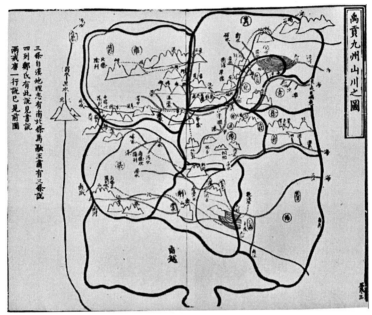

[그림 246] ≪우공구주산천지도禹貢九州山川之圖≫는 남송 순희 십이년南宋淳熙十二年인 1185년에 제작된 지도이다. 이 지도 서쪽에 삼위산三危山과 북쪽으로 흐르는 강을 흑수黑水라 표시하였다.

2) 섬서성陝西省 태백산太白山

아래 지도는 1785년에 제작된 ≪대청광여도大淸廣與圖≫이다. 확대한 지도 중간에 서안西安 서쪽으로 태백太白산이 그려져 있다. 섬서陝西성의 태백산이다. 태백太白이라는 도시도 있다. 환국에서 구환족의 새로운 개척지로 이동할 때 삼위태백三危太白으로 이주하여, 삼위三危산에는 반고가한이, 태백太白산에는 배달국 수도인 신시로 정하고 환웅천황께서 나라를 세웠던 곳이다.

지금 태백산은 섬서성 태백산 국가 삼림공원陝西省太白山国家森林公園으로 지정되어 있다. 섬서 미현眉縣 남쪽에 있는 태백산은 중원 지역에서 가장 높은 산이고 태백산에는 6월까지 정상에 눈이 쌓여 있다. 태백산 정상은 해발 3,767m이다.

[그림 247] 1785년 제작된 ≪대청광여도≫에 기록되어 있는 태백산

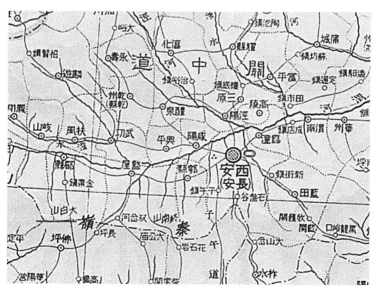

[그림 248] 1927년에 작성된 ≪동아대륙도東亞大陸圖≫에 서안西安에서 서쪽으로 조금 가면 태백산太
白山이 보인다.

[그림 249] 섬서성 태백산 국가 삼림공원陝西省太白山国家森林公园, Taibaishan Nation Forest Park) 3,767m 정상 부근

[그림 250] 섬서성 태백산 국가 삼림공원陝西省太白山国家森林公园, Taibaishan Nation Forest Park) 3,767m 입구

우리 민족은 현재 잊어버리고 살지만, 역사의 진실로 볼 때, 이곳이 바로

배달국倍達國의 주산主山인 섬서성 태백산太白山이다. 지금의 백두산은 배달 국의 주산이 아님을 다시 한번 강조한다. 한 나라의 주산을 쉽게 추정하면 그 나라의 역사를 잊어버리게 된다.

서안西安은 중국 13개 왕조의 수도로 교통의 요충지이다. 북으로 감숙성甘 肅省의 협로를 통과하면 북방 유목민족과 연결된다. 또한 티베트고원과 천산 산맥으로 연결되며, 이곳에서 중앙아시아로 실크로드를 통하여 연결될 수 있다. 남쪽으로는 운남성을 지나 미얀마, 태국 등으로 연결되는 요충지이다. 바로 이 지역이 배달국 신시 지역이다. 근처에 있는 태백산은 배달국의 주산 이자 성지이다.

그러나 현실은 너무나 안타깝다. 환단고기를 연구하시는 많은 분들은 백 산白山을 백두산이라고 잘못 추정하여, 구환족 선영의 유골이 잠들어 있는 지역인 섬서성陝西省 태백산 지역은 꿈에도 생각하고 있지 않기 때문이다.

[그림 251] 중국 서안 피라미드(Xi'an Pyramid). 좌표 34° 23' 45.64" 108° 42' 43.16' 고도 472m 높 이 1.10km Google Earth 2014.08.18일 복사한 사진이다.

독일인 저자 하우스돌프 하트위그(Hausdorf, Hartwig)의 저서[67]≪The Chinese RosWell (중국의 로즈웰)≫이라는 책의 제6장 〈The White Pyramid(백색의 피라

미드)〉에서 중국 서안西安 지역의 피라미드에 대해 소개하고 있다.

　구글어스(Google Earth)를 통해서 살펴본 결과 서안 지역의 피라미드는 군群을 이루고 있다. 중국에서는 별도로 연구는 하고 있지 않다. 다만, 서안 근처에 신시배달국神市倍達國의 태백산이 존재한다는 것은 태백문화와 높은 연관성이 있음을 추측할 수 있다.

3) 삼국유사 삼위태백三危太伯

　현 역사학계는 ≪환단고기≫를 위서라고 매도하고 연구조차 하지 않는다. 조선시대 수서령에 의하여 고대사 자료가 민간에서 사라지고, 일인日人들에 의하여 일제시대에 강제 수거된 이후에 유일하게 ≪삼국유사≫와 ≪삼국사기≫가 역사서로 인정받고 있다. 천만다행으로 ≪삼국유사≫에서 옛 기록을 인용하여 환국桓国과 환인桓因을 기록하고 있다. 판본에 따라서 환국桓国 또는 환인桓因으로 기록하고 있다. 환국 말에 환웅께서 태백산을 터전으로 하여 신시神市를 열었다는 기록이 전해지고 있다. 이 기록은 부정하지 못하는 기록이자, 너무나 소중한 기록이다.

[원문原文]

古記云, 昔有桓囯(謂帝釋也)庶子桓雄,
고 기 운　석 유 환 인　위 제 석 야　서 자 환 웅

數意天下, 貪求人世, 父知子意,
삭 의 천 하　탐 구 인 세　부 지 자 의

下視三危太伯可以弘益人間,
하 시 삼 위 태 백 가 이 홍 익 인 간

乃授天符印三箇, 遣往理之. 雄率徒三千,
내 수 천 부 인 삼 개　견 왕 리 지　웅 솔 도 삼 천

---

67 ≪The Chinese Roswell≫, Hausdorf, Hartwig, New Paradigm Books, 1998.08.01 참조

降於太伯山頂(即太伯今妙香山)神壇樹下,
강 어 태 백 산 정 즉 태 백 금 묘 향 산 신 단 수 하

謂之神市, 是謂桓雄天王也.
위 지 신 시, 시 위 환 웅 천 왕 야.

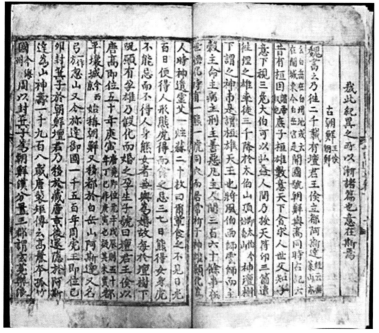

[그림 252] 이 ≪삼국유사≫ 판본은 연세대가 2013년 기증 받아 보관 중인 고 손보기 교수의 파른본 삼국유사이다. 1512년의 정덕본보다 이른 고판본이다. 손보기 교수는 생존 시에 판본을 공개하지 않았으며, 사후에 가족을 통하여 공개되었다.

[해석解釋]

옛 기록에 이르기를, 옛적에 환인桓国[68]이 있었다. (제석을 이른다.) 서자부에 환웅께서 계셨다. 항상 천하에 뜻을 두었으며, 인간 세상을 탐구하였다. 아

---

[68] 현 역사학계는 1512년 정덕본 삼국유사 기록인 환국桓国을 환인桓因으로 덧칠한 자료를 저본 으로 하여 환인桓因으로 해석하였다. 그러나 이 해석은 억지 주장이다. 원본대로 환국桓国으 로 봐야 한다. 상세한 설명은 1장과 2장을 참고하기 바란다.

버지桓因께서 자식桓雄의 뜻을 아시고 삼위태백三危太伯을 살펴보시니 가히 인간을 널리 이롭게 할 만한 곳이라. 이에 천부인 세 개를 전수하시고, 그 이치로써 다스리게 하였다. 환웅桓雄께서 무리 3천 명을 이끌고 가셨다. 태백산 정상(즉 태백은 현재의 묘향산69), 신단수 아래로 내려가셨다. 이름하여 신시神市이며, 환웅천왕桓雄天王이시다.

《환단고기》의 기록과는 삼위태백에서 백(白, 伯) 자를 《환단고기》는 '흰 백白' 자로, 《삼국유사》는 '맏이 백伯' 자로 사용하였다.

《환단고기》는 구체적으로 삼위三危는 반고가한이, 태백太白은 환웅천황께서 터전을 삼으셨다고 기록하였다. 《삼국유사》의 큰 줄거리는 《환단고기》와 일치한다. 즉 환국桓国의 환인桓因께서 새로운 개척지를 삼위태백三危太伯으로 정하시고 환웅천왕을 무리 3천 명과 함께 보내셔서 개척하시게 하였다는 것이다. 그곳이 태백산이며 신시神市였다는 사실이다.

[그림 253] 6월에도 정상에는 백색의 눈이 쌓여 있는 태백산. 천산(백산)에서 내려와 태백산을 만나 터전을 삼았다.

---

69 태백을 묘향산으로 추정하였다. 하지만 이는 잘못된 추정이다. 바로 섬서성의 태백산이다.

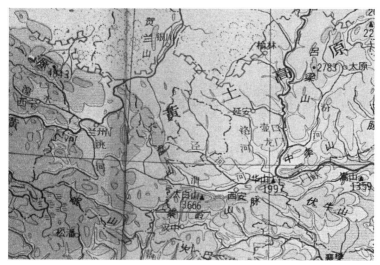

[그림 254] ≪중화인민공화국지도집中華人民共和國地圖集≫. 1972년에 출판된 지도집으로, 서안과 태백산, 황하 물줄기를 살펴볼 수 있다. 높이가 3,666mm(실제 3,767mm)로 표시되어 있다.

4) 산서성山西省 태백산太白山

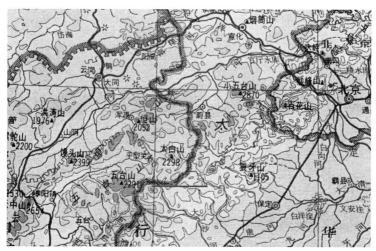

[그림 255] ≪중화인민공화국지도집≫. 1972년에 출판된 지도집으로 북경에서 남서쪽으로 산서성 태백산이 보인다. 높이는 2,298m이다.

산서성山西省 태백산(太白山, 2298m)은 베이징에서 남서쪽에 있다. 북서쪽으로는 항산(恒山, 2017m)이 있고, 남서쪽으로는 오대산(五臺山, 1563m)이 있으며, 동남쪽으로는 백석산(白石山, 2018m)이 있다. 고구려 때 백석산白石山 전투 기록이 있는 곳이다. 산서성山西省 태백산太白山에 대한 기록이 삼국사기에 있다.

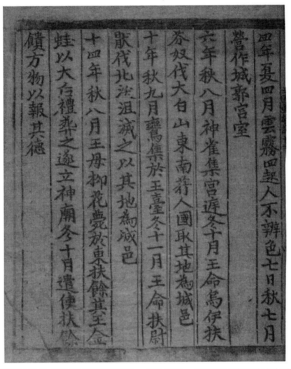

[그림 256] 1537년 옥산서원본(보물 제525호) ≪삼국사기 ≫ 고구려본기 동명성왕 편 6년 기사 원본

[원문原文]

六年 秋八月 神雀集宮庭
육 년 추팔월 신작집궁정

冬十月 王命烏伊扶芬奴 伐大白山 東南荇人國
동십월 왕명오이부분노 벌대백산 동남행인국

取其地爲城邑

취 기 지 위 성 읍

[해석解釋]

동명성왕 6년(BC 32년) 가을 8월에 신령한 새들이 궁궐의 뜰에 모여들었다. 겨울 10월에 오이부분노烏伊扶芬奴에게 명하여 태백산太白山 동남쪽 행인국荇人國을 정벌하게 하였다. 그 땅을 취하여 성읍으로 삼았다.

여기에서 언급하고 있는 대백산은 태백산太白山을 의미한다. 그러나 현 사학자들은 태백산太白山을 한결같이 백두산白頭山이라고 추정하고 있다. 그러나 이 추정은 잘못된 것이다. 앞에서도 여러 차례 언급했지만, 태백산은 태백산이다. 여기에서 이야기하는 태백산은 신시 배달국이 섬서성陝西省 태백산太白山에 이어 두번째 터전인 산서성山西省 태백산太白山을 이야기하고 있다.

5) 대한민국 태백산太白山

대한민국 강원도에는 태백산(太白山, Taebaeksan)이 있다. 강원도 태백시 소도동에 있는 산이다. 높이는 1,567m이다. 신라 때는 북악北岳이라 하여 왕이 친히 제사를 지냈다. 태백산을 비롯하여 동쪽의 토함산, 서쪽의 계룡산, 남쪽의 지리산, 중앙의 팔공산이 오악五岳에 해당한다.

태백산 정상 부근에 한강의 발원지인 태백 검룡소儉龍沼가 있다. 또한 낙동강의 발원지이기도 하다. 당골계곡에는 매년 개천절에 제를 올리는 단군성전이 있다. 산 정상에 천제를 봉행하는 전통이 그대로 보전되어 있다. 유구한 역사 속에서 전통을 지키는 천제문화가 보존되고 있다.

[그림 257] 태백산 정상의 천제단天祭壇 모습. 하늘에 제사를 지내는 성스러운 장소로 사용되었다. 다른 이름으로 구령단九靈壇 또는 구령탑九靈塔이라 하고 마고탑麻姑塔이라 하기도 한다.

6) 일본 태백산太白山

일본 궁성현宮城県 선태시仙台市 태백산太白山이 있다. 센다이(sendai) 태백산이다. 태백산의 지명은 전세계에 있는데, 이는 바로 우리 민족의 이동 경로이다.

[그림 258] 일본 센다이 태백산의 정상 모습

[그림 259] 일본 센다이 태백산의 우뚝 솟은 모습

③ 투르크메니스탄(Turkmenistan)

1) 아나우 테페(Anau Tepe)

중앙아시아나 서아시아를 여행하면 흔히 평원의 지평선상에 높이 5~20m, 길이가 10m~100m의 높은 언덕 같은 대지를 보는 경우가 허다하다. 이곳을 올라가보면 지표에는 토기파편들이 널려 있는 경우가 많다.

이런 언덕 같은 대지를 **테페**(Tepe)라고 부르는데, 옛날에 주민들이 햇빛에 흙을 말려서 만든 벽돌로 집을 짓고 이것이 부서지면 그것을 그 자리에서 그대로 부수어 평평히 한 다음 그 위에 집을 지어 나갔기 때문에 이런 과정이 몇 번이고 되풀이될 때 이처럼 높다란 언덕처럼 생긴 것이다.[70]

위 '초원실크로드 대탐사' 기사에서 테페(Tepe)를 소개하고 있는데, 우리는 테페(Tepe)라는 곳이 무엇인지 생각봐야 한다. 결론적으로 말씀드리면 테페(Tepe)는 한민족의 **태백太白**이다. 한 민족이 거주하는 지역의 높은 곳에 제단

---

[70] ≪동아일보≫ 기사 1991년 6월 22일자 신문에 유네스코 주관 초원실크로드 대탐사(아슈하바트~알마아타 루트를 가다).

을 쌓고 하늘에 제사, 즉 천제天祭를 지내는 전통이 전해져 오고 있는데, 그런 신성한 장소를 태백(Tepe, 太白)이라고 하였다.

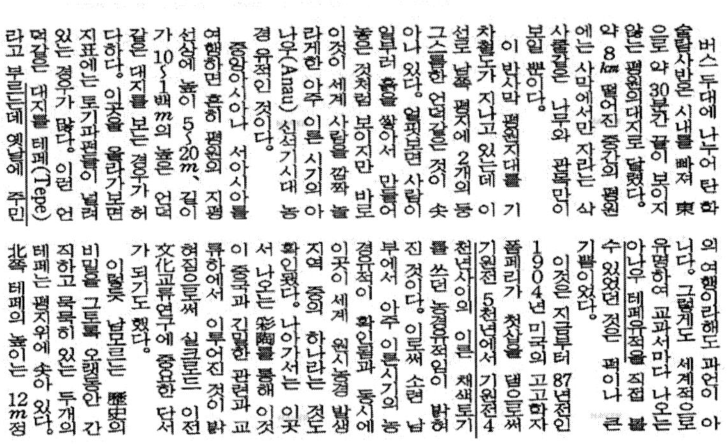

버스 두대에 나누어 탄 학술답사반은 시내를 빠져 東으로 약 30분간 끝이 보이지 않는 평원의대지로 달렸다. 약 8㎞ 떨어진 중간의 평원에는 사막에서만 자라는 사울같은 나무와 관목만이 보일 뿐이다.

이 반사막 평원지대를 기차철도가 지나고 있는데 이 선로 남쪽 평지에 2개의 둥그스름한 언덕같은 것이 솟아나 있다. 얼핏보면 사람이 일부러 흙을 쌓아서 만들어 놓은 것처럼 보이지만 바로 이것이 세계 사람을 깜짝 놀라게한 아주 이른 시기의 아나우(Anau) 신석기시대 농경 유적인 것이다.

중앙아시아나 서아시아를 여행하면 흔히 평원의 지평선상에 높이 5~20m, 길이가 10~1백m의 높은 언덕같은 대지를 보는 경우가 허다하다. 이곳을 올라가보면 지표에는 토기파편들이 널려있는 경우가 많다. 이런 언덕같은 대지를 테페(Tepe)라고 부르는데 옛날에 주민

의 여행이라해도 과언이 아니다. 그렇게도 세계적으로 유명하여 교과서마다 나오는 아나우 테페유적을 직접 볼 수 있었던 것은 퍽이나 큰 기쁨이었다.

이것은 지금부터 87년전인 1904년 미국의 고고학자 폼페리가 첫삽을 댐으로써 기원전 5천년에서 기원전 4천년사이의 이른 채색토기를 쓰던 농경유적임이 밝혀진 것이다. 이로써 소련 남부에서 아주 이른시기의 농경유적이 확인됨과 동시에 이곳이 세계 원시농경 발생지역 중의 하나라는 것도 확인됐다. 나아가서는 이곳서 나오는 彩陶를 통해 이것이 중국과 긴밀한 관련과 교류하에서 이루어진 것이 밝혀짐으로써 실크로드 이전 文化교류연구에 중요한 단서가 되기도 했다.

이렇듯 남모르는 歷史의 비밀을 그토록 오랫동안 간직하고 묵묵히 있는 두개의 테페는 평지위에 솟아 있다. 北쪽 테페의 높이는 12m정

[그림 260] 1991년 06월 22일 ≪동아일보≫ 9면 임효재任孝宰 교수(서울대 고고학 교수)의 기고문 중 테페(tepe) 기사 스크랩

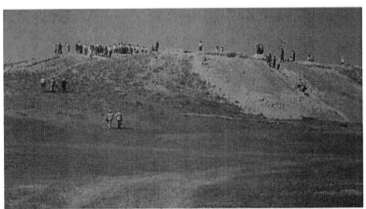

중앙아시아 일대의 고대역사를 간직하고 있는 테페(Tepe)유적. 평지위에 산같이 우뚝솟은 아나우(Anau)도 이러한 테페로서 초기 신석기시대의 농경문화를 간직하고 있다.

[그림 261] 1991년 06월 22일 ≪동아일보≫ 9면 임효재 교수(서울대 고고학 교수) 기고문 중 테페(tepe) 사진. 평지에서 이 정도 높이면 작은 산으로 인식될 정도이다. 태백이라 불렀으며 지금도 테페라고 부른다.

중앙아시아 일대에서 고대역사를 간직하고 있는 테페(Tepe) 유적지인 위 사진을 살펴보면 낮은 산이 연상된다. 평지에서 이런 정도의 높이면 제단으로 사용할 장소가 될 수 있다. 위 유적은 백소씨白巢氏족과 흑소씨黑巢氏족이 곤륜산崑崙山에서 분거分居하면서 이동 경로에 남겨진 문명의 유물이다. 기원전 5천 년 전이나 지금으로부터 7천 년 전 시대이다.

신석기시대 아나우 유적에서 출토되는 彩色土器。 이러한 토기들은 중국의 甘肅省과 河南省일대에서도 출토되고 있어 BC 5천년경 東西文化교류를 실증해 주고 있다。

[그림 262] 1991년 06월 22일 《동아일보》 9면 임효재 교수(서울대 고고학 교수)의 기고문 중 채색 토기. 지금으로부터 7천~8천 년 전 시대이다.

투르크메니스탄(Turkmenistan)의 수도 아슈하바트에서 동쪽 인근 아나우(Anau) 지역에 테페(tepe) 유적이 있다. 문화의 본원本源에서는 목적과 의미를 알고 있었지만, 문화가 전파되어 번성하는 지류支流에서는 의미를 잘 모르지만 문화의 유물은 남아 있는 경우가 많다. 특히 여기에서 출토된 채색토기彩

色土器는 천산산맥天山山脈 지역에서 부족의 이동 경로인 감숙성甘肅省, 하남성河南省, 산서성山西省, 요동성遼東省, 길림성吉林省에서 많이 출토되는 토기이다. 천산산맥天山山脈에서 터를 잡은 구환족九桓族은 인구 증가로 점차 천산산맥을 중심으로 서쪽으로는 중앙아시아 쪽과 서아시아 쪽으로 또한 동쪽으로는 삼위태백三危太白 지역으로 이동하면서 정착하였다.

[그림 263] 카스피해 동쪽의 카라쿰사막의 나라 투르크메니스탄의(Turkmenistan) 수도 아슈하바트에서 동쪽 인근 아나우(Anau) 지역에 테페(tepe) 유적이 있다

2) 게옥 테페(Geok Tepe) 전투

투르크메니스탄(Turkmenistan)의 중서부 지역에 있는 게옥테페(Geok Tepe)에서 러시아군과 코페트다크(Kopet dag)산맥의 북쪽 기슭에 있는 테케족과의 전투가 있었다. 게옥테페(Geok Tepe)요새는 아슈하바트의 서쪽에 있고, 투르크멘족 중에서도 가장 강력한 부족들이 방어하고 있었다. 1880년에 시작된 1년 동안의 전투에서 결국 러시아 군대에 함락되고 1만 5천 명이 학살되었다. 이 곳의 지명인 게옥(Geok)은 푸른색(Blue)를 뜻하고 테페(Tepe)는 **태백太白**

으로 언덕이나 을 뜻하여 푸른산(Bule hill)을 의미한다.

[그림 264] 게옥테페(Geok Tepe)를 공격하는 러시아군을 그린 삽화

3) 알틴테페(Altyn-tepe)

[그림 265] 알틴테페(Altin tepe) 전경 사진. 알틴테페(Altin tepe)은 황금으로 만든(goldener)이란 뜻
의 알틴(Altin)과 언덕, 산을 뜻하는 테페(tepe), 즉 태백이다. 즉 알틴테페(Altin tepe)는 황
금으로 만들어진 산이란 뜻이다. 산 정산에 유적지가 발굴되었다.

알틴테페(Altyn Tepe, Altin tepe)는 투르크메니스탄(Turkmenistan)의 코페트다그산 기슭에 있는 테페유적지이다. 알틴테페(Altyn Tepe)는 1960년대에 발굴되기 시작하였다. 유적지는 BC 3000년대 말~BC 2000년대 초의 지구라트 형 신전(높이 12m)과 묘지에서 발굴된 터키석, 홍옥, 마노瑪瑙, 상아 등의 장신구, 금제 이리의 두상(狼頭像, 높이 1.5m), 우두상(牛頭像, 높이 7.5m)이 발견되었다.

④ 아프가니스탄 틸리아 테페(Tillya Tepe)

[그림 266] 아프가니스탄 북부 옥서스(아무다리야)강 틸리아 테페(Tillya Tepe)에서 발굴된 왕관.

1978년 아프가니스탄 북부 옥서스(Oxus)강, 즉 아무다리야(Amu Darya)강 유역의 **틸리아 테페(Tillya Tepe)**에 위치한 박트리아 무덤에서 나온 이 왕관은 1세기에 만들어졌으며 운반이 용이하도록 접을 수 있게 되어 있다. 요새 마을인 **엠시테페**(주민들이 그 지역을 엠시테페라고 부른다.)[71]는 현대의 시바르간

71 ≪보물추적자≫, 푸른숲, 2003년, 볼프강 에베르트 저, 정초이 역, 38쪽 인용.

(Shibarghan)의 북동쪽 악차로 가는 도로상에 5km 떨어져 있으며, 유명한 죽은 자의 도시는 틸리아 테페(Tillya Tepe)에서 500m거리이다. 무덤 여섯 곳(다섯 여인과 한 남자)에 극히 부유한 보석과 20,000개의 금장식이 발견되었다. 연대는 기원전 1세기경으로 측정되었다. **틸리아 테페**(Tillya Tepe)는 황금의 언덕이란 뜻으로 여기에서 테페(Tepe)는 언덕으로 설명되어 있지만, 발음 그대로 태백이다.

⑤ 터키(Turkey)

1) 괴베클리 테페(Gobekli Tepe)

남부 터키의 샤늘르우르파(Sanliurfa)에서 1994년 한 양치기가 돌기둥을 발견하게 되다. 당시 과학계를 떠들썩하게 만든 **괴베클리 테페**(Gobekli tepe) 유적지이다. 여기에서도 바로 유적지 이름이 태백이다. 탄소측정 결과 기원전 9,000년~11,000년 전 유적지이다.

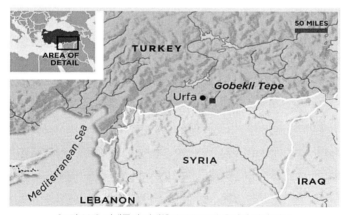

[그림 267] 괴베클리 테페(Gobekli tepe) 유적지 위치 지도

지역에 있는 기반암으로부터 7톤에 이르는 석회암의 벽돌을 깎았다. 이 벽돌을 옮겨 원형 돌 건축물을 곧게 쌓았다. 또한 돌기둥들이 벽 주위에 놓여 있다. 돌 기둥 중간에 여러 종류의 동물들이 조각되어 있다. 조각된 동물들은 야생 들소, 야생 돼지, 여우, 가젤, 당나귀, 뱀, 파충류, 곤충, 거미, 독수리, 전갈 등이다. 또한 각 돌기둥에는 추상화된 수수께끼 같은 상형 그림과 동물 부조로 조각되어 있다.

[그림 268] 괴베클리 테페(Gobekli tepe) 유적지. 돌기둥 유적 중간에 동물들이 조각되어 있다.

괴베클리 테페(Gobekli tepe)는 배 모양의 언덕이란 뜻이며, 거석 중에는 높이가 5m가 넘고 무게가 50t 이상 나가는 것도 있다. 이 정도 돌기둥은 500여 명 이상의 인력이 필요한 대공사이다. 그 많큼 큰 조직을 구성하고 있었다는 반증이다. 괴베클리 테페는 신전으로 추정되며, 하늘에 제사를 모시는 성스러운 태백太白의 제천단祭天壇같은 곳이다.

2) 보즈테페(Boz Tepe)

터키(Turkey) 트라브존(Trabzon)은 흑해黑海 연안 동부에 있는 항구도시이
다. 고대 페르시아와 중앙아시아로 통하는 무역로의 기점으로 알려진 도시
이다. 실크로드의 이동로에 있는 도시로 종교, 언어, 문화가 융합되는 도시
였다. 이 도시의 언덕 이름이 바로 보즈테페(BozTepe)이다.

[그림 269] 보즈테페(boz tepe)에서 바라본 북쪽 바다 흑해

보즈(boz)는 '갈색'이란 뜻이며, 테페(tepe)는 바로 태백이다. 즉 갈색 산(Boz
Tepe), 갈색 언덕(Brown Hill)이란 의미이다. 또한 실크로드에서 북쪽에 있는
바다를 북쪽 바다, 즉 흑해라고 불렀다. 북방은 검은색을 의미한다. 흑수黑水
와 같은 의미이다. 이런 철학적인 의미를 잊어버리고 바닷물 색깔을 연관지
으려고 하지만 쉽게 수긍되지 않는 이야기이다.

3) 카라테페(Karatepe)

[그림 270] 카라테페(kara tepe) 고대 유적

카라테페(Karatepe)는 터키(Turkey)와 시리아(syria) 국경 부근에 있는 후기 히타이트(Hittites)[72] 시대의 유적지이다. 히타이트(Hittites)의 상형문자와 페니키아(Phoenicia)문자의 2개 국어로 된 비문이 발견되었다. 여기에서 카라(kara)는 '검은, 검정'을 뜻한다. 테페(tepe)는 '언덕(hill), 태백'을 뜻한다. 즉 검은산(黑山)을 뜻한다.

4) 카바테페(Kabatepe)

카바테페(kabatepe)는 터키(Turkey)의 서부 도시 겔리볼루(Gelibolu)에 있는 1차세계대전 당시 영국과 프랑스 연합군 함대와 전투를 벌인 지역 이름이다. 이 전투는 치열한 전투로 양쪽 모두 25만 명의 사상자를 낸 참혹한 전투였다. 카바(kaba)는 '거칠다, 투박하다'라는 뜻이다. 테페(tepe)는 '언덕(hill), 태백太白'이란 뜻으로, '투박한 언덕, 거친 산'이란 의미이다. 터키(Turkey)에는 수많은 테페(tepe)라는 지명이 분포되어 있다. 이는 천산산맥을 근거지로 살아오

---

72 BC 1,400년 전 중동 지역은 히타이트(Hittites) 제국의 절정기였다. 아나톨리아(Anatolia)의 동부, 메소포타미아(Mesopotamia)의 북서부에 위치한다.

던 구환족이 환국 말기에 일부는 중국 내륙으로 이동하고 일부는 서쪽으로 이동하여 새로운 거주지를 찾아 본고향에서 가져온 지명을 그대로 사용하면서 전세계적으로 태백이란 지명이 남게 된 결과이다.

⑥ 이란 테페(Tepe) 유적들

1) 이란 국립박물관(National Museum of Iran)

이란[73]의 수도 테헤란(Tehran)에 있는 이란 국립박물관(National Museum of Iran)에 있는 아래 도표 유물에 대한 출처를 정리하여 보자. 첫번째는 빌딩모델(building model) 유물인데, 발굴 장소는 **테페(tepe) 샤루드(Shahrood)** 이다. 두번째인 두 개의 도자기 유물은 이란 **제이란 테페(Jeiran Tepe)**에서 발견되었으며, 이란의 오즈바키 나자르 아바드(Ozbaki Nazar Abad)에 있는 유적지이다. 세번째 도자기는 **샤 테페(Shah tepe)**에서 발견된 유물이다. 샤 테페(Shah tepe)는 이란의 골레스탄주州에 있는 고르간(gorgan)[74] 도시의 유적지이다. 네번째 도자기는 유명한 **시알크 테페(Sialk Tepe)**이다.

---

[73] 이란이란 국명은 고귀함을 뜻하는 아리안에서 유래했다. 서구에 알려진 2,500년 전의 페르시아 역사는 아리안족이 이란에 유입된 이후의 역사만을 계산한 것이다.

[74] 고르간(Gorgan)은 이란 골레스탄주에 있는 도시로 구르간(Gurgan)이라고도 한다. 옛 이름은 아스테라바드(Asterabad)이며, 카스피해에서 동쪽으로 37km의 엘부르즈산맥 북쪽 기슭에 고르간 평야를 끼고 있다. 실크로드의 거점으로 교통의 요지를 이루고 있다.

태백	이란 유물	설명
샤루드 테페		building model - tepe sang chagh magh (Shahrood) 5th mil BC. National Museum of Iran.
제이란 테페		pottery spouted vessel - Jeiran tepe, Ozbaki, Nazar Abad, 2nd mil BC. National Museum of Iran.
		pottery drinking vessel - Jeiran tepe, Ozbaki, Nazar Abad, 2nd mil BC. National Museum of Iran.
샤 테페		Pottery triple vessel, Shah tepe (Gorgan), late 2nd mil BC. National Museum of Iran.
시알크 테페		Pottery vessel, Tepe sialk (Kashan) 1st mil BC. National Museum of Iran.

이란 중북부의 사막지대에 있는 카샨(Kashan)의 남서쪽 3km에 위치한 선사시대의 유적지이다. 남북 두 개의 테페(Tepe)가 있다. BC 5,000년 전에 이미 구리銅를 사용했다. 시알크 테페(Sialk Tepe)를 시알크 지구라트[75](Sialk

75 지구라트(ziggurat)는 고대 바빌로니아 앗시리아의 피라미드 형태의 신전을 말한다.

ziggurat)라고도 부른다.

[그림 271] 시알크 테페(Sialk Tepe)를 멀리서 본 전경. 시알크 지구라트(Sialk ziggurat)라고도 부른다.

[그림 272] 시알크 테페(Sialk Tepe)가 있는 도시. 이란 중북부의 사막지대에 위치한 도시 카샨
(Kashan)

2) 고딘 테페(Godin Tepe)

[그림 273] 고딘 테페(Godin Tepe)에서 발굴된 와인 용기(Jars). 기원전 3,500년 전의 유물이다. 지금 으로부터 5,500여 년 전이다.

고딘 테페(Godin Tepe)는 이란 서부 자그로스(Zagros) 산맥의 산 기슭에 위치 한다. 고딘 테페는 원시 수메르(Proto Sumer)의 식민지로 추정하고 있다. 이곳 이 주목 받는 이유는 1990년대 여름에 가장 오랜된 와인 용기라고 증명된 몇 개의 용기(Jars)가 출토되었기 때문이다. 이 용기는 방사성 동위원소 연대 측 정법에 의하면 BC 3,500년에서 BC 2,900년 사이에 만들어진 것으로 측정되 었다. 이 오랜된 용기 안의 침전물이 잘 숙성된 와인으로 밝혀지자 문화적 의 의에 많은 관심이 집중되었다.

3) 초가잠빌(Tchogha Zanbil) 지구라트

이란 남서부 이라크와 근접한 쿠제스탄(Khuzestan)주州의 고대도시인 초가 잠빌(Tchogha Zanbil) 지구라트(ziggurat)는 기원전 1,250년 엘람왕국(Elamite Dynasty)의 운타쉬 나피라샤(Untash Napirisha 1275~1240) 왕이 건설한 도시 두루 운타쉬(Dur Untash)에 있었는데, 기원전(BC) 640년 아시리아(Assyria)의 침입으 로 수사(Susa)와 함께 파괴되어 폐허가 되었다.

1995년 유전탐사팀에 의하여 지구라트가 발견되었다. 5개 층으로 된 기단

基壇은 105m 정사각형이다. 벽돌에는 엘람어(Elamite)로 된 쐐기문자(梯形文字, Cuneiform)의 비문이 가득 새겨져 있다.

[그림 274] 쿠제스탄(Khuzestan)주의 고대도시인 초가잠빌(Tchogha Zanbil) 지구라트(ziggurat)

[그림 275] 쿠제스탄(Khuzestan)주의 고대도시인 초가잠빌(Tchogha Zanbil) 지구라트(ziggurat)에서 발견된 엘람어(Elamite)로 된 쐐기문자(梯形文字, Cuneiform)

4) 테페 사라브(Tepe Sarab)

테페 사라브(Tepe Sarab)는 이란(Iran)의 서부지역 케르만샤(Kermansha)[76]에서 북동쪽으로 7km에 있는 유적이다.

[그림 276] 테페 사라브 비너스(Tepe Sarab Venus)

1959년에 발굴되었으며, 기원전 6000년 시대의 주거지이다. 초기의 채문토기彩紋土器와 함께 많은 토우土偶가 발견되었다. 특히 다리를 앞으로 뻗친 자세의 여성상은 '테페 사라브 비너스(Tepe Sarab Venus)'라고 불린다. 이란의 테헤란(Teheran) 고고학박물관에 소장되어 있다.

---

76 케르만샤 (Kermansha) 이란 서부, 자그로스 산속의 크루디스탄 지방에 있는 도시

이라크(Iraq) 테페(Tepe)와 지구라트

1) 요르간 테페(Yoyghan Tepe)

[그림 277] 누주(Nuzu, Nuzi)에서 발굴된 설형문자로, 후르리(Hurrians)족의 가족법과 사회관습이 기록되어 있다.

　요르간 테페(Yorghan Tepe)는 이라크(Iraq) 앗타밈주 키르쿠크(Kirkuk) 남서쪽에 있는 고대 메소포타미아의 도시이다. 1925~31년 미국고고학자들을 통해 발굴작업이 이루어지게 되어 많은 유물들이 발굴되었다. 아카드 시대 (BC 2334~2154년)에는 '가수르(Gasur)'라고 불렸으며, BC 2000년대에 후르리 (Hurrians)족에게 점령되면서 누주(Nuzu, Nuzi)로 불리게 된다.

　채색도기가 발견되었으며, 5,000개가 넘는 설형문자 각판이 발견되었다. 설형문자는 아카드어이며 후르리(Hurrians)족의 가족법과 사회관습이 기록되어 있다.

2) 테페 가우라(Tepe Gawra)

[그림 278] 테페 가우라(Tepe Gawra) 발굴 현장

테페 가우라(Tepe Gawra)는 이라크(Iraq) 북부의 모슬(Mosul)에서 북동쪽으로 24km에 있는 높이 22m의 유적지를 말한다. BC 5000년~3500년 전 시대이다. 농촌 마을에서부터 벽돌로 지은 집들과 국새國璽, 최초의 금속제품, 기념비적인 건축양식들을 보여주는 복합 거주지에 이르는 변천 과정을 한눈에 볼 수 있다.

[그림 279] 테페 가우라(Tepe Gawra)에서 발굴된 최초로 맥주를 시음하는 모습의 봉인 인장(stamp seal)

수메르 구조물을 특징으로 하고 있다. 여러 형태의 인장印章이 발굴되었다. 최초로 맥주를 시음하는 모습의 봉인 인장(stamp seal) 유물도 발굴되었다.

3) 바빌론(Babylon)의 지구라트 바벨(Babel)탑

메소포타미아 지역에서 발견되는 건축물을 테페(Tepe)는 또는 지구라트(ziggurat)라고 부른다. 마고성의 소巢처럼 하늘에 있는 신들과 지상의 인간들를 연결시키기 위하여 초기부터 지표보다 높게 설치하였으며 후대에는 높이가 점차 높아지게 되었다. 정상부는 '하얀집'이라고 해서 신상神像을 모셔놓은 성스러운 성소聖巢를 마련하였다. 이는 천산天山과 태백산太白山의 정상이 항상 백색으로 덮혀 있는 것을 형상화 한 것이다.

수도 바빌론(Babylon)의 성탑(지구라트)은 수메르인이 착공했다가 미완이었던 것을 후대 신바빌로니아의 왕들이 공사를 재개해 노력을 거듭해서 기원전 7세기 느부갓네살(Nebuchadnezzar) 2세[77] 때에 겨우 완성되었다.

이 탑을 바벨(Babel)탑이라고 하였다. 바벨(Babel)은 수도 바빌론(Babylon)의 본래 뜻인 '신神의 문(Bab-illi)'으로 의미를 부여한 것이 아니라, 교란(攪亂, Balal)과 결부지어 해석하여 헤브라이인들이 헤브라이어로 부른 이름이었다.

바벨(Babel)탑 유적을 처음 발굴한 사람은 독일의 고고학자 콜데바이(Robert Koldway)이다. 그는 1913년 바빌론을 발굴하던 중 유적의 토대에서 기원전 229년에 새겨진 점토판을 발견하였다. 이 점토판에 따르면 바벨(Babel)탑은 7층이었고 그 위에 사당(8층)이 설치돼 있었으며, 가로 세로 90m 정사각형으로 높이가 90m이며[78], 8천 5백만 개의 벽돌로 건축되었다는 사실을 알게 되었다.

---

[77] 네부카드네자르(Nebuchadnezzar) 2세(BC 605~BC 562년 재위)

[78] BC 458년 경 바벨론을 여행한 역사의 아버지 헤로도토스(Herodotus, c.484-425 BC)가 ≪역사(히스토리아)≫에서 '가로, 세로, 높이가 각각 90m이고 8층인 바벨탑이 존재한다.'고 기록하였다.

바빌론의 유물을 다량 소장하고 있는 노르웨이 오슬로의 마틴 쉐인(Matin Schoyen)이 바벨탑을 증명할 수 있는 바벨탑 비석(The Tower of Babel Stele) 유물을 공개함으로써 알려지게 되었다.

바벨탑 비석에는 쐐기문자로 '바벨의 지구라트'라는 글자가 새겨져 있다. 이 비석에는 바벨탑의 평면도, 입면도, 건설자인 느부가넷살 2세의 모습도 조각되어 있다. 이 비석에 '에테멘안키 지구라트 카딩기라키'라고 쐐기문자로 음각되어 있다.[79] 이는 '바벨의 탑'을 의미한다.

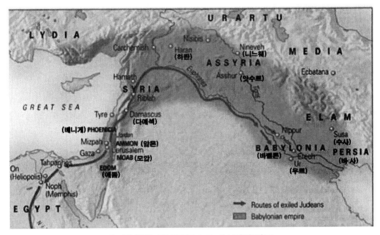

[그림 280] 바빌론(Babylonia) 지역 지도

지구라트의 하나였던 에테메난키(Etemenanki)[80] 발굴 현장에서 쐐기문자 점토판[81]이 발견되었는데, 해독 결과 '나는 하늘과 어깨를 겨루는 에테메난

---

79 2013년 EBS 3D입체다큐멘터리 ≪위대한 바빌론≫ 참조

80 에테메난키(Etemenanki)는 '하늘과 땅의 기초의 집'이란 뜻으로 마르투크 신의 신전 에사리라에 속하는 탑으로 현재는 기초만 남아 있다.

81 19세기 말 앗시리아의 설형문자 발견과 함께 시작된 앗시리아 문자 해독 작업은 1921년 제임스 해어헨리 브리스티드 박사의 제안으로 시카고고대학에서 '앗시리아사전'을 편찬하기로 하고 90년 동안 88명의 연구진이 이 작업에 매달려 2천여 년 동안 사용되지 않던 고대 설형문자 2만 8천 단어가 수록된 메소포타미아 시대에 관한 백과사전 형식의 사전 21권의 출간을 지난 2011년 6월 9일 발표하였다.

키(Etemenanki)의 탑 끝을 올리는 공사에 착수했다'는 글귀가 쓰여 있었다. 그 래서 고고학자들은 에테메난키(Etemenanki)를 고대 바벨탑이 세워졌던 터라 고 잠정적으로 결론을 내리게 되었다.

바빌론의 지구라트는 다른 도시들의 지구라트보다 훨씬 크다. 이런 거대 한 규모를 갖게 된 것은 바빌론이 다른 도시들을 압도할 정도로 정치, 경제의 중심지였기 때문이었다. 바벨탑은 기원전 479년 페르시아의 침공으로 철저 히 파괴되었다. 페르시아를 정복했던 알렉산더 대왕이 바빌론을 점령했을 때, 이미 페르시아인들이 철저하게 파괴한 바벨탑을 원상 그대로 복원하려 했지만, 너무나 거창한 사업이었기에 중간에 포기하지 않을 수 없었다.[82]

⑧ 아메리카 대륙의 태백太白 문화

수미산須彌山, 즉 곤륜산崑崙山에서 인구 증가로 인해 동서남북으로 분거하 여 정착할 때, 천산으로 이주한 황궁씨께서 터를 잡으시고 유인씨에게는 인 간 세상의 일을 밝히게 하시고, 둘째와 셋째아들에게 모든 주州를 순행巡行하 게 하시어 사방으로 분거한 동족들에게 근본을 잊지 않게 하였다. 후에 유인씨 는 아들 환인씨에게 나라를 전하셨다. 비록 곤륜산에서 분거하였지만, 그 이 후에도 순행을 통하여 근본을 가르치는 일은 지속적으로 이루어지게 되었다.

환인씨께서 최초의 나라인 환인씨의 나라, 즉 환국桓國을 개국하시고 12환 국으로 나누어 다스리셨다. 환국 말기에 환웅씨께서 태백산 아래 신시神市를 여시고 환웅씨의 나라를 개국하시니 배달국倍達國이라 하였다. 12환국 중에 서 극동지역에 정착한 부족들이 캄차카(Kamchatka) 반도에서 알류샨(Aleutian) 열도를 따라 아메리카로 이주하게 되었다. 아메리카 대륙에 정착한 민족들

---

82 ≪이야기 세계사. 고대 오리엔트로부터 중세까지≫, 청아출판사, 김경묵 저, 2002년 출판, 7쪽 참조

은 가져온 문화를 아메리카 대륙에도 그 흔적으로 남기고 있다. 그 문화 흔적을 살펴보고자 한다.

1) 북아메리카의 인디언의 태백 문화

미국의 일리노이(Illinois)주에 미국 중부를 북에서 남으로 관통하는 미국 최대의 강으로 길이가 6,210Km인 미시시피(Mississoppi)강이 있다. 그 강가에 세계문화유산에 등재된 카호키아 마운드 역사 유적(Cahokia Mounds State Historic Site)이라는 인디언 유적지가 있다. 그 유적지 안에 가장 큰 건축물인 **몽크스 마운드**(Monks Mound)가 있다. 도시의 원래 이름은 거주민들이 문자로 된 기록을 남기지 않아 알려져 있지 않으며 후에 미국인에 의하여 명명된 이름이다.

몽크스 마운드(Monks Mound)는 높이 30m, 길이 291m, 폭 236m로 큰 규모의 흑으로 만든 피라미드이다. 마운드의 정상에는 신전이 있던 것으로 밝혀졌으나 현재는 터만 남아 있다. 유적지 박물관에 소개되어 있는 거주민들의

[그림 281] 카호키아 마운드(Chahokia Mounds)의 유적지 안내문에 있는 몽크스 마운드(Monks Mound) 그림. 'The largest prehistoric earthwork in the Americas(미국에 있는 가장 큰 선사시대 흙으로 만든 언덕)'라고 소개되어 있다.

[그림 282] 카호키아 마운드(Chahokia Mounds)의 유적지 중 가장 큰 몽크스 마운드(Monks Mound)의 모습. 피라미드 모습이다.

문화 중에 순장殉葬제도가 있었다고 소개하고 있다. 순장제도는 우리 민족의 역사에 나오는 제도이다. 주목할 만한 기록이다.

[그림 283] 그레이브 크릭 마운드(Grave Creek Mound)의 모습

두 번째로 웨스트버지니아(WestVirginia)주에 있는 **그레이브 크릭 마운드** (**Grave Creek Mound**) 유적지는 높이 19m 원형으로 지름이 73m의 크기이다. 무덤으로 추정하고 있다.

[그림 284] 그레이브 크릭 마운드(Grave Creek Mound) 그림. Ancient Mounments of the Mississippi Valley(1948)

이처럼 북아메리카에도 많은 원주민의 유적지가 있으나 안타깝게도 문자로 기록되어 있지 않았다. 그런 이유로 인하여 이름조차 남아 있지 않다. 유럽에서 백인의 이주가 시작되면서 인디언 부족과의 전쟁과 학살로 살던 터전을 버리고 다른 지역으로 강제 이주되면서 유적지조차 스스로 관리할 수 없게 되었던 것이다.

유적지에는 초기 태백문화太白文化를 느낄 수 있는 기록들이 있다. 즉 높은 언덕을 쌓고 그 위에 신전을 건축하여 하늘에 제사 지내는 문화가 있었음을 충분히 확인할 수 있는 유적지들이다. 지금의 우리나라 태백산 정상에 천제단이 있는 것과 같은 형태이다. 단지 문자 기록이 없어 이름은 알 수 없지만 그들이 남긴 유적을 연구한 미국인들의 연구 결과에 따라 확인한 결과이다.

미국 인디언 전쟁(American Indian wars)은 1622년에서 1890년까지 미국 원주민인 인디언과 백인 이주민들 사이에 벌어진 기나긴 전쟁을 말한다. 오랜 전쟁의 결과 인디언의 인구는 급감하게 되었으며 거의 멸망한 상태가 되었다. 살아남은 인디언은 미국 국무부 인디언 정책국에서 지정한 인디언 보호구역(Indian Reservation Area)이라는 지역에서 거주한다. 현재 미국에는 약 310개의 인디언 보호구역이 있다. 인디언은 종족이 백인도 아니면서 더구나 흑인도 아니다. 바로 그들은 황인종이다. 백인이 미국 땅에 들어오기 전 수천년 동안 주인으로 살아온 그 땅의 원주민이다. 그러나 그들은 역사를 잃어버리고 보호종족으로 힘든 삶을 살고 있다.

2) 멕시코(Mexico)의 에카테펙(Ecatepec)

멕시코(Mexico)에서는 에카테펙 디 모레로스(Ecatepec de Morelos)라는 도시명을 볼 수 있다. 여기에서 테펙(tepec)은 바로 태백太白이다.

[그림 285] The glyph for Ecatepec. Its name is represented by a hill (tepetl) and the face of the wind god (Ehecatl). 위 사진에 대한 영어 설명의 핵심은 에카테펙(Ecatepec)의 상형문자로 소개하고 있다.

에카테펙(Ecatepec)은 1428년~1539년에 절대군주제 통치를 한 나라 이름이자 수도 이름이다. 에카테펙(Ecatepec)은 에스파냐(Espana) 정복 이전에 멕시코 계곡(Valley of Mexico)에 존재했던 나라로, 에카테펙(Ecatepec, Eca太白)은 '바람의 언덕風山'이란 의미를 가지고 있었는데, 바람의 신 에카들(Ehecatl)을 숭배했다. 즉 여기에서 알 수 있듯이 테펙(Tepec)은 언덕(hill)이다. 원주민들은 산을 테펙(Tepec)이라고 부르고 있다.[83]

[도표 072] 멕시코에 현재 남아 있는 태백太白 지명

멕시코 도시명	발음	의미
Amatepec	아마테펙	도시
Chapultepec	차풀테펙	메뚜기산
Coatepec Harinas	코아테펙하리나스	도시
Coyotepec	코요테펙	도시
Ecatepec	에카테펙	국명
Jilotepec	질로테펙	도시
Juchitepec	주치테펙	도시
Metepec	메테펙	도시
Nopaltepec	노팔테펙	도시
Otzolotepec	오트졸로테펙	도시
Sultepec	술테펙	도시
Temascaltepec	테마스칼테펙	도시
Tultepec	툴테펙	도시
Zinacantepec	지나칸테펙	도시
Tuxtepec	툭스테펙	도시
Tepeticpac	테페틱팍	국명

---

83 From Wikipedia, the free encyclopedia. (에카테펙 참조 사이트)
http://en.wikipedia.org/wiki/Ecatepec_de_Morelos

중앙아시아와 서남아시아에서도 테페(tepe)는 지명 뒤에 붙어 많이 쓰이는데 '언덕(hill), 산'이란 의미로 사용하고 있다. 중앙아시아와 서아시아의 4대 문명과 아메리카 대륙의 아즈텍(Aztec)문명과의 동질성을 증명할 수 있는 언어학적 자료이다.

3) 멕시코(Mexico)의 테페틱팍(Tepeticpac)

[그림 286] 테페틱팍(Tepeticpac)을 상징하는 상형문자

테페(태백太白), 틱팍(Tepeticpac)은 13세기~16세기 동안 부족연합으로 존재했던 나라, 수도이며 나라 이다. 테페틱팍(Tepeticpac)이 위치했던 자리는 틀락스칼라(Tlaxcala)주가 되었다. 왕은 7대까지 이어졌다.

4) 중남미 3대 문명文明 - 마야(Maya)문명

멕시코(Mexico), 과테말라(Guatemala), 온두라스(Honduras) 등 중앙아메리카 지역에서 발달한 문명은 동방에서 넘어온 부족들이 아메리카에 정착한 이후에 점차 남하하여 멕시코 지역에서 건설한 마야(Maya) 문명이다. 기원전 3000년 경에 시작하여 기원 후 300년 경에 크게 융성하였으며, 기원후 900년 경까지 계속되었다. 마야의 유적지는 치첸이차(chichenitza), 툴룸(Tulum), 팔렝케(Palengue) 티칼(tikal), 코판(copan) 지역이다. 이 지역의 유적도 중앙아시아(中央亞細亞)의 테페(Tepe) 유적으로, 서남아시아의 지구라트(Ziggurat)와 피라미드(Pyramid)처럼 태백문화를 형성하여 많은 태백(피라미드)들을 건설하였다.

[도표 073] 중앙아메리카 마야문명 태백 유적지 현황

태백太白 유적지	국적	장소
치첸이차 (chichenitza)	멕시코 (Mexico)	유카탄주 (Yucatan)
툴룸 (tulum)	멕시코 (Mexico)	유카탄주 (Yucatan)
팔렝케 (Palengue)	멕시코 (Mexico)	치아파스주 (Chipas)
티칼 (tikal)	과테말라 (Guatemala)	페텐주 (Peten)
코판 (copan)	온두라스 (Honduras)	할라파주 (Jalapa)

[그림 287] 치첸이차(chichenitza)는 멕시코(Mexico)의 유카탄(Yucatan) 주의 고대 마야문명 피라미드 태백이다.

[그림 288] 마야(Maya) 유적지인 멕시코(Mexico)의 유카탄(Yucatan)반도 툴룸(tulum) 피라미드 태백 유적지이며, 이곳은 휴양지로 유명한 카리브(Carib)해 해변가이다.

[그림 289] 마야(Maya) 유적지인 멕시코(Mexico)의 치아파스(Chipas) 주 팔렝케(Palengue) 피라미드는 태백 유적지이다.

[그림 290] 마야(Maya) 유적지인 과테말라(Guatemala) 페텐(peten)주 티칼(tikal) 재규어 신전으로 피라미드 태백의 모습이다.

[그림 291] 마야(Maya) 유적지인 온두라스(Honduras)의 할라파(Jalapa)주 코판(copan) 피라미드 태백의 모습이다.

마야(Maya)문명의 주요 유적지를 살펴보았다. 마야문명은 이집트의 피라미드(Pyramid)와 유사한 모양의 거대 신전을 건축하고 태양신과 달의 신을 숭배하였다. 이를 기반으로 신정정치神政政治를 하였다. 천체天體 관측법이 발달하여, 지구가 둥글고, 태양의 주위를 돌고 있으며, 위도와 경도의 개념, 일식과 월식, 그리고 금성을 포함한 눈에 보이는 행성의 이동 주기를 이해하고 있었으며, 달력을 만들 수 있는 역법曆法도 발달하였다. 또한 마야 숫자는 0을 사용하였으며, 20진법을 사용하였다. 또한 신성문자神聖文字인 상형문자를 사용하여, 기념비나 신전의 벽, 또는 양가죽에 기록을 남겨 두었다. 특히 마야달력은 세계적인 이목을 집중시키는 등 많은 설화를 가지고 있다.

5) 중남미 3대 문명 – 아즈텍(Aztec)문명

아즈텍(Aztec)문명은 13세기 후반에 나우아족(Nahuas)이 톨테카족(Tolteccas)과의 전쟁에서 승리한 후, 1276년 경 차풀테펙(Chapultepec)에 진출하였다. 그러나 1325년 경에 주변 부족으로부터 공격을 받아 방어가 용이한 텍스코코 (Texcoco)호수 중앙의 한 섬으로 이동하여 정착하였다. 그 곳을 테노치티틀란 (Tenochtitlan, 지금의 멕시코 시티)이라고 불렀다. 부족 이름도 나우아족(Nahuas) 에서 멕시카족(Mexicas)으로 개명하였다. 멕시코 중앙계곡의 서부와 남부지 역을 정복하여 아즈텍(Aztec)제국으로 성장하였다.

[도표 074] 중앙아메리카 아즈텍문명 태백 유적지 현황

태백太白 유적지	국적	장소
테나유카 (Tenayuca)	멕시코 (Mexico)	멕시코주
테오판졸코 (Teopanzolco)	멕시코 (Mexico)	모레로스주
조치칼코 (Xochicalco)	멕시코 (Mexico)	모레로스주
테오티우아칸 (Teotihuacan)	멕시코 (Mexico)	멕시코시티

[그림 292] 17세기에 그려진 테노치티틀란(tenochtitla). 14세기 초 아즈텍의 거점으로서 테스코코 호수의 중앙섬에 건설된 조그만 부락이었으나, 15세기에 들어와 아즈텍족의 세력 증대와 더불어 군신軍神 위칠로포츠틀리의 대신전大神殿과 제왕諸王의 궁전을 중심으로 확대 재건 되어, 16세기 초두에는 인구 20만의 대도시가 되었다.

[그림 293] 멕시코주에 있는 테나유카(Tenayuca) 피라미드태백 아즈텍 유적지(900년~1,500년대 유적)

[그림 294] 멕시코 모레로스주 테오판졸코(Teopanzolco) 피라미드태백 아즈텍 유적지

[그림 295] 멕시코 모레로스주 조치칼코(Xochicalco) 피라미드태백 아즈텍 유적지

[그림 296] 멕시코시티에서 40Km 떨어진 테오티우아칸(teotihuacan) 태양의 피라미드태백 아즈텍 유적지. 기원전 300년 경에 시작됐다는 인구 20만 명의 고대도시는 1000년의 영화를 뒤로한 채 7세기 경 자취를 감췄다. 아메리카 대륙에서 가장 큰 피라미드 유적이다.

최근 아즈텍문명을 건설한 민족의 기원에 대한 연구가 많이 이루어지고 있다. 특히 배재대학교 손성태교수가 언어학적 접근과 초기 스페인 신부가

기록한 사료를 연구하여 우리말과 같은 많은 단어들을 발견하였다.[84]

6) 중남미 3대 문명 - 잉카(Inca)문명

잉카(Inca)문명은 15세기~16세기에 걸쳐 남아메리카 중앙 안데스지방(현, 페루, 볼리비아)을 통일한 제국이다. 스페인 침략자들에 의하여 멸망당하였다. 그 나라를 세운 부족을 잉카(Inca)족이라고 불렀으며, 케추아족이라고도 불렀다. 잉카(Inca)문명의 대표적인 유적지로 마추픽추(Machu Picchu)가 있다. 페루 남부 쿠스코시의 북서쪽 우루밤바 계곡에 있는 유적이다. 잉카 제국의 역사는 제1대 왕 망코 카팍(Manco Capac)에서 13대 왕 아타우알파(Ataualpa)까지 이어졌다. 잉카 제국은 쿠스코를 수도로 정하고 안데스 산맥의 지세에 따라 4개 지역으로 나누어 다스렸다. 잉카 제국의 사람들은 수도 쿠스코가 지구의 중심지이자 성지여서, 태양에 의해 빛나는 도시라고 생각하였다.

[그림 297] 잉카(Inca)문명의 유적지 마추픽추(Machu Picchu) 태양의 도시, 공중도시, 잃어버린 도시이다. 잉카제국 멸망 후에 세상과 격리되었다가 20세기에 발견된 유적이다.

---

84 손성태, ≪아즈텍의 역사, 제도, 풍습 및 지명에 나타나는 우리말연구(라틴아메리카연구)≫, 배재대학교, 2009년

7) 아메리카 태백太白 문명의 멸망

이렇게 찬란했던 아메리카 지역의 태백太白문명의 주인공은 바로 구환족九桓族이다. 지금은 인디오라고 부르지만, 그들의 얼굴은 바로 우리 얼굴이다. 수천 년에 걸쳐 아시아에서 베링해협과 알류샨열도를 건너 아메리카에 정착한 동족들이다. 16세기 초 서양족이 그 땅을 침범하기 전에는 약 1억 명의 인구가 그 지역에서 평화롭게 살고 있었지만, 서양의 침공으로 인하여 거의 멸족을 당하였다.

≪서인도 제도의 역사(Historia de las Indias)≫를 저술한 바르톨로메 데 라스카사스(Bartolome de Las Casas, 1474.8~1566.7.17)[85]의 기록을 살펴보면 구환족의 멸망에 대한 참혹함을 느낄 수 있다.

> [그들은 사람들 사이로 뚫고 들어가 어린이이건 노인이건 임신부이건 가리지 않고 몸을 찢었으며, 칼로 베어서 조각을 냈다. 울타리 안에 가둔 한 떼의 양을 습격하는 것과 다를 바 없었다. 그들은 끼리끼리 그들 가운데 누가 단칼에 한 사람을 두 동강낼 수 있는지, 창으로 머리를 부술 수 있는지, 또는 내장을 몸에서 꺼낼 수 있는지 내기를 걸었다. 그들은 갓난아기의 발을 잡고 엄마의 젖가슴에서 떼어내 머리를 바위에다 패대기쳤다. 어떤 이들은 아기의 어깨를 잡고 끌고 다니면서 놀리고 웃다가 결국 물속에 던져 넣고 "이 작은 악질 놈아! 허우적거려 보라!"고 말했다. 그들은 또 구세주와 12사도를 기리기 위해 13개의 올가미를 만들어 원주민 13명을 매달고 그들의 발밑에 모닥불을 피워 산채로 태워 죽였다. 나는 똑똑히 들었다. 산토도밍고에서 바하마 제도로 가는 배는 나침반 없이도 바다에 떠 있는 인디언의 시체를 따라 항해할 수 있다는 말을…….]≪서인도 제도의 역사(Historia de las Indias)≫

---

85 바르톨로메 신부는 한때 쿠바 정복에 참가했으며 원주민 노예를 고용해서 대농장을 경영하기도 했던 인물이다. ≪라틴아메리카 역사 다이제스트 100≫, 2008. 11. 1, 가람기획, 참고.

16세기 초에 세계인구는 약 4억 명 정도였다. 아메리카 원주민은 1억 명 정도였다. 그러나 서양족속의 침략으로 1세기 동안 거의 멸족을 당하여 약 500만 명 정도만 겨우 살아 남았다. 이는 아메리카 인구의 95%가 전멸당하는 정복전쟁이었다. 인류역사상 최악의 인종 학살이었다. 이들은 인종학살의 이념[86]으로 예수교耶蘇敎를 앞장 세워 만행을 저질렀다. 그렇게 당한 민족이 바로 구환족의 후손들이다.

이렇게 찬란했던 태백문명과 구환족은 아메리카에서 원주민으로 살아가고 있다. 지금은 정복자들의 언어와 글을 사용하고 있으며, 종교도 개종하여 근본조차 모르고 살아 가고 있다. 역사를 소중하게 여기는 민족은 반드시 살아 남을 것이요. 역사를 잃어버리는 민족은 그 후손을 보존키 어려울 것이다.

⑨ 이스라엘 (Israel) 텔(tell)유적

태백太白산에서 시작된 산 이름은 대한민국, 중국, 일본에서는 태백太白으로 사용하고 있으며, 천산산맥에서 아메리카로 넘어간 구환족은 테펙(tepec)으로 전승되어, 지명과 산 이름으로 사용하고 있다. 천산산맥에서 서쪽으로 이주한 구환족은 테페(Tepe)라는 수많은 지명과 유적지를 남겼다. 중앙아시아에서 중동지역으로 이주한 구환족은 태백太白을 텔(Tell)[87]이라고 부르고

---

[86] 가톨릭교회는 '전쟁과 종교', '칼과 십자가'를 동일시하게 되었다. 이는 신앙의 수호나 전파를 위해서는 군사적 수단을 함께 사용할 수 있음을 의미했다. 1508년, 교황 율리우스 2세는 스페인의 신대륙에 대한 식민정책에 종교적인 정당성이 있음을 인정했다

[87] 텔(tell) 또는 탈(tal)라고도 한다. 주거의 부서진 흙더미가 퇴적하여 이룩된 인위적인 언덕. 폐구廢丘 또는 유구遺丘라고도 번역한다. 테페(tepe)는 그것의 페르시아 명칭. 메소포타미아를 중심으로 서아시아에서는 주거와 신전이 흙벽돌로 만들어졌는데 새로 지을 때는 이전의 것을 편편하게 고르고 그 위에 세웠다. 그래서 오랜 세월동안 주거지는 점점 높아져서 그중에는 30m를 넘는 것도 있다. 텔 발굴에 의하여 각 시대의 문화발전을 층위적으로 알 수 있어서 비교 층위학, 특히 서아시아 고고학의 연대 결정에 중요한 역할을 하고 있다.

있다. 이스라엘에는 텔하솔(Tel Hazor), 텔메기도(Tel Megiddo), 텔 브엘세바(Tel Beer Sheba), 텔제로르(Tell Zeror), 텔아나파(Tel Anafa), 텔아비브(Tel aviv)[88], 텔모사(Tel mosa)등 텔(Tell) 관련 지명이 이스라엘 전역에 200여 곳에 남아 있다. 북부의 텔 하솔은 갈릴리 호수 근처에, 텔 메기도는 키숀 강(Qishon River) 최북단에 있으며, 텔 브엘세바는 이스라엘 남부의 네게브 사막(Negev Desert) 근처에 있다. 텔(Tell)은 태백太白이다.

⑩ 불가리아 (Bulgaria) 테페(Tepe)

잠바즈 테페(Jambaz Tepe)는 현재 불가리아 플로브디프도시에 있다. 로마시대의 대표적인 유적인 로마 원형극장이 남아 있다. 트라야누스(98-117) 황제 때 완성되었으며, 칠천석에 가까운 좌석이 있다. 로도피 산을 조망할 수있는 잠바즈 테페(Jambaz Tepe) 의 남쪽 경사면에 위치해 있으며, 잘 보존되어 있다. 언덕(hill) 또는 산(mountain)의 의미로 사용되고 있다. 즉 태백太白산의 의미이다.

네벳테페(Nebet Tepe)는 기원전 5세기 트라키아의 정착지였던 유몰피아스(Eumolpias)[89]의 폐허지로 플로브디프 고대 마을의 북쪽 해발 203m에 있다. 이곳은 마케도니아, 로마, 비잔틴, 오스만투르크 등 외세에 의해 끊임없는 침략을 받아왔으며, 오스만투르크 시절부터 현재의 명칭으로 불렸다.

---

88 나는 내 겨레가 사로잡혀 와서 살고 있는 그발강가 텔아비브에 이르렀다. 나는 얼빠진 사람이 되어 칠 일간 그들 가운데 앉아 있었다. (에제키엘 3:15) 대한성서공회 ≪공동번역성경≫참조.

89 플로브디프는 기원전(BC) 5,000년 경 유몰피아스(Eumolpias)라는 이름으로 시작되어, BC 342년에는 마케도니아의 필리포스(Philip pos) 2세(알렉산더대왕의 부친)가 점령하면서 필리포폴리스(Philipo polis)라는 군사도시로 건설되었다.

[그림 298] 불가리아 플로브디프의 로마 원형극장 모습. 극장이 건설된 언덕이 바로 잠바즈 테페 (Jambaz Tepe)이다.

[그림 299] 불가리아 플로브디프도시에 있는 네벳테페(Nebet Tepe)

불가리아는 부여족夫餘族이 서쪽으로 이주하여 세운 나라로 불가족의 나라이다. 그 문화의 흔적이 이렇게 지명으로 남아 있다.

테베(Thebes)는 중세 이집트 왕국 시대의 수도였다. 이집트의 수도 카이로에서 남쪽으로 660km 정도 떨어진 곳에 룩소르 도시가 있다. 강을 사이에 두고 서쪽에는 테베(Thebes)가 있고 동쪽에는 네크로폴리스가 있다. 고대 이집트인들은 태양이 뜨는 나일강 동쪽에 신전을 지었고, 태양이 지는 서쪽은 무덤 등을 건축하였다.

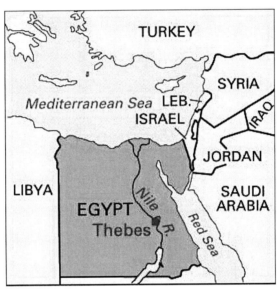

[그림 300] 이집트의 고대 수도 테베(Thebes). 나일(Nile)강의 상류에 있다. 수도 카이로에서 660km 정도 떨어진 곳이다.

테베(Thebes)는 고대 이집트의 중왕국과 신왕국 때 번성한 곳이었다. 제18~20왕조(BC 1570년~BC 1070년)의 파라오들의 무덤이 있기에 '왕가의 계곡'이라 부른다. 대표적인 신전이 룩소르(Luxor)신전과 카르나크(Karnak)신전이다. 룩소르신전은 제18왕조 아멘호테프 3세가 건립한 신전이다. 카르나크신전은 아몬(Amon)신에게 바쳐진 것으로 세계 최대 규모의 신전이다. 이집트의 테베(Thebes)도 구환족의 태백이다.

[그림 301] 이집트의 고대도시 테베(Thebes)의 룩소르(Luxor)신전

⑫ 그리이스(Greece) 테베(Thebes)

그리스(Greece)의 중부지역 보이오티아(Boeotia)에 있던 옛 도시 이름이 테베(Thebes, Thebai)이다. BC 3,000년 전, 지금으로부터 5,000여 년 전에 주민들이 생활한 흔적이 있다.

BC 2,000년 전에는 테베의 왕 오이디푸스(Oedipus)와 테베를 공격하는 7인 등 역사 기록이 남아 있다. 테베공략 7장군에 관한 이야기는 고대 그리스에서 인기있는 이야기 가운데 하나였다. 아이스킬로스의 비극 ≪테베공략 7장군(Hepta epi Thebas)≫, 안티마코스의 서사시 ≪테바이스(Thebais)≫ 등이 있다. BC 335년 테베왕국은 알렉산드로스 대왕에게 패하여 완전히 파괴되었다.

[그림 302] 그리스(Greece)의 고대도시 테베(Thebes). 요즈음은 티바(Thívai)라고도 부른다.

[그림 303] 그리스(Greece)의 고대도시 테베(Thebes) 유적지 고대 성터

지명은 세대에서 세대로 이어지면서 소자출은 잃어버리지만 그 이름은 남아 있다. 바로 태백이다.

[그림 304] 그리스(Greece)의 고대도시 테베(Thebes)의 역사가 전설이 된 ≪테베공략 7장군(Hepta epi Thebas)≫

⑬ 보스니아 피라미드(Bosnia Pyramid)

유럽에 태백문화가 전파된 흔적이 보인다. 보스니아 피라미드(Bosnia Pyramid)는 2006년 언론에 보도되면서 세간의 관심을 끈 적이 있었다. ≪사라진 고대 문명의 수수께끼≫[90]라는 책에서 보스니아 피라미드는 세미르 오스마나기치(Semir Osmanagich)가 비소코(Visoko) 마을에 우뚝 솟은 수수께끼 같은 비소시카(Visocica) 언덕(Hill)을 보고 탐사에 투자하면서 시작되었다.

고고학자 나빌 모하메드스웰림은 2007년 9월 '피라미드 언덕'이라는 결론을 내렸다. 태양(Sun), 용(Dragon), 달(Moon) 피라미드 등 3개가 발견되었으며, 조사 결과 보스니아 피라미드는 기원전 6,500년 전의 것으로 추정된다.

---

[90] ≪사라진 고대 문명의 수수께끼≫, 필립코펜스 지음, 이종인 옮김, 책과함께, 2014년 참조

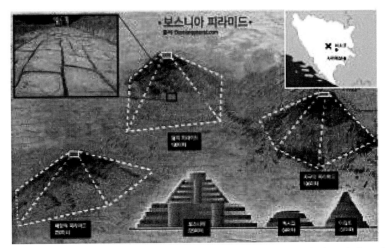

[그림 305] ≪사라진 고대 문명의 수수께끼≫에서 소개하고 있는 보스니아 피라미드(Bosnia Pyramid).
http://www.bosniapyramid.com 참조

[그림 306] ≪사라진 고대 문명의 수수께끼≫에서 소개하고 있는 비소코(Visoko) 마을에 있는 보스니
아 피라미드(Bosnia Pyramid) 사진. http://www.bosniapyramid.com 사진 참조

❑ 역사의 진실은 밝혀진다!

　어떤 민족을 멸망시키기 위해서는 **먼저** 그 민족의 역사를 없애버리기 위해서 모든 역사 서적을 수거하고 제거하는 일을 한다. **두번째로** 그 민족의 말을 사용하지 못하게 하고, 또한 그 민족의 고유한 글을 사용하지 못하게 하고 가르치지도 않는다. 이렇게 2~3세대만 내려가면 그 민족의 정체성은 잊히게 되고 지배 민족에게 점차 동화되어 결국은 멸망당한다. 이는 인류가 살아오면서 경험한 수많은 사례가 있다. 지금도 이민 4~5세대만 내려가도 민족의 본질을 잊어버린다. 그러나 비록 영토와 주권이 없더라도 그 민족의 역사와 말과 글을 잊어버리지 않는다면 유대인처럼 수천 년 후에라도 나라를 다시 열 수 있을 것이다. 그러나 역사를 잊어버린다면 쉽게 민족의 동질성을 망각하게 되고, 결국 그 민족은 사라지게 된다. 최근 만주족은 역사와 고유의 말과 글을 잊어버려 중화족에게 동화되었다. 한민족은 우리가 문화를 알려준 선진문명국이면서도 일본이란 나라에게 지배당하여 민족이 멸망당하기 일보 직전에 겨우 독립하게 되었다. 그 시점은 이미 역사는 왜곡되었고, 말과 글은 못쓰게 하였으며 성姓조차 일본식으로 창씨개명創氏改名을 하게 하였다. 광복 후에 말과 글을 다시 찾고 성姓을 회복하였으나 역사는 회복하지 못하고 있다. 참으로 선령先靈을 보기에 부끄러운 일이다. 아직도 정신을 못차리는 식민사관을 유지하고 있는 강단사학자들이 주류를 이루고 있다.

2014년 7월 25일 도쿄 고등법원에서 열린 1965년 한일회담 관련 문서 공개를 둘러싼 재판 과정에서 일본의 한 시민 단체가 제기한 문서 공개 요구에 대해 오노 게이치小野啓— 일본 외무성 동북아 과장은 법원에 제출한 진술서에서 **"시민 단체가 요구한 문서 중에는 그 동안 한국 정부에 제시하지 않았던 문화재 목록이 포함돼 있다며, 이를 공개할 경우 한국이 반환을 요구할 수 있다."**고 밝혔다. 오노 과장은 또 "(문서에는) 한국이 납득하기 어려운 (문화재 반출) 경위가 쓰여 있다"고도 했다.(조선일보 사설 2014.07.30)

이 일로 인해 일본은 한국도 모르는 문화재 목록이 있다고 어쩔 수 없이 고백하게 되었다. 이를 계기로 그 동안 이와 관련된 주장들을 정리하여 보았다.

1) 일본 궁내청 쇼료부에 단군 관련 사서를 보았다.

사단법인 한배달에서 발행한 계간지 ≪한배달≫ 40호(1998년 겨울호) 70쪽에서 74쪽을 보면, 일제강점기 때 일본 왕실문고(왕실도서관, 쇼료부)에서 도서 분류 및 내용분석 업무를 담당했던 **박창화(朴昌和; 1889~1962)**씨와 관련된 글이 실려 있다.

충북 청원군 강외면 연제리가 고향인 역사가 박창화 씨는 1900년 초 한성사범학교를 졸업하고 그 학교에서 교관을 지냈다. 그는 그 뒤 충북 영동永同 소학교, 배재고보에서 교사로 근무했다.

일본 궁내청 쇼료부(書陵部, 왕실도서관)에서 1933년부터 12년 동안 조선전고朝鮮典故 조사사무 촉탁으로 근무했던 그는 이곳에서 일제가 한국에서 약탈해 간 '단군' 관련 사서 등을 보았다고, 청주사범학교 교장이었던 고 최기철(崔基哲; 1910~2002) 박사에게 '증언'했다고 한다.

박창화 씨는 왕실문고 재직 당시(8·15광복 전), 왕실문고 내 소장된 사료 대부분이 조선총독부가 조선에서 수탈해간 우리 사서임을 직접 확인했고, 한국에서 수탈해간 중요한 고대사 관련 사서들은 모두 거기에 있다고 할 만큼 많은 분량이었다고 증언했다.

수탈된 사료들을 분류하고 내용을 검토하다 보니 중요한 사료들을 모두 읽을 수밖에 없었는데 사료의 대부분이 '단군' 관련 사료였다. 소화昭和 일왕의 이름인 '소화'를 내각총리의 의뢰를 받아 박창화 씨가 지어주기도 했다는 것이다.

당시 그곳에서 같이 근무하던 한 일본인은 "조선의 고서는 다 가져왔기 때문에 여기 있는 것들은 조선에는 없는 것들이다"라고 자랑삼아 말하기도 했다.

1999년 7월 10일(토) 저녁 8시 KBS-1TV [역사스페셜]에서 "일본 왕실도서관에는 일제가 한국에서 약탈해 간 '단군' 관련 사서 등이 보관되어 있었다"고 증언한, 그 왕실도서관에서 근무했던 역사가 박창화 씨 관련 기사가 방영됐다.

2) 일본 궁내청에 숨겨둔 한국 도서

"日 궁내청에 숨겨둔 한국도서의 규모·가치 아무도 몰라"

박상국 한국문화유산연구원장

"일본 궁내청 쇼료부(書陵部)에 한국 도서가 얼마나 있는지 진짜 규모는 아무도 모릅니다. 이번 판결문에서 드러난 오노 외무성 과장의 진술은 '한국에게 숨겨온 도서 목록이 따로 있다'는 것을 직접적으로 실토한 것이니 큰 의미가 있지요."

박상국(68·사진) 한국문화유산연구원장은 일본에 유출된 고문서 현황에 가장 정통한 서지학자다. 1980년대 이래 해외전적조사연구회를 꾸려 40여 차례나 일본을 오가며 유출 고문서를 조사했다. 2001년 궁내청 소장 조선왕실 고문서 목록을 발간

했고, 2011년 궁내청 소장 도서 1205책을 돌려받을 당시에도 반환 실무협상에서 한국 측 대표 역할을 했다.

박 원장은 "당시 이토 히로부미가 반출한 도서 66종 938권이 반환됐는데, 우리 측에선 이토 반출도서가 궁내청에 있다는 사실조차 몰랐다. 2001년 조사한 목록에도 없었다"며 "우리가 요구하지 않은 이토 도서를 일본이 먼저 돌려주겠다고 한 것은 '이걸로 청산'이라는 의미가 있었던 것 같다"고 했다.

국외소재문화재단(이사장 안휘준)은 현재 궁내청 소장 한국 도서가 1077종 8131책에 이른다고 파악하고 있다. 이 중 150종 1205책이 지난 2011년 한국에 반환됐다. 박 원장은 "1963년에 일본 정부가 회소본으로 평가한 목록에는 2011년에 돌려받은 조선왕실의궤 등이 일부 포함됐을 수도 있다"며 "어떤 내용이고, 어떻게 취득한 책인지 공개되면 한국이 반환을 요구할 수 있다고 생각할 만큼 중요한 서적이 포함됐을 가능성이 크다"고 했다. 그는 "한·일 양국 관계가 개선되면 우리 외교부가 적극 나서서 공개를 요구해야 한다"고 했다. 허윤희 기자

[그림 307] 2014년 7월 30일 조선일보 A2면 기사 자료. 일본 정부 외무성 오노 과장의 진술은 "한국에게 숨겨온 도서목록이 따로 있다."는 사실을 판결문을 통해 실토했다.

"**일본 궁내청 쇼료부**書陵部에 한국 도서가 얼마나 있는지 진짜 규모는 아무도 모릅니다. 이번 판결문에서 드러난 오노 외무성 과장의 진술은 '한국에게 숨겨온 도서 목록이 따로 있다'는 것을 직접적으로 실토한 것이니 큰 의미가 있지요."

박상국(68·사진) 한국문화유산연구원장은 일본에 유출된 고문서 현황에 가장 정통한 서지학자이다. 1980년대 이래 해외전적조사연구회를 꾸려 40여 차례나 일본을 오가며 유출 고문서를 조사했다. 2001년 궁내청 소장 조선왕실 고문서 목록을 발간했고, 2011년 궁내청 소장 도서 1205책을 돌려받을 당시에도 반환 실무협상에서 한국 측 대표 역할을 했다.

박 원장은 "당시 이토 히로부미가 반출한 도서 66종 938권이 반환됐는데, 우리 측에선 이토 반출도서가 궁내청에 있다는 사실조차 몰랐다. 2001년 조사한 목록에도 없었다"며 "우리가 요구하지 않은 이토 도서를 일본이 먼저 돌려주겠다고 한 것은 '이걸로 청산'이라는 의미가 있었던 것 같다"고 했다.

국외소재문화재재단(이사장 안휘준)은 현재 궁내청 소장 한국 도서가 1077종 8131책에 이른다고 파악하고 있다. 이 중 150종 1205책이 지난 2011년 한국에 반환됐다. 박 원장은 "1963년에 일본 정부가 희소본으로 평가한 목록에는 2011년에 돌려받은 조선왕실의궤 등이 일부 포함됐을 수도 있다"며 "어떤 내용이고, 어떻게 취득한 책인지 공개되면 한국이 반환을 요구할 수 있다고 생각할 만큼 중요한 서적이 포함됐을 가능성이 크다"고 했다. 그는 "한·일 양국 관계가 개선되면 우리 외교부가 적극 나서서 공개를 요구해야 한다"고 했다.(조선일보 2014년 7월 30일 기사 전문)

3) 한국 문화재 반환 연락회

"도쿄·교토대에는 식민지 시대 **고고학 조사 과정에서 취득한 문화재가 상당수에 달한다.** 반환 요구를 받을 수 있다는 우려 때문에 공개는커녕 소유 여부조차 제대로 밝히지 않고 있다."

"한국서 빛날 문화재 日 창고 방치… 양국 조정委 구성해야"

'한국 문화재 반환 연락회'
아리미쓰 겐 부대표

"도쿄·교토대에는 식민지 시대 고고학 조사 과정에서 취득한 문화재가 상당수에 달한다. 반환 요구를 받을 수 있다는 우려 때문에 공개는 커녕 소유 여부조차 제대로 밝히지 않고 있다."

약탈 문화재 반환 운동을 벌이는 일본 시민단체 '조선·한국 문화재 반환문제연락회'의 아리미쓰 겐(有光健·사진) 부대표는 29일 "일본 정부조차 한반도 문화재 목록을 감추는 데 급급하다 보니 일본 내 민간 소유 문화재 실태를 조사하는 것은 더 어렵게 됐다"고 말했다. 연락회는 2010년 약탈 문화재 반환을 촉구하기 위해 만든 단체로 민간이 소유한 반도 유래 문화재 조사에도 힘을 쏟고 있다.

아리미쓰 부대표는 "후쿠이현 쇼큐(尙宮)신사의 범종은 임진왜란 당시 약탈한 문화재로 지금 창고에 방치돼 있다"면서 "한국에 있어야 빛이 나는 문화재들은 한·일 시민단체가 노력하면 자발적 반환이 가능할 것"이라고 말했다.

그는 내년 한·일 국교 정상화 50주년을 맞아 한·일 양국 정부가 '문화재분쟁조정위원회'를 구성해야 한다고 제안했다. "일본 정부가 위안부 강제징용 문제는 한·일협정으로 완전 해결됐다고 주장하지만, 한·일협정에는 문화재 반환 문제가 해결됐다는 내용이 없다"면서 "오히려 당시 일본 대표가 문화재 반환을 장려하겠다는 발언을 한 만큼 일본 정부가 적극 나서야 한다"고 했다. 그는 "식민지 침략과 관련된 문화재 약탈 문제가 세계적 쟁점이 되고 있는 만큼 한국과 일본이 모범 사례를 만들어야 한다"면서 "무조건 반환을 전제로 하기보다는 우선 공개와 유출 경위 조사에 대한 합의가 먼저 필요하다"고 말했다.

도쿄=차학봉 특파원

[그림 308] 2014년 7월 30일 조선일보 A2면 기사 자료. 약탈 문화재 반환 운동을 벌이는 '조선 한국 문화재 반환 문제 연락회' 부회장 인터뷰 기사가 실려 있다. 우리나라 역사학자들은 관심조차 없는 일을 일본인들이 나서서 하고 있다.

약탈 문화재 반환 운동을 벌이는 일본 시민단체 '조선·한국 문화재 반환 문제 연락회'의 아리미쓰 겐有光健 부대표는 29일 "일본 정부조차 한반도 문화재 목록을 감추는 데 급급하다 보니 일본 내 민간 소유 문화재 실태를 조사하는 것은 더 어렵게 됐다."고 말했다. 연락회는 2010년 약탈 문화재 반환을 촉구하기 위해 만든 단체로 민간이 소유한 한반도 유래 문화재 조사에도 힘을 쏟고 있다.

아리미쓰 부대표는 "후쿠이현 쇼큐尙宮신사의 범종은 임진왜란 당시 약탈한 문화재로 지금 창고에 방치돼 있다"면서 "한국에 있어야 빛이 나는 문화재들은 한·일 시민단체가 노력하면 자발적 반환이 가능할 것"이라고 말했다.

그는 내년 한·일 국교 정상화 50주년을 맞아 한·일 양국 정부가 '문화재 분쟁조정위원회'를 구성해야 한다고 제안했다. "일본 정부가 위안부 강제징용 문제는 한·일협정으로 완전 해결됐다고 주장하지만, 한·일협정에는 문화재 반환 문제가 해결됐다는 내용이 없다"면서 "오히려 당시 일본 대표가 문화재 반환을 장려하겠다는 발언을 한 만큼 일본 정부가 적극 나서야 한다"고 했다. 그는 "식민지 침략과 관련된 문화재 약탈 문제가 세계적 쟁점이 되고 있는 만큼 한국과 일본이 모범 사례를 만들어야 한다"면서 "무조건 반환을 전제로 하기보다는 우선 공개와 유출 경위 조사에 대한 합의가 먼저 필요하다"고 말했다. (조선일보 2014년 7월 30일 기사 전문)

박창화 선생이 증언한 사실이 일본인들 스스로 고백하게 되면서 역사적 사실로 밝혀지고 있다. 역사의 진실은 아무리 감추려 해도 관심을 갖고 찾고자 한다면 그 진실은 반드시 드러나게 될 것이다. 정부의 노력이 많이 필요하다. 특히 고문서와 관련해서 우리 민족 사서가 발견된다면, 그 동안 식민사학자들이 저질러온 거짓이 만천하에 드러날 것이다.

실증實證 환국사桓國史 I II를 통하여 환국桓國의 실존역사를 드러내려 많은 노력을 하였다. 그러나 아직도 많이 부족하다. 많은 논쟁도 뒤따를 것으로 보고 있다. 그러나 연구는 도전적이어야 한다고 본다. 앞으로도 환국에서 신시배달국神市倍達國으로 연구를 확대해 보려고 한다. 첫번째 단추가 제대로 끼워졌다면 두번째 단추를 찾아보아야 할 것이다. 진실은 숨기려 한다고 해서 숨겨지지 않으며, 진주珍珠는 그 빛을 잃지 않는다.

참고문헌

〈원전原典〉

- ≪환단고기(桓檀古記)≫, 광오이해사, 1979년
- ≪환단고기(桓檀古記)≫, 배달의숙, 1983년
- ≪환단고기(桓檀古記)≫ 현토원본, 상생출판, 2010년
- ≪삼국유사(三國遺事)≫〈파른본〉
- ≪삼국유사(三國遺事)≫〈정덕본〉
- ≪삼국사기(三國史記)≫
- ≪제왕운기(帝王韻紀)≫
- ≪규원사화(揆園史話)≫
- ≪응제시주(應製詩註)≫
- ≪조선왕조실록(朝鮮王朝實錄)≫
- ≪세종실록지리지(世宗實錄地理志)≫
- ≪동사보유(東史補遺)≫
- ≪부도지(符都誌)≫
- ≪동국통감(東國通鑑)≫
- ≪동국사략(東國史略)≫
- ≪해동역사(海東繹史)≫
- ≪신증동국여지승람(新增東國輿地勝覽)≫
- ≪약천집(藥泉集)≫

- ≪풍암집화(楓巖輯話)≫
- ≪수산집(修山集)≫
- ≪유헌집(游軒集)≫
- ≪해동악부(海東樂府)≫
- ≪고려사(高麗史)≫
- ≪고운집(孤雲集)≫
- ≪한석봉천자문(韓石峯千字文)≫
- ≪해동지도(海東地圖)≫
- ≪신단민사(神檀民史)≫
- ≪사기(史記)≫
- ≪상서대전(尙書大傳)≫
- ≪삼국지(三國志)≫
- ≪진서(晉書)≫
- ≪한서(漢書)≫
- ≪후한서(後漢書)≫
- ≪요사(遼史)≫
- ≪장자(莊子)≫
- ≪사기색은(史記索隱)≫
- ≪대만교육부이체자자전(臺灣敎育部異體字字典)≫
- ≪금석문자변이(金石文字變異)사전≫
- ≪강희자전(康熙字典)≫
- ≪신당서(新唐書)≫
- ≪화한삼재도회(和漢三才圖會)≫
- ≪흠정서역동문지(欽定西域同文志)≫
- ≪한서역제국도(漢西域諸國圖)≫
- ≪중국도(中國圖)≫

- ≪대청광여도(大淸廣輿圖)≫
- ≪최신중화형세(最新中華形勢)≫
- ≪대명구변만국인적노정전도(大明九邊萬國人跡路程全圖)≫
- ≪청고지도(淸古地圖)≫
- ≪가욕관외진적이리합도(嘉峪關外鎭迪伊犁合圖)≫
- ≪증보청국여지전도(增補淸國輿地全圖)≫
- ≪광여도(廣輿圖)≫
- ≪청국지지(淸國地誌)≫
- ≪산해경(山海經)≫
- ≪신이경(神異經)≫
- ≪경판천문전도(京板天文全圖)≫
- ≪포박자(抱朴子)≫
- ≪초학기(初學記)≫
- ≪전운옥편(全韻玉篇)≫
- ≪동삼성(東三省)지도≫
- ≪만한신도(滿韓新圖)≫
- ≪우공구주산천지도(禹貢九州山川之圖)≫
- ≪동아대륙도(東亞大陸圖)≫
- ≪중화인민공화국지도집(中華人民共和國地圖集)≫
- ≪서인도 제도의 역사(Historia de las Indias)≫
- ≪대한성서공회 공동번역성경≫
- ≪사서오경(四書五經)≫

⟨단행본⟩

- 김원중, ≪삼국유사(三國遺事)≫, 민음사, 2007년
- 김경수, ≪제왕운기(帝王韻紀)≫, 역락, 1999년

- 민영순, ≪규원사화(揆園史話)≫, 다운샘, 2008년
- 안경전, ≪환단고기(桓檀古記)≫, 상생출판, 2012년
- 이강식, ≪환국, 신시, 고조선조직사≫, 상생출판, 2014년
- 김은수, ≪부도지(符都誌)≫, 한문화, 1986년
- 윤치원, ≪부도지(符都誌)≫, 대원출판, 2002년
- 임승국, ≪한단고기≫, 정신세계사, 1986년
- 전형배, ≪환단고기≫, 코리언북스, 1998년
- 이일봉, ≪실증한단고기≫, 정신세계사, 1998년
- 한재규, ≪만화한단고기1,2,3≫, 북캠프, 2003년
- 문재현, ≪환단고기≫, 바로보인, 2005년
- 고동영, ≪환단고기≫, 한뿌리, 2005년
- 고동영, ≪신단민사(神檀民史)≫, 한뿌리, 1986년
- 고동영, ≪단기고사(檀奇古史)≫, 한뿌리, 1986년
- 양태진, ≪환단고기≫, 예나루, 2009년
- 김은수, ≪환단고기≫, 가나출판사, 1985년
- 이중재, ≪상고사의 새발견≫, 동신출판사, 1994년
- 이민수, ≪환단고기≫, 한뿌리, 1986년
- 김영돈, ≪홍익인간과 환단고기≫, 유풍출판사, 1995년,
- 지승, ≪우리상고사기행≫, 학민사, 2012년
- 태산, ≪금문신고 1권~7권(金文新考)≫, 미래교류, 2011년
- 신용우, ≪환단고기를 찾아서 1권~3권≫, 작가와 비평, 2013년
- 郭沫若, ≪中國史稿地圖集≫上,下冊 中國地圖出版社, 1996년
- 정현진, ≪천년왕국 수시아나에서 온 환웅≫, 일빛. 2006년
- 손성태, ≪아즈텍의 역사, 제도, 풍습 및 지명에 나타나는 우리말연구(라틴아메리카연구)≫, 배재대학교, 2009년
- 한창건, ≪석가모니는 단군족이었다≫, 홍익출판기획, 2003년

- 신유승, ≪갑골문자로 푼 신비한 한자≫, 성채출판사, 2008년
- 정재승, ≪바이칼 한민족의 시원을 찾아서≫, 정신세계사, 2003년
- 이규태, ≪실크로드를 따라 성자의 발길따라≫, 동광출판사, 1985년
- 박창범, ≪하늘에 새긴 우리역사≫, 김영사, 2002년
- 이문영, ≪만들어진 한국사≫, 파란미디어, 2010년
- 기세춘, ≪장자(莊子)≫, 바이북스, 2006년
- ≪동아일보≫, 朝鮮史槪講, 1923.10.01
- ≪동아일보≫, 壇君論, 1926.05.06
- ≪동아일보≫, 초원실크로드 대탐사, 1991.06.22
- ≪동아일보≫, 다시 보는 한국역사〈7〉, 2007.05.19
- ≪매일경제신문≫, 기원전4~5C 유물, 1990.04.18
- ≪EBS≫, 위대한 바빌론, 2013년
- 김지선, ≪신이경(神異經)≫, 지만지고전천줄, 2008년
- 성삼제, ≪고조선 사라진 역사≫, 동아일보사, 2005년
- 장진근, ≪만주원류고≫, 파워북, 2008년
- 한창건, ≪환국배달조선사신론≫, 홍익출판기획, 2012년
- 이찬등 8명 ≪사회과부도≫, 교학사, 1983년
- 도면회 등 7명, ≪고등학교 한국사≫, 비상교육, 2010년
- 張金奎, ≪흉노제국이야기≫, 아이필드, 2010년
- 박시인, ≪알타이신화≫, 청노루, 1994년
- 김영주, ≪단군조선사≫, 대원출판, 1987년
- 박문기, ≪대동이1≫, 정신세계사, 1987년
- 박문기, ≪대동이1≫, 정신세계사, 1988년
- 박문기, ≪숟가락≫, 정신세계사, 1999년
- 박문기, ≪맥이≫, 정신세계사, 1996년
- 이영희, ≪노래하는 역사≫, 조선일보사, 1994년

- 블라지미르, ≪알타이의 제사유적≫, 학연문화사, 1999년
- 블라지미르, ≪알타이의 암각예술≫, 학연문화사, 2003년
- 몰로딘, ≪고대알타이의 비밀≫, 학연문화사, 2000년
- 데레비안코, ≪알타이의 석기시대 사람들≫, 학연문화사, 2003년
- 김용만, ≪고구려의 발견≫, 바다출판사, 1998년
- 신채호, 조선상고사, 비봉출판사, 2006년
- 장 보테로, ≪메소포타미아≫, 시공사, 1998년
- 허대동, ≪고조선 문자≫, 경진, 2011년
- 허대동, ≪고조선 문자2≫, 경진, 2013년
- 양종현, ≪백년의 여정≫, 상생출판, 2009년
- 이병도, 최태영, ≪한국상고사입문≫, 고려원, 1989년
- 이송은, ≪중국환상세계≫, 들녘, 2000년
- 김경묵, ≪이야기 세계사≫, 청아출판사, 2002년
- 이도학, ≪한국고대사 그 의문과 진실≫, 김영사, 2001년
- 데이비드 롤, ≪문명의 창세기≫, 해냄출판사, 1999년
- 今書龍, ≪檀君考≫, 近澤, 1929년
- 今書龍, ≪朝鮮古史の研究≫, 國書刊行會, 1937년
- 한창건, ≪한국고대사발굴≫, 홍익출판기획, 2013년
- 류부현, ≪삼국유사의 교감학적 연구≫, 한국학술정보, 2007년
- 시오노 나나미 ≪로마 멸망 이후의 지중해 세계≫, 한길사, 2009년
- 朱學淵, ≪비교언어학으로 밝혀낸 중국 북방민족들의 원류≫, 우리역사 연구재단, 2009년
- 강희남, ≪새번역 환단고기≫, 법경원, 2008년
- 서완석, ≪환단고기의 진실성입증≫, 샘, 2009년
- Hausdorf, Hartwig, ≪The Chinese Roswell≫, New Paradigm Books, 1998년

- 필립코펜스, ≪사라진 고대 문명의 수수께끼≫ 이종인 옮김, 책과 함께, 2014년
- http://www.bosniapyramid.com 홈페이지
- 최용범, ≪하룻밤에 읽는 한국사≫, 중앙M&B출판㈜, 2001년
- 정형진, ≪신라왕족≫, 일빛, 2005년
- 이정민, ≪중앙아시아 육로여행 내가 꿈꾸는 그곳≫, 이담, 2012년